La grande étrangère: À propos de littérature

지은이 **미셸 푸코**

1926년 프랑스 푸아티에에서 태어났다. 파리 고등사범학교를 졸업하고 박사학위 논문인 『광기의 역사』로 학자의 인생을 시작했으며, 『말과 사물』이 대대적으로 성공하면서 명성을 떨치게 된다. 1968년 5월 파리로 돌아와 뱅센 실험대학 설립에 참여했고, 1970년부터 콜레주 드 프랑스의 교수를 역임했다. 이후 활발한 저술 활동을 벌이는 한편, 튀니지의 반독재 투쟁과 프랑스의 68혁명 등을 목도한 뒤부터는 구체적이고도 적극적인 정치 참여를 이어 나가기도 했다. 생전에 출간된 주요 저작으로 『광기의 역사』(1961), 『임상의학의 탄생』(1963), 『레몽 루셀』(1963), 『말과 사물』(1966), 『담론의 질서』(1971), 『감시와 처벌』(1975), 『성의 역사』(1976~1984) 등이 있다.

옮긴이 **허경**

고려대학교 불어불문과를 졸업하고, 같은 대학 대학원 철학과에서 윤리학·프랑스철학을 전공하여 『미셸 푸코의 '윤리의 계보학'에 대한 연구』로 석사학위를 받았다. 이후 프랑스 스트라스부르 마르크 블로흐 대학교 철학과의 필립 라쿠라바르트 아래에서 『미셸 푸코와 근/현대성』으로 박사학위를 받았다. 고려대학교 응용문화연구소, 철학연구소의 연구교수로 재직했고, 현재는 대안연구공동체 '철학학교 혜윰'의 교장을 맡고 있다. 저작으로 『미셸 푸코의 『지식의 고고학』 읽기』, 『미셸 푸코의 『광기의 역사』 읽기』 등이 있고, 옮긴 책으로는 질 들뢰즈의 『푸코』, 미셸 푸코의 『담론의 질서』, 『상당한 위험』 등이 있다.

La grande étrangère. À propos de littérature
by Michel Foucault

거대한 낯섦

문학에 대하여

미셸 푸코 지음 | 허경 옮김

그린비

차례

문학의 고고학

: 끊임없이 제 자신 위로 겹쳐지며 스스로를 벗어나는 말들

0. 대학 1학년 시절. 나는 흰 목련이 핀 봄날의 민주광장을 가로질러 강의가 있는 문과대학 건물로 들어섰다. 내가 듣던 강의명은 아마도 '문학의 이해' 정도 되는 이름을 가졌던 것 같은데, 국문과 교수님이던 작가 송하춘 선생님이 진행하시는 강의로, 나는 이 수업에서 고등학교 시절 이래 어렴풋한 환상만을 갖고 접하던 '문학'에 대한 제대로 된 소개를 처음으로 접했다. 강의는 나로 하여금 문학이란 무엇이며, 소설이란 어떠해야 하고, 또 시를 어떻게 읽어야 하는가를 알려 주었다. 나뿐만이 아니라 당시의 수업을 들었던 많은 사람들이 강의를 참으로 아름답고 좋은 강의로 기억하리라고 믿는다. 그런데 이 수업의 백미는 교수님의 자상하고도 담담한, 생각할수록 '훌륭했다'고밖에는 말할 수 없는 강의뿐만이 아니라, 수업의 교재 자체가 보여 주는 탁월성이었다. 지금 내 손에 들려 있는 당시의 교재 『文學의 地平』(고려대학교 출판부, 1984)은 김우창, 김흥규 선생님이 함께 편찬하신 것으로 문학에 관한 여러 저자의 다양한 논문 혹은 에세이를 모은 책이다. 책에 실려 있던 김소월의 「산유화」, 이

육사의 「광야」, 서정주의 「추천사」, 이상의 「아침」, 송욱의 「서방님께」, 이동주의 「강강술래」, 그리고 로버트 프로스트와 T. S. 엘리엇의 작품들에 대한 분석, 최인훈의 『광장』으로부터 귀스타브 플로베르의 『보바리 부인』, 도스토예프스키의 『카라마조프의 형제』에 이르는 소설의 분석을 읽고 들으며 그 아름다움과 정치함에 나는 얼마나 감탄을 금치 못했던지! 나는 이 책과 수업을 통해 아마도 오늘날까지도 내가 여전히 유지하고 있을 문학적 감수성과 문학의 정의에 대한 여러 가지 기본적인 '관념'을 습득했던 듯싶다. 문학의 정의에 관한 다양한 관점들로부터, 문학과 문학 아닌 것이 어떻게 나누어지는지를 거쳐, 좋은 문학과 나쁜 문학을 가르는 실로 무한한 기준들에 이르기까지 말이다. 더하여, 물론 나도 동시대의 많은 사람들과 마찬가지로, 학교 안에서만이 아니라 밖에서도, 나 홀로 혹은 누군가의 추천을 받아, 이런저런 책을 읽고 문학에 대한 나의 관념을 형성해 왔다. 되돌아 생각해 보면, 나를 가르치고 길러 준 이 문학 교육, 보다 구체적으로는 내가 설렘으로 기다리던 '문학의 이해'라는 강의는 실상 이러한 형성 과정의 제도적 정점이었을 것이다. 나는 이렇게 다양한 제도 내적·외적인 과정들을 가로질러 '문학'이 무엇이며, 무엇일 수 있고, 무엇이어야 하는가에 대한 나의 생각을 키워 왔다. 그리하여, 나는 '문학' 그 자체가 존재하는 줄로만 알았다. 그리고 나는 오늘 내가 문학에 대해 품고 있는 이 생각들이, 결코 문학 자체의 보편적 정의가 아닌, 단지 내가 하나의 숙주가 되어 키워낸 문학에 대한 무수히 많은 관념들 중의 '하나'에 불과함을 안다.

1. 프랑스의 사상가 미셸 푸코는 1961년 자신의 박사학위 주논문 『광기와 비이성. 고전주의 시대의 광기의 역사』*Folie et Déraison. Histoire de la folie à l'âge classique*를 출간한다(1972년 『고전주의 시대의 광기의 역사』로 개명). 이 책은 스스로의 평가대로 '탐구의 영역과 방법론 모두에서 아직 명확한 방향을 잡지 못했던' 청년기의 저작이다. 책에는 향후 전면에 드러나게 될 칸트 및 니체 그리고 '구조주의'의 싹과 곧 완전히 사라지게 될 현상학과 실존주의 그리고 심지어는 마르크스주의의 관점들이 복잡한 방식으로 착종되며 나타난다. 푸코는 『광기의 역사』에서 처음으로 서로 겹쳐지며 스스로를 드러냈던 두 영역, 과학적 의학과 서정적 문학을 1963년 두 권의 책, 곧 의학의 영역을 다룬 『임상의학의 탄생』*Naissance de la clinique*과 프랑스의 한 소설가를 다룬 문학비평서 『레몽 루셀』*Raymond Roussel*을 출간한다. 푸코가 출간일자마저도 같은 날로 조정하고자 했던(실제로는 전자가 4월, 후자가 5월에 발간된다) 이 두 권의 '쌍둥이' 책에서 단연 돋보이는 것은 **이중-분신**double의 사유이다. 이중二重 혹은 분신分身의 사유란 '언어작용langage의 이중적 존재론'이라 말할 수 있는데, 이에 따르면, 하나의 언어작용이 언어작용으로서 기능할 수 있는 조건condition이란 언어작용의 메타적meta 기능, 곧 논리적·현실적으로 스스로에 대하여 스스로를 지칭·지시하는 기능fonction으로서, 이때 언어작용은 내재적인 **동시에** 메타적인 것이고, 내적인 **동시에** 외적인 것이자, 돌아옴인 **동시에** 떠남이며, 안인 **동시에** 밖이 된다(그럼에도 일정한 강조점은 늘 후자 쪽에 놓여 있다). 그리하여, 가장 먼 것과 가장 가까운 것은 만나게 된다. 이는 언어작용을 어떤 본성nature 혹은 본질essence

을 갖는 하나의 고정된 실체substance가 아닌 '늘 작용하며 작동하는 하나의 기능'으로 바라보는 관점이다. 언어작용의 기능은 스스로에 대해 이중화되면서 스스로로부터 달라지는 것, 곧 자기와의, 자기로부터의 **차이화 작용**différenciation을 수행하는 것이다. 이러한 언어작용의 놀이는 동일le Même이 아닌 **타자성**l'Autre에, 동일성(정체성)identité이 아닌 **차이**différence에 기반한 것이다.

2. 역사적 관점에서 볼 때, 언어작용의 이중적 존재론은 고대 그리스 파르메니데스 이래의 '존재와 사유(언어작용)의 일치'라는 서양의 주도적 언어관을 부정하는 것이다. 따라서 이 언어작용의 이중적 존재론은 실제로는 언어작용의 이중적 '존재론'이 아니라 언어작용의 이중적 '차이(화)론' 혹은 '결여론'이라고 불러 마땅한 것이다. 그리고 우리는 이러한 입장을 '광의의 구조주의적 사유'라 부르지 않을 수 없을 것이다(후대의 연구자들은 이를 '포스트구조주의'라 부르게 될 것이나, 당시에 이런 용어는 존재하지 않았다). 이는 그러나 (포스트)구조주의가 무엇인가, 당시 푸코 사유의 성격을 어떻게 규정지을 것인가에 따라, 더하여 푸코 스스로가 자신이 (포스트)구조주의자라는 주장에 대해 강력히 반발했다는 사실 때문에, 매우 복잡한 별도의 논의를 필요로 하는 주제이나, 이 자리에서는 다만 '1960년대 푸코의 사유가 구조주의의 강력한 자장 아래 놓여 있었다'는 정도로만 정리하고 넘어가도록 하자. 푸코 사유에 미치는 구조주의의 영향력, 곧 이중의 사유가 그 정점에 도달한 책이 1966년 발간된 『말과 사물: 인간과학에 대한 하나의 고고학』*Les Mots*

*et les Choses, Une Archéologie des sciences humaines*이다. 물론『말과 사물』은 랑그/파롤, 시니피앙/시니피에 등 이항二項 대립적 사유를 특징으로 하는 전통적·정통적 의미의 구조주의와 달리, 복수複數의 요소들이 이루어 내는 배치configuration, 또는 주어진 사회와 시대에 있어서의 인식론적 장champ épistémologique, 곧 **에피스테메***épistémè*가 주어진 특정 시대·공간의 구체적 인식을 가능케 한다고 보는 면에서 구조주의와는 차이를 보인다. 그러나『말과 사물』은 기본적으로 역사적·통시적 관점을 거부하고 공간적·공시적 관점에 집중한다는 점, 무엇보다도 책의 핵심적 시기라 할 18세기 말 19세기 초 이래 서양 '근대'의 에피스테메로 제시된 '역사' 혹은 초월적-경험적 이중체doublet empirico-transcendental로서의 '인간'이라는 관념이 의심의 여지가 없을 정도로 이중/분신의 사유에 입각해 있다는 점에서 구조주의의 강력한 영향 아래 놓여 있다고 말할 수 있다(이중/분신의 사유는 에피스테메의 관념과 함께 푸코 '구조주의적' 사유의 정점을 이룬다). 이중/분신에 관한 관심이 빛을 바래기 시작하는 것은 아무리 빨라도 1969년에 발간된『지식의 고고학』*L'Archéologie du savoir* 이전의 시기로 거슬러 올라갈 수 없다.『지식의 고고학』은 여전히 언어학적·구조주의적 용어인 언표言表, *énoncé*의 개념을 사용하면서도 이를 향후 전면에 등장하게 될 니체주의적 힘-관계relations de forces의 개념에 입각하여 정의하고자 노력하는 작품으로, 실상 '망설임과 반복, 중단과 재개'라는 이행기의 전형적인 특성을 보여 주는 작품이다.

3. 김현은 문학에 관한 푸코의 논문들을 묶어 옮긴 자신의 연구

서에서 '구조주의적' 방법론에 강력히 영향받은 이 1960년대의 시기를 푸코 사유에 있어서의 '문학 시기'라 불렀다(김현 편, 『미셸 푸코의 문학비평』, 문학과지성사, 1989). 나의 관점으로, 이 문학 시기는 실상 미술에 대한 관심과도 겹치게 되므로 이 시기를 '문학/미술의 시기'라 불러도 무방하다. 그리고 '문학과 미술이 상대에로 환원될 수도 없지만 서로서로를 향해 되겹쳐지는 쌍둥이'라는 이러한 규정은 1963년의 두 저작 『임상의학의 탄생』/『레몽 루셀』 이후 두드러지는 **언표 가능성/가시성**énonçabilité/visibilité 혹은 **텍스트/이미지**texte/image 사이의 이중적 관계라는 푸코 자신의 구분에 따르는 것이다. 이러한 구분은 상기의 저작들로부터 시작되어 쌍둥이, 거울, 시뮬라크르 등 수많은 비유와 관련 용어를 낳으며, 1966년의 『말과 사물』에서 정점에 달했다가, 1969년의 『지식의 고고학』 이래 비판적 조명을 받게 되면서 푸코의 사유에서 점차로 사라지게 된다. 그리고 이러한 이중/분신에 기초한 사유의 퇴조는 푸코에 있어서의 문학과 미술에 대한 관심의 퇴조와 시기적으로 정확히 일치한다. 대략 1970년 이후 푸코의 사유는 '정치적인 것'le politique에로 관심의 초점이 옮겨 갔다고 말할 수 있는데, 이와 동시에 문학과 미술에 대한 푸코의 관심 역시 '부차적인' 것이 되는 경향을 보인다. 실제로, 1970년 이후 문학과 미술에 대한 푸코의 글은 우선 그 양의 측면에서도 현격한 감소를 보이고 있으며, 이러한 경향은 푸코가 사망하는 1984년까지 지속적으로 유지된다. 대략 1969~1970년경 이루어진 이중적 사유의 퇴조 이후, 푸코는 결코 이전처럼 문학과 미술을 그 자체로 다루지 않는다. 이상의 논의를 간단히 정리하면, 1960년대 푸코의 문학/미술 시기는 ─ 비록 푸코만의 독창적인 방식으로 이루어졌다 할지라도 ─ 광의의 '구조주의적' 이론의 영향권 아래 있었다고 말하지 않을 수 없으며, 이러한 '구조주의적' 영향을 가장 잘 드러내 주는 것이 이중/분신의 관념이라고 말할 수 있다.

4. 그런데 푸코는 이른바 문학/미술 시기 곧 1960년대에 엄청난 양의 문학과 미술에 대한 글을 발표했음에도 불구하고, 1963년의 문학비평서 『레몽 루셀』, 그리고 이후 『이것은 파이프가 아니다』, 『일곱 번째 천사에 대한 일곱 개의 말』 등 파타 모르가나Fata Morgana 출판사에서 소량으로 찍은 몇 권의 소책자들을 제외하고는, 자신의 생전에 이들을 모은 저작의 출판을 허락하지 않는다. 푸코의 미술과 문학에 관한 글들을 따로 모은 책은 프랑스어로는 존재하지 않으며(이런 면에서 김현의 편역서 『미셸 푸코의 문학비평』(1989)과 연구서 『시칠리아의 암소』(1990)는 세계적으로도 가히 선구적인 작업이었다고 말할 수 있다), 현재 우리가 구할 수 있는 책들은 대부분 사후적으로 연구자들이 취합한 것이다. 따라서 문학과 미술의 시기, '구조주의'의 시기, '지식의 고고학'의 시기로 알려진 이 1960년대의 시기는 자신의 이름에 합당한 푸코 자신의 문학·미술에 관련된 출판된 저작이 부재하는 상태였다. 결국 문학과 미술에 관한 푸코의 사유는 수많은 잡지와 논문에 파편적인 형태로 흩어져 있어 극소수의 전공자를 제외하고는 그 전모를 파악할 수가 없었던 것이다. 그리고 가장 결정적으로는 어떤 특정 작가, 작품 혹은 시대에 관한 저술이 아닌, 푸코 자신의 '문학관'을 직접적으로 드러내는 저술이 존재

하지 않았다. 더욱이, 잘 알려진 대로, 푸코는 1984년 사망하면서 자신의 나머지 저술들에 대한 '사후 출판'을 금지하는 유언을 남긴다. 실제로 『거대한 낯섦』에 실린 글의 대부분은 전문 연구자들 사이에서만 그 방송 혹은 강연 사실이 알려져 있었을 뿐, 그 녹음 혹은 원고가 남아 있는지의 여부조차 불투명했던 글들이 다수이다. 이 책은 1963~1964년에 이르는 시기 동안 푸코가 문학에 대해 쓴 글들, 보다 정확히는 강연의 수고手稿들, 녹음테이프의 전사轉寫본들 중 몇몇을 모은 것이다. 이 책의 출판은 마치 자신이 죽고 나면 자신의 모든 유고들을 불태우라는 카프카의 유언을 지키지 않은 친구 막스 브로트의 선택과 같은 것이라 말해야 할 것이다.

5. 이처럼 『거대한 낯섦』의 가치는 그것이 푸코 사유의 '잃어버린 고리'missing link를 드러내 주는 귀중한 자료들이라는 점에 있다. 이제 책의 전체적인 구성을 간단히 살펴보자. 우선 번역의 저본이 된 프랑스판은 2013년에 발간되었다. 이 프랑스판은 맨 앞에 프랑스판 편집자들의 '서문'이 실려 있으나 지나치게 전문적인 논의를 담고 있어 우리말 번역본에서는 이를 책의 맨 뒤로 옮겨 싣고 대신 그 자리에 '옮긴이 앞글'을 넣었다. 프랑스판의 편자들은 책을 주제에 따라 I~III부로 나누어 각기 '광기의 언어작용', '문학과 언어작용', '사드에 대한 강의'라는 제명을 붙이고, 각 부마다 두 편의 글을 싣고 있다. I부 '광기의 언어작용'은 1963년 1~2월에 걸쳐 국립 RTF 프랑스 III 라디오에서 행해진 동명의 5회 강연 중 각기 2회 및 5회에 해당하는 '광인들의 침묵', '광기 안의 언어작용'으로 구성되어 있

다. II부 '문학과 언어작용'은 1964년 12월 벨기에 브뤼셀의 생루이 대학교의 컨퍼런스에서 이틀에 걸쳐 발표된 푸코의 강연이다. III 부 '사드에 대한 강의'는 1970년 3월 미국 버팔로의 뉴욕주립대학교 프랑스문학과에서 행해진 사드에 관한 2회의 강연이다. 이 책에 실린 총 6편의 글은 푸코 문학시기의 시작점이라 할 1963~1964년(I, II 부) 및 마지막 시기인 1970년(III부)의 것들이다. 그러나『거대한 낯섦』의 백미는, 물론 자신만만하면서도 재기 넘치는 아름답고도 정교한 문체로 젊은 거장의 도래를 알리는 I부, 정치하고도 탄탄한 논리적 구조로 독자를 승복시키며 사드의 문학적 의의를 다루는 III부도 중요하지만, 푸코가 '문학'에 대한 관념을 단 한 번 유일하게 **직접적으로** 다루면서 스스로의 문학에 대한 '전복적·위반적' 정의를 제출하고 있는 II부라 해야 할 것이다.『거대한 낯섦』은 II부를 이루는 두 편의 '문학에 대한 강의'만으로도 출판될 가치가 충분하다. 아래에서는 각 부분의 내용과 의의를 간단히 짚어 보기로 하자.

6.『거대한 낯섦』을 여는 I부 '광기의 언어작용'은 1963년 1~2월에 방송된 두 편의 라디오 방송이다. 방송은 먼저 제작을 맡은 장 도

---

1 첫 번째로 실린 라디오 방송 원고의 제목은 불어 원서 기준 본문 23쪽에는 '언어작용과 광기'(le langage et la folie)로, 마지막 목차 223쪽에는 '광기의 언어작용'(le langage de la folie)으로 되어 있다. 약간의 차이가 있지만, 실내용은 완전히 동일하므로 이 책에서는 임의적으로 '광기의 언어작용'으로 제명을 통일했다. 이때의 '~의'는 '광기가 갖는 언어작용'이라는 식의 소유격으로 읽을 수도 있지만, 더하여 '광기라는 언어작용', 곧 동격(同格)의 의미도 함축하고 있음을 기억할 필요가 있다.

아트가 푸코를 소개하면서 간단한 대화를 나누고, 이어서 푸코가 강연을 진행하는 식으로 이루어진다. 라디오 방송의 이점을 십분 살려 강연의 중간중간에는 셰익스피어의 『리어왕』, 세르반테스의 『돈키호테』, 1735년 아르스날 수용소의 감금일지, 디드로의 『라모의 조카』, 사드와 관련하여 샤랑통 수용소의 의사가 보낸 편지, 아르토와 그의 편집자인 리비에르 사이의 편지 등 푸코가 직접 고른 텍스트들이 성우들에 의해 낭독된다. 첫 방송 '광인들의 침묵'은 1961년의 저작 『광기의 역사』의 연장선상에서 이루어진 것으로 '정신분석은 광기에 대한 이성의 독백'이라는 근본적 관점을 따른다. 광기가 비정상적 병리상태로 인식된 것은 광기가 자연적이고 생물학적인 것으로 가정되는 자연과학적·의학적 이상異常 현상이기 때문이 아니라, 18세기 말 이후 이루어진 **광기에 대한 대상화 과정**의 결과이기 때문이다. 이러한 대상화 과정, 곧 광기를 '비정상적' 병리현상으로 설정하는 과정은 동시에 이성이 스스로를 '정상적인' 것으로서 정립하는 과정이다. 이러한 과정에서 광기와 이성은 서로서로에 대한 여집합으로서 규정되는데, 이러한 광기와 이성의 배타적인 상호 실체화 과정이 오늘날 유럽 근대 이후의 특징적 현상인 **광기와 이성의 분할**을 낳았다.[2] 특히 등장하는 텍스트들 중에서도 셰익스피

2　[2023년의 부기附記] 따라서, 광기의 역사는 **이성의 역사**이다. 한 사회가 배제한 것 곧 '바깥'은 늘 그 사회의 '안쪽'과 함께 구성된다. 바깥과 안쪽, 광기와 이성, 비정상과 정상은 늘 **동시적·상관적으로** 함께 구성되는 쌍둥이들이다. 이들의 탄생 시간과 장소는 같고, 하나가 죽을 때 나머지 하나도 죽는다.

어의 『리어왕』은 특권적 지위를 갖는데, 이는 이 작품이 오늘날에는 사라진 하나의 현상, 곧 '광인 스스로가 말하는 방식'을 취하고 있기 때문이다. 오늘날 광인은 스스로 말하지 못하는 자이며, 누군가에 의해 대변되어야 하는 자, 누군가가 그의 말을 해독해 주어야 하는 자, 결코 스스로는 온전히 자신의 말을 이해하지도 자신의 뜻을 펴지도 못하는 자로서 이해된다. 물론 이는 단적으로 **이성에 의한 광기의 식민지화**이며, 이를 식민주의자에 의한 원주민의 지배, 남성에 의한 여성의 지배, 어른에 의한 아이의 지배, 곧 지배자에 의한 피지배자의 지배로 읽으면, 오늘날 광기의 모습이 결코 자연적인 의학적 현상이 아니라, 오히려 의학이라는 역사적·학문적 장치에 의해 구성된 하나의 정치적·사회적 현상, 곧 **권력 현상**임을 이해할 수 있다. 『광기의 역사』가 말하는 대로, 광인의 광인화는 오랜 시간에 걸쳐 이루어진 의학에 의한 광기의 도덕화, 광기와 죄책감의 상호 결부 작용과 더불어 이루어진 사회적·정치적 절차가 만들어 낸 하나의 효과이며, 이는 18세기 말 이래 '정신의학'의 학문으로서의 설립 과정과 다른 것이 아니다.

7. I부의 두 번째 강연 '광기 안의 언어작용' 역시 『광기의 역사』의 근본 주장을 벗어나지 않는다. 강연에서는 미셸 레리스의 『지우기』와 『식물의 정사』, 18세기의 시적 알파벳 놀이, 장피에르 브리세의 『신의 학문 또는 인간의 창조』, 장 타르디외의 「하나의 말을 또 다른 말로」, 앙토냉 아르토의 인용 등이 등장한다. 첫 번째 방송이 광기와 의학 그리고 문학의 관계를 다루었다면, 두 번째 방송은 광

기와 언어작용 그리고 문학의 관계를 다룬다. 푸코가 인용한 텍스트들은 예외 없이 '말놀이'jeu de mots, word play 규칙에 대한 형식적 변형을 통한 문학적 작품들이다(이런 종류의 작품들을 원래의 글이 작성된 언어가 아닌 다른 언어, 곧 외국어로 번역한다는 것은 사실상 '불가능하다'는 점에서 이 부분의 번역은 옮긴이로서는 실로 곤혹스러운 일이었음을 고백하지 않을 수 없다). 이런 면에서 이 두 번째 방송은 '모든 언어 문화권에는 문학적 내용에 집중하는 작가들과 문학적 언어작용 곧 형식 자체에 집중하는 작가들이 있으며, 나는 늘 후자 쪽으로 관심이 기울어졌다'는 푸코 자신의 말을 입증해 주는 좋은 사례이다. 이는 물론 언어작용의 내용과 형식이 따로 있으며 자신의 관심이 형식 쪽으로 기울어졌다는 말이 아니라, 언어작용의 형식적 구조 자체가 곧 문학의 실내용을 구성한다는, 이른바 넓은 의미의 '형식주의적' 문학관에 가깝다(물론 이는 푸코가 고전적 의미의 '형식주의자'라는 말이 아니라, 문학에 관한 1960년대 푸코의 사유에 광의의 형식주의에 포함될 수 있는 요소가 존재한다는 의미이다). 1963년은 오랜 기간에 걸친 언어학, 구조주의, 기호학, 형식주의에 대한 푸코의 독서가 빚어낸 영향이 겉으로 드러나는 시기이며, 이러한 '푸코적 형식주의'는 문학을 '스스로를 벗어나는 방식으로만 스스로의 형식을 구축하게 되는 언어작용이 빚어내는 일련의 효과'로 바라본다. 이런 면에서 당시 푸코의 문학관은, 이 시기 푸코의 두 주요한 참조대상들로서, **바깥**dehors의 사유를 말하는 블랑쇼와 **위반**transgression의 글쓰기를 말하는 바타유의 사유에 강력히 영향받은 것이다. **한계경험**expérience-limite으로 대표되는 위반과 바깥의 사유는 안에 대한 바깥, 터부의 위반으로 이해되면서 사유하는 주체의 탈주체화désubjectivation du sujet pensant라는 '전복적 아방가르드'의 윤리를 이끌어 낸다. 문학이란 바로 이러한 기존의 언어놀이에 대한 위반과 바깥의 한계경험, 그리고 탈주체화, 탈이성화된 주체, 곧 광기와의 협업이 발생시키는 효과이다. 바슐라르에 대한 푸코 자신의 말대로, 작가는 '놀이의 규칙을 어김으로써 자신의 문화를 함정에 빠뜨리는 사람'이다. 이런 의미에서 이 시기 푸코의 문학관은 기존의 지배적 언어놀이에 대한 '형식주의적' 혹은 ── 훗날 '(포스트)구조주의적'이라 불리게 될 ── 하나의 실험 곧 일탈을 통해 펼쳐지는 **전복적 아방가르드의 문학관**이라고 말할 수 있다.

8. II부는 1964년 12월 벨기에 브뤼셀의 생루이대학교에서 이루어진 두 편의 강연으로 '문학과 언어작용'이라는 제명을 달고 있다. 이 부분을 중심으로 『거대한 낯섦』은 서로를 향해 되접히는데, 이런 면에서 이 부분은 의심의 여지 없이 책의 가장 중요한 부분이라 말할 수 있다. 따라서 독자들은 자신의 관심에 따라 I부를 건너뛰고 II부부터 책을 읽기 시작해도 좋을 것이다. II부를 이루는 두 편의 강연은 1960년대 푸코의 문학관, 곧 '결코 상대에로 환원될 수는 없지만, 되풀이와 되풂의 방식으로, 서로의 위로 겹쳐지는 동시에 어긋나면서, 서로를 벗어나는 동시에 서로에게로 되돌아오고야 마는' **이중/분신의 사유** 또는 **작용**fonction에 입각한 푸코의 문학관을 명시적으로 드러내 보여 주는 유일한 텍스트들이다. 우선, 위반과 바깥, 혹은 바타유와 블랑쇼의 영향이 여전히 두드러지는 첫 번째 강연은

사드, 세르반테스, 조이스, 그리고 프루스트, 샤토브리앙, 라신, 코르네유 등을 인용하면서, **언어작용-작품-문학**이 빚어내는 '기묘한 삼각형'을 그려 낸다. 푸코에 의해 18세기 말 이래 탄생한 것으로 그려지는 **근대 '문학'의 탄생**이라는 경험은 '언어작용의 자기 자신에 대한, 자기 자신의 위에서 일어나는 진동 운동'으로 규정되고, 작품은 바로 이러한 '자기 진동 운동에 대한 위반이자 결정화'로서 제시된다. 우선 **언어작용**langage은 '이야기 속에 축적된 파롤의 모든 사실'인 동시에 '랑그의 체계 자체'이다. 다음으로 **작품**œuvres은 '언어작용의 내부에 존재하는 언어작용의 특정한 배치'이다. 마지막으로 **문학**littérature은 '언어작용에서 작품으로, 작품에서 언어작용으로의 관계가 통과하는 삼각형의 정상頂上'이다. 그리고, 푸코에 따르면, 문학에 대한 이러한 이해는 18세기 중반까지만 해도 유럽에 존재하지 않았던 것으로 18세기 말 혹은 19세기 초 곧 '근대' 이후에 발생한 것이다. 단적으로, 이 시기 이후의 '문학'은 '문학이란 무엇인가'를 묻는 행위를 그 자체 안에 포함하는 것이며, 따라서 이제 '스스로 문학이란 무엇인가를 묻지 않는 문학'은 문학이 아니다. 이렇게 시작된 자기의식, 곧 자기에 의한, 자기에 대한, 자기 질문으로서의 문학에 대한 관념이 결정적으로 완성된 형식을 갖게 되는 것은 19세기 말의 말라르메에서이다. 푸코에 따르면,

"문학은 언어작용과도 다르고 작품과도 다른 세 번째 꼭짓점, 이들이 만들어 내는 직선의 외부에 존재하며 이를 통해 '문학이란 무엇인가?'라는 질문이 태어나는 하나의 본질적인 흰빛[여백/공백,

blancheur], 이 질문 자체인 하나의 흰빛, 하나의 빈 공간을 그려 내는 세 번째 꼭짓점입니다. 그리고 이 질문은 어떤 보충적인 비판 의식에 의해 문학에 덧붙여지는 것이 아니며, 오히려 이 질문이야말로 문학의, 본래적으로 분열되고 파열된, 존재 자체입니다."(이 책, 108~109쪽)

18세기 말 19세기 초 이래의 '근대' 문학은 문학이란 무엇인가를 묻는 메타적 행위, 곧 기존의 문학을 부정하는 행위, 기존의 문학에 대한 위반, 문학의 죽음이다. 문학은, 바타유를 따르자면, '문학'으로부터 버림받은 것, **저주의 몫**la part maudite이자, 블랑쇼를 따르자면, '문학'의 바깥, **바깥의 사유**la pensée du dehors이다. 문학은 이렇게 자기 자신에 대해 물음으로써 자기 자신을 파괴하고 위반하면서, 스스로의 위로 겹쳐지는, 스스로의 결여이자, 스스로에 대한 거리distance, 간극interstice, 틈으로서 존재하는 행위이다. 문학은 이런 면에서 스스로로부터 벗어남으로써 스스로로 되돌아오고야 마는 행위, 스스로로 되돌아옴으로써 스스로로부터 벗어나는 행위, 안으로부터 밖으로 그리고 밖으로부터 안으로 되돌아오는, **되풀이/되풂 작용**répétition이다. 그리고 이는 다름 아닌 앞서 말한 이중二重, double의 사유이며, 이는 다시 분신分身, doublure, 이중체二重體, doublet, 중복重複, redoublement, 양분兩分, dédoublement으로부터 거울, 쌍둥이, 시뮬라크르에 이르는 다양한 상징을 낳는다. 이는 인식이 이미 (재)인식reconnaissance이라는 플라톤 이래 상기설想起說, ἀνάμνησις, anamnesis의 근대 문학적 변양으로 보아야 마땅할 것이다. 프랑스판의 편집자들이 지적하고 있듯이, "푸코의 이런 관심은 스스로의 담론에 대한 중복의 참다운 사례가 될 것이다. 이는 주어진 한 시점에서 세계의 질서와 그것에 대한 재현이며(이는 푸코의 연구에서는 '사유 체계'에 대한 고고학적 기술이라 불린다), 또한 역설적으로 이 모든 것에도 불구하고 결국 과잉의 차원, 넘침, 바깥을 재현하고야 마는 무엇인가를 동시에 말하는 중복, 또는 차라리 영원한, 곧 극단에까지 이끌린 유혹하는 분신이다."

7. 이러한 논의를 이해하기 위해서는 1960년대 시기 푸코 사유의 대강을 이해해야 하는데, 이를 위해 무엇보다 중요한 것은 **시대 구분**이다. 푸코는 1961년 출간된 『광기의 역사』에서 그 대강이 그려진 이후, 1963년의 『임상의학의 탄생』을 거쳐, 1966년의 『말과 사물』에서 결정적인 형태로 제시되는 일정한 시대 구분 방식을 자신의 말년까지도 큰 변화 없이 유지한다. '지도도 달력도 없는 것에 대해서는 말하지 않는다'는 자신의 말처럼, 평생에 걸친 푸코의 작업은 이른바 '시공을 넘어선 초월적인 보편적 필연으로서의 진리[진실]'에 대한 반론을 제기하는 긴 여정이었다. 이를 위한 두 가지 방법론이 고고학과 계보학으로, 1960년대는 물론 푸코 자신에 의해

---

3 이 책에서 진리, 진실 등으로 옮긴 프랑스어 vérités는 19세기 일본의 메이지 지식인들에 의해 대체로 철학·사상·학문의 영역에서는 '진리'로, 예술·감성·일상의 영역에서는 '진실'로 옮겨졌으나, 원어상의 의미론적 차이는 존재하지 않는다. 다만, 플라톤적인 정합적인 '진리'(인식)가 되지 못한 '진실'에 정당한 권리를 부여하려는 푸코의 의도에 맞추어, 푸코의 본문에서는 가급적 '진실'로 옮겼다. 나의 옮긴이 앞글에 등장하는 '진리'는 푸코에 의해 비판되는 대상으로서의 '(시공을 초월하는) 플라톤적 진리'를 의미한다.

'지식의 고고학'의 이름 아래 규정되는 시기이다. 이러한 사유는『말과 사물』에 가장 완정한 형태로 제시되어 있으므로 아래에서는 이를 간단히 요약해 보자. 지도와 달력을 갖는 진리는 자신의 탄생 장소와 시대를 갖는다. 따라서 연구자는 문화와 시대를 초월하는 보편적인 '문학' 자체를 연구하는 것이 아니라, 오직 특정 문화, 특정 시기의 특정 문학, 곧 '이 문학' 혹은 '저 문학'만을 알 수 있을 뿐이다. 문학에 대한 지식 고고학 실천은 가령 '문학'을 보편타당한 것으로 가정하는 어떤 사유를 접할 경우, 그 '보편타당성'을 무비판적으로 받아들이는 대신, 다음과 같은 질문을 던지는 행위이다. "어떤 시대의 어떤 사람들이 왜, 그리고 어떤 과정을 거쳐, 자신의 특정 문학관을 문학 자체에 대한 관념이라고 여기게 되었는가?" 이는 문학에 관련된 기존의 지배 관념에 대한 **이의제기로서의 문제화**problématisation comme contestation이며, 이러한 문제화의 두 가지 방법론이 고고학과 계보학이다. 두 방법론의 경계선은 대략 1970년경을 기점으로 나뉘는데, 이것이 지식·권력·윤리라는 세 가지 영역과 만나면, 1960년대의 지식의 고고학, 1970~1975년에 이르는 권력의 계보학, 1976년 이래 푸코가 사망하는 1984년에 이르는 윤리의 계보학이 설정된다. 1960년대 **지식의 고고학**은 1966년의『말과 사물』에서 정제된 형식으로 나타나는데, 주어진 특정 시대와 사회의 모든 지식은 그것을 가능케 하는 인식론적 배치, 틀, 장場 곧 **에피스테메**épistémè를 따른다. 따라서 연구의 시공간적 한계를 '16세기 이래의 (서)유럽'으로 한정하는『말과 사물』은 '매 시기마다 오직 하나만 존재하는 것으로 가정된' 각 시대마다의 에피스테메를 탐구한다. 푸코는 16세기 초에서 17세기 중반에 이르는 '르네상스'의 에피스테메를 **닮음**ressemblance 으로, 17세기 중반에서 18세기에 이르는 '고전주의'의 에피스테메를 **표상작용**représentation으로, 19세기 이래 『말과 사물』이 발간되던 1966년 당시까지를 지칭하는 '근대'의 에피스테메를 **역사**histoire 혹은 초월적 경험적 이중체로서의 인간l'homme comme doublet empirico-transcendantal으로 규정한다(물론 『말과 사물』에 나타난 푸코의 궁극적 주장은 이렇게 '역사' 혹은 인간을 중심으로 하는 근대의 에피스테메가 물러가고 이 자리를 **언어작용의 분산**에 기초한 새로운 시대가 대체해야 한다는 것이다).

6. 이러한 지식 고고학의 논의에 따르면 가령 '18세기 말 19세기 초' 곧 푸코가 말하는 '근대'에 탄생한 '문학'의 역사(이런 의미에서 '근대 문학'이란 용어는 정확히 **동어반복**이다)를 근대 이전으로 소급하여 기술하려는 시도는 단순히 시대착오적이다. 그러한 시도를 행하는 자는 '아직 존재하지 않았던 것'의 역사를 쓰고자 하는 자이기 때문이다. 이렇게 역사적인 그리고 문화적으로 제약된 특정 문학을 하나의 불편부당한 실체로 보고 그것의 시간과 공간을 초월한 보편적 역사, 혹은 시공을 초월한 보편적 문학의 지역적 전개를 기술하려는 자는 '문학'이 특정 지역, 특정 시대의 **고유명사**임을 알지 못하는 자이다. 이 알지 못하는 자는 그러나 '인간의 보편성'이 존재하지 않는가라고 되물을 수 있을 것이다. 그러나 푸코는 이 자에게 되물을 것이다. 당신은 이미 '인간'과 '보편성'이라는 특정한 관념을 시공을 초월한 '보편적' 실체로 가정하고 그러한 질문을 던지는 것

이 아닌가?『말과 사물』의 마지막 부분에 등장하는, 이제는 너무나 유명해서 식상해져 버린 구절처럼, 인간이 '극히 최근의 발명품'인 것과 동일한 이유로, 보편성과 문학 역시 그러하다. 지식의 고고학에 의해 분석된 세계는 오직 고유명사들로만 이루어진 세계이며, 이러한 고유명사의 지배는 완전하며 전적이다. '모든 것이 역사적으로 형성된 고유명사'라는 지식 고고학의 주장은 특칭 명제가 아닌 전칭 명제이다. 이 고유명사의 세계에 예외란 전혀 없으며, 따라서 존재하는 모든 것은 오직 고유명사일 따름이다. 그리고 — 가령 문학, 인간, 진리, 아름다움, 본질, 역사, 광기, 섹슈얼리티, 보편성, 근대(성) 등의 관념처럼 — '우리에게 역사가 없는 것처럼 보이는 것들'의 역사적 형성과정을 밝히는 것이 고고학이자 계보학이다(이런 관점에서 푸코는 '철학'을 **진리의 정치적 역사**로 정의한다). 그리고 1964년 12월 벨기에 브뤼셀의 강연에서 푸코가 수행하는 바는 이러한 지식 고고학적 방법론에 입각해 오늘날 우리가 아는 '문학'의 관념이 형성된 '근대'라는 지식 고고학적 지층을 섬세히 분석하는 것이다. 이는 문학이라는 지식의 고고학, 곧 **문학의 고고학**이다.

5. 이러한 분석의 결론이 '이중과 분신의 놀이'로서의 근대 문학이며, 이제 근대 문학은 '스스로의 위로 겹쳐지고 되풀이되며 되풀려 나감으로써 그 자신에로 되돌아가는 언어작용의 한 형상, 배치'로 제시된다. 근대 문학은 '위반의 언어작용이자, 죽을 수밖에 없는, 되풀이하는, 다시금 이중화되는 하나의 언어작용, 곧 책 자체의 언어작용'이다. 이러한 문학에는 이제 오직 '하나의 말하는 주체'만

이 존재하는데, 이 말하는 하나는 바로 말라르메적 의미의 '책'이다. 강연의 두 번째 부분은 바로 이 '책'이라는 부정否定의 존재, 시뮬라크르simulacre의 존재에 대한 것이다. 이는 시간적·역사적 축을 대변하는 기존의 '창조' 담론과 연관되는 '비판/비평'critique의 관념 자체에 대한 비판적 분석을 거쳐 '언어작용의 존재론'에 이르게 된다. 문학 작품의 분석은 이제 '이중/분신들의 담론, 곧 그 안에서 언어작용의 동일성[정체성]이 서로 분할되는 차이와 거리에 대한 분석'이 된다. 문학 작품은 '오직 언어작용을 통해서, 따라서, 기호 체계를 통해서 만들어'졌고, 이 기호 체계는 '고립된 것이 아니라, 많은 다른 기호들로 이루어진 그물망의 일부'이므로, 이제 문학적 분석이란 '주어진 사회 안에서 순환하는 기호들, 단지 언어학적 기호들이 아닌, 경제학적, 재정적, 종교적, 사회적 등등일 수 있는 기호들'에 대한 분석이 된다. 이렇게 우리가 '특정 문화의 특정 시점을 연구하고자 선택할 때마다, 우리는 그에 상응하는 기호의 특정한 상태, 기호 일반의 일반적 상태'를 얻게 된다. 이제 독자들은 1964년 12월에 이루어진 이 브뤼셀의 강연이 1966년 발간될 『말과 사물』에서 간헐적으로만 드러날 뿐 결코 명시적으로 드러나 있지 않은 어떤 영역, 곧 **문학에 대한 고고학적 분석**의 원칙들을 담고 있는 문헌임을 이해할 것이다. 푸코의 브뤼셀 강연은 문학의 고고학에 대한 강연이다. 문학은 언어학적 혹은 이른바 '문학적' 기호의 분석으로만 드러나지 않는다. 문학은 '문학이 아닌 것과 상호작용하면서 형성되는' 하나의 복합적인 사회적, 역사적, 문화적인 현상이다(이러한 입장이 정치와 권력의 관념 자체에 대한 새로운 비판적 규정을 수반하는 **정치적** 관점 아래 포괄되는 것은 1970년 이후의 일이다). 문학의 고고학은 더 이상 이전과 같이 작품 일반의 공간성을 연구하지 않으며, '주어진 특정 작품 안에 존재하는 언어작용 자체의 공간성'을 탐구한다. '문학'은 '이제 이백 년 남짓 된 최근의 발명품이며, 근본적으로 지금 구성되고 있는 관계, 언어작용과 공간의, 이제야 어렴풋이 가시적이 되어 가고 있지만 여전히 사유할 수는 없는 하나의 관계'이다. 문학은, 문학의 고고학은, 문화의 공간 혹은 작품의 공간이 아닌, 언어작용 자체의 공간을 탐구한다. 스스로를 벗어남으로써만 스스로로 되돌아가는 하나의 언어작용, 하나의 빔으로서 작용하는 공간, 그것이 말라르메적 의미의 '책'이라는 공간이다. '책'으로 상징되는 이 언어작용은 부정의 언어작용, 시뮬라크르의 언어작용, 백색의 언어작용, 비어 있는 (비워 가는) 언어작용, 곧 **분산**分散,dispersion의 언어작용이다.

4. 마지막 III부를 이루는 사드에 관한 강연은 1970년 3월 미국 버팔로 뉴욕주립대학교의 프랑스문학과에서 행한 두 편의 강연이다. 강연의 중요성과 의미는 상기의 지식 고고학적 시대 구분에서 사드(1740~1814)가 차지하는 위치에 입각해 있다. 소설가로서의 사드가 활동했던 시기는 정확히 푸코가 말하는 '근대'의 시작점, 곧 '18세기 말 19세기 초'와 겹친다(푸코에 따르면, '근대'는『말과 사물』이 발간되는 1966년 당시 이미 끝났어야 했음에도 여전히 지속되고 있는 '이제는 파괴되어야 할 것'으로 가정되어 있다). 첫 번째 강연은 진실과 욕망의 문제를, 두 번째 강연은 같은 해 말 푸코가 '담론의 질서'라는 이름 아래 정돈하게 될 영역을 다룬다. 첫 번째 강연을 통

해, 푸코는 사드가 말하는 진실이란 결코 이른바 '있었던 그대로의 진실'에 관한 것이 아니며, 오히려 사드에게 있어서의 진실을 말하기란 '욕망, 환상, 상상력을 진실과의 특정 관계 안에서 확립하는 것'임을 밝힌다. 욕망은 이제, 글쓰기의 덕분으로, '어떤 외부로부터의 반박도 불가능한, 무한정하고도 절대적인 전체로서의 진실이라는 세계 안으로 진입'한다. 사드의 글쓰기는 이제 '어떤 한계도 없는 지점에 결국 도달하고야 만 욕망'이자, '진실이 되어 버린 욕망, 욕망의 형식을 지닌 진실'이다. 글쓰기는 '되풀이되는 욕망, 한정이 없는 욕망, 어떤 금지의 법도 갖지 않는 욕망, 어떤 억제도 모르는 욕망, 외부가 없는 욕망이라는 형식을 갖는 진실'이다. 사드의 글쓰기는 단적으로 욕망과 관련된 외부적 제한의 상상적 철폐를 실현해 주는 하나의 문학적이고도 정치적인 장치이다. 이러한 해석은 의심의 여지없이 푸코에 대한 라캉과 블랑쇼 그리고 바타유의 영향을 입증하는 것이다(그리고 바로 이러한 점이, 프랑스판 편집자들은 언급하지 않고 있지만, 1970년 3월에 '발표'된 이 강연의 원고가 실제로는 정확히 언제 '작성'된 것인지에 대한 의문을 품게 한다. 물론, 사드에 대한 이 강연은 앞선 시기 푸코의 언어작용에 관한 고고학적 관심과 향후 나타날 니체적 권력 계보학적 관심이 뒤섞여 나타나고 있는 **이행기의 텍스트**로 보는 것이 가장 무난한 해석일 것이다). 이러한 해석은 사드의 글쓰기가 라캉적 의미의 상상계와 상징계를 이어 주는 것, 나아가 실재계를 가능케 하는 것, 곧 하나의 장치dispositif로서 기능하고 있음을 드러내는 것이다. 어떤 면에서, 이런 해석은 푸코가 바타유적 의미의 위반의 논리를 사드의 문학적 글쓰기에 적용한 것이라고 보아도 무방하다. 그러나 이러한 해석에서 정작 돋보이는 점은 푸코가 사드의 글쓰기를 프로이트-라캉적 의미의 정신분석적 관점에서 해석하는 것을 거부한다는 점, 나아가 푸코가 사드에 대한 자신의 해석, 곧 '진실-담론-욕망'이라는 삼각형에 입각하여 라캉과 바타유의 사유를 근본적으로 재해석하고 있다는 점이다. 달리 말하면, 푸코는 사드를 프로이트적으로, 곧 '욕망'의 관점에 입각해 읽어서는 안 되며, 오히려 프로이트를 사드적으로, 곧 '늘 자신의 위로 겹쳐지면서, 스스로로부터 벗어나며 또 바로 그러한 방식에 의해서만 스스로가 되는, 무한히 되풀이되는 글쓰기의 실천'으로서 다시금 읽어 내야 한다고 주장한다. 따라서, 이제 차라리, 프로이트에게는, '이 모든 환상이 글쓰기를 통해서, 글쓰기가 물질성을 부여받고, 글쓰기가 견고함을 부여받는 글쓰기 행위를 통하여 이루어지는 것이었기 때문'이라고 말해야 한다. 이는 이후, 특히 1976년의 『성의 역사 1. 앎의 의지』에서 결정화되어 나타나는 것처럼, 프로이트-라캉적 '욕망'désir에 대립되는 니체-푸코적 '쾌락'plaisir 관념의 설정으로 구체화된다.

3. 두 번째 강연은 사드 작품에 나타나는 글쓰기의 두 가지 특성, 곧 파트너들의 성관계 부분에 대한 묘사를 담은 '장면'과 그에 대한 이론적 설명의 부분인 '담론'에 대한 구분으로부터 시작된다. 푸코에 따르면, 사드의 '담론'은 기이하게도 욕망과 섹슈얼리티에 대해 말하지 않으며, 오히려 신, 영혼, 범죄, 자연(본성)이라는 네 가지 '실체'의 부정, 곧 부재에 대해 말하는 진실의 담론, 논증적 담론이다. 푸코는 이 네 가지 부재의 테마를 '규칙을 벗어난 실존', 이를 수

행하는 자를 '규칙을 벗어난 개인'이라 부르는데, 규칙을 벗어난 실존은 '상궤를 벗어난 실존', 곧 '비정상적 실존'에 다름 아니다. 규칙을 벗어난 개인은 자신의 위에 어떤 절대권도, 규범도, 한계도, 구속도 인정하지 않는 개인, 어떠한 거세의 논리도 인정하지 않는 개인, 곧 **한계의 탈**脫**한계화**를 행하는 개인이다. 이 부분에서도 푸코는, 첫 강연과 마찬가지로, 사드를 프로이트적으로 읽는 것이 아니라, 프로이트에 대한 사드적 혹은 니체-바타유적 독해를 시도한다. 이런 니체-바타유-푸코적 독해의 논점은, 담론이 욕망을 정당화하는 것이 아니라, **담론-욕망-진실**이 서로서로 얽혀 있으며 또 오직 그렇게만 작동하고 기능한다는 주장이다. 이러한 주장은, 오늘날의 회고적 관점으로 바라본다면, 같은 해인 1970년 12월의 콜레주 드 프랑스 취임 강연인 '담론의 질서'에서 처음으로 정식화되고, 나아가 1975년의 『감시와 처벌』에서 완성된 형태로 제시되는 **권력-지식 혹은 욕망-진실의 상호 형성**formation réciproque du pouvoir-savoir ou désir-vérité에 관한 주장을 선취한 것이다. 이런 점에서, 철학사적 관점에서 보면, 푸코는 실체substance로부터 관계relations로, 동일성identité으로부터 차이différence로 이행하는 현대 사유의 기본적 흐름에서 벗어나지 않는다.

2. 이 '규칙을 벗어난 실존'이 바로 사드의 리베르티나주libertinage이며, '규칙을 벗어난 개인'이 리베르탱libértin이다. 리베르티나주와 리베르탱에 대해 국내에서 구할 수 있는 가장 좋은 설명은 사드의 『규방철학』(이충훈 옮김, 도서출판b, 2005) 중 「옮긴이의 말」에 실려 있다.

"원래 이 말은 라틴어 libertinus에서 온 것인데 '해방된 자'라는 뜻이다. 이들은 로마 시대에 원래 자유민이었던 ingenuus와 법적으로 구분되었다. 이 말이 16세기에 프랑스어로 들어올 때 경멸적 의미를 그대로 가지고 있었다. 리베르탱이란 노예 신분에서 '해방된 자'로, '새롭게 얻은 자유를 어떻게 사용해야 할 줄 모르고, 타인의 눈으로 보면 원래 가졌던 흠을 못 버리고 있는 사람'을 가리키는 말이었다. 1732년판 『트레부 사전』(제3판)에서 이 말을 정의하면서 퓌르티에르 사전의 정의를 가져오는데, 여기에 '지나친 자유를 취하고 마련하는 사람으로서'라는 말을 덧붙인다. 개인에게 주어진 법적, 도덕적 자유의 한계를 잘못 이해하는 사람이라는 정의는 라틴어 어원을 고려하면서 신학적인 입장을 부가하려는 뜻으로 생각할 수 있다. 또한 [1528년경 나타난] 네덜란드의 리베르탱에 대한 언급을 하면서 『트레부 사전』은 이들을 비판하는 글을 썼던 칼뱅을 함께 비난한다. '왜냐하면 칼뱅의 개혁원리들은 이들 '리베르탱들'의 원리와 그다지 멀지 않기 때문이다. 칼뱅이 그러하였듯이 우리가 교회의 구속에서 벗어났을 때 항상 동일한 원리를 따라서 더욱 멀리 나아가는 일은 쉬운 일이다.' 이 예를 사람들은 성경에서 찾았는데, 「사도행전」 6장 9절을 보면 'synagoga libertinorum'이라는 표현을 볼 수 있다. 이들을 스테반이 시기하여 논쟁을 벌였으나 당해 내지 못하였다는 것이다. 이것은 해방된 유대인들로 구성된 교회였는데, 16세기 프랑스어 성경에서 이들을 '리베르탱'으로 번역을 하고 있다. 결국 이 말은 **반체제 지식 분파** 내지는 **신앙에 적대적인 사람들**을 이르는 말로 간주되었다. 칼뱅은 이들을 '에피쿠로스 또는 루키아누스주의적 무신론자들'이라고 불렀다. […] 17세기에 이르러 가톨릭은 절대왕정과 결합하면서 국가가 비준한 종교적 원리에 어긋나는 모든 분파들과 개인적인 신념과 저작들을 '리베르탱'이라는 이름으로 단죄하기에 이른다. 이들은 분명히 데모크리토스와 에피쿠로스의 영향을 받았고, 유물론적인 입장을 취하고 있었던 것이 사실이다. 이들은 영혼의 불멸성을 부정했고, 인간과 동물의 차이를 인정하지 않았다. 기존의 교리와 신념으로부터 '해방된 자'로서 리베르탱은 구원救援 대신 세속적인 즉각적 쾌락에 더 큰 의미를 두었다. / 18세기에 들어서 '리베르탱'은 '자유사상가'의 모습으로 나타나며, 이들이 '철학자들'이 될 것이다. 레이몽 트루송은 루이 14세가 죽은 후 섭정기의 리베르탱들은 이론 이상으로 실천에 몰두하면서 비판의 철학적 태도보다는 방종에 이르는 경향이 있었다고 말한다. 1732년의 『트레부 사전』의 리베르티나주 항목을 보면 '풍속에 있어서 방탕, 방종, 무질서, 리베르탱의 행실'이라는 표현이 보인다. 『백과전서』의 정의는 보다 구체적이다. 리베르티나주란, '감각의 쾌락에 이르게 하는 본능에 굴복하는 습관'이며, '풍속을 존중하지 않으나, 이에 맞서는 것도 아니다. 섬세함도 없고, 선택을 할 때는 일관성이 없다. 향락과 방종의 중간쯤에 머문다.'" (15~17쪽, 옮긴이 강조. 원문에는 리베르땡으로 되어 있으나, 이 글에서는 리베르탱으로 옮겼다.)

1. 푸코에 따르면, 우리가 사드를 독해할 때 피해야만 할 두 가지 잘못된 방식은 사드를 프로이트 혹은 마르쿠제의 방식에 따라 읽는 것이다. '진실의 욕망하는 본성을 복원하려 한' 사드의 사유는

'진실에 맞추어 욕망을 다시금 정돈하려는' 프로이트적 사유의 대척점에 위치하는 것이다. 니체의 길을 따라, '욕망으로부터 초연한, 혹은 권력과 무관한' 플라톤적 진리관을 논파하려는 푸코는 욕망, 권력과 상관적으로 형성되는 지식, 진실이라는 권력-지식의 관점에서 사드를 읽고 있는 것이다. 플라톤의 '지혜sophia에 대한 사랑philos'이라는 철학philosophia의 관념 자체가 이미 사랑, 곧 욕망의 담론을 담고 있지 않은가? 한편, 이렇게 '욕망과 진실의 무한한 얽힘, 상호 생성을 말하는' 사드의 담론은 '이제까지 내가 죄책감을 갖고 해왔던 것을 이제 나는 어떤 죄의식도 없이 행복하게 행한다'라는 형식을 갖는 마르쿠제의 담론과도 다르다. 사드에 있어서의 욕망과 진실의 관계는 '연이어 일어나는 범죄와 영원한 무질서 안에서만' 실현된다. 푸코에 따르면, 사드는 '**유럽 문명**에서 욕망이 늘 사로잡혀 있던 진실에의 종속으로부터 욕망을 실제로 해방시킨 인물', '욕망을 진실의 절대권 아래 정돈시켰던 **플라톤적** 구축물을 욕망과 진실이 동일한 나선의 내부에 함께 속해 있어 서로 맞부딪히고 서로에게 맞서는 하나의 놀이로 대체한 인물'이다. 이러한 해석은 푸코가 더 이상 블랑쇼의 바깥도, 바타유의 위반도, 구조주의의 이항대립도 아닌, 니체적 의미로 해석되어야 할 진실과 욕망의 담론, 권력-지식의 계보학, 자기의 테크놀로지, 곧 '자기와 자기의 관계'를 의미하는 '윤리[자기 형성]'의 계보학으로 나아가고 있음을 알려 준다. 이는 푸코의 평생에 걸친 작업이 —— 실제로 『광기의 역사』, 『말과 사물』, 『감시와 처벌』이 바로 그러했던 것처럼 —— 자신의 사회 곧 **유럽 문명**이 그것에 입각해 작동하고 있는 **문화인류학적 코드의 분석 작업**이었음을 말해 준다. 이러한 관점에서 보면 문학과 과학과 철학, 그리고 그 밖의 여러 영역들 사이에 존재하는 것으로 가정된 경계선은 무너지게 되고, 이제 관건은 이들이 서로서로를 형성하며 제어하고 상호작용하며 이루어 가고 있는 이 **복합적 그물망**은 무엇이며, 그것이 어떻게 형성되었고 또 작동하고 있는가를 아는 일이다.

0. 오늘도 내가 다녔던 대학의 교정에는 목련꽃이 피고, 문과대학 교실에서는 학생들이 교수님의 문학 강의를 경청하고 있을 것이다. 그리고 그들의 손에는 여전히 문학 작품들, 또는 문학에 관한 텍스트들이 들려 있을 것이며, 그들은 여전히 오늘도 문학을 읽고 느끼고 말하고 배우고 또 논할 것이다. 그리고 문학을 읽고 알고자 하며 문학을 배우고 문학을 규정하고자 하는 그들의 바로 그러한 행위와 의도가 그들 자신을, 나아가 그들의 문학을 형성하게 될 것이다. 생각건대, 아마도 이러한 점이 오늘 우리가 여전히 푸코를 읽어야 할 이유일 것이다. 우리가 서양화된 만큼 서양인인 푸코의 주장은 우리에게 의미를 가진다. 그리고 바로 이러한 독서와 사유 그리고 실천의 과정을 통해, 이 책에서 푸코로 대변되는 서양의 담론은 '우리'를 만들고, 또 우리의 '문학'을 형성하게 될 것이다. 그리고 또한 바로 이러한 '우리'의 정립 과정, '우리 문학'의 정립 과정이 그 상관자로서 '서양'의 정립, '서양 문학'의 정립 과정과 맞물려 서로서로를 **동시적·상관적으로** 형성하게 될 것이다(극단적으로 말해 본다면, 내가 푸코를 읽지 않는다면, 서양 문학을 읽지 않는다면, 나는 푸코와 달리, 서양 문학과 달리, 나를, 나의 문학을 형성하게 될 것이다. 그러나

이러한 전략의 긍정적 가치, 또 위험성은 앞 문장의 문학을 과학 또는 철학으로 대치하여 읽어 보면 쉽게 이해될 수 있을 것이다). 어린 시절, 대학교 신입생 때와 마찬가지로, 나는 30년이 지난 오늘도 푸코의 책을 읽고 번역하고 느끼고 생각하고 반추하며 '나'와 '나의 문학관'을 형성하고 있을 것이다. 인식의 틀이 없는 인식은 불가능하듯이, 나는 나의 인식틀로 나와 나 이외의 모든 것을 판단할 수밖에 없다. 바로 그런 의미에서, 아마도 이 책을 읽을 거의 모든 (그런 것이 있다면) '한국 사람들'이 느낄 것처럼, 내게는 푸코의 이 책이 '문학'의 정의를 시대적으로나 공간적으로나, 너무도 좁게, 너무도 서양적으로 규정하고 있는 것처럼 느껴졌다. 그런데, 나, 또다시 되돌아 앉아, 푸코에게로, 그리하여 나에게로, 그리고 내가 대학 시절 읽은『문학의 지평』으로 그리고 그것을 읽었고 푸코를 번역하며 '문학'을 생각하는 지금의 나에게로 되돌아가는 나, 그리하여 푸코와『문학의 지평』이 문학에 대하여 내리는 특수하고도 보편적인 두 가지 방식의 정의에 대해 생각하던, 나는, 어린 시절 나의 생각과는 달리, 양자모두가 보편적인 '문학' 자체에 대한 정의가 아님을 깨닫고 놀라곤 한다. 문학은 문학이란 무엇인가를 묻는 것이다. 문학 또는 문학의 고고학이란 문학을 넘어서는 것, 문학의 바깥으로 나가는 것이다. 문학이란 문학을 버리는 것이며, 문학을 죽이는 일이다. 이는, 마치 미술의 영역에서 뒤샹이 행했던 바와 같이, 문학이 기존의 문학관에 대한 이의제기, 문제화 작업에 다름 아니라는 선언이다. 문학은, 문학의 고고학은, 결코 '문학' 자체가 아니라, '이 문학'이 어떻게 탄생했는지를 묻는 일이며, 이 문학과는 다른 '또 다른 하나의 문학'이 어

떻게 가능한가를 자신의 글쓰기 행위를 통해 실현하고 드러내는 일
이다.

2015년 6월 19일

일산 노루목길에서

허경

옮긴이 일러두기

새 판 일러두기

이 책은 다음의 완역이다.

Michel Foucault, *La Grande étrangère. À propos de littérature*, Édition établie et présentée par Philippe Artières, Jean-François Bert, Mathieu Potte-Bonneville & Judith Revel, Collection Audiographie, Éditions de l'EHESS, 2013.

옛 판 일러두기에 적었듯이, 푸코의 사후, 푸코가 각기 1963년, 1964년 및 1970년에 문학에 관해 행했던 라디오 방송 대담 및 원고, 강연을 모은 이 책의 프랑스어판 제명은 푸코가 붙인 것이 아니다. 따라서 나는 지금은 절판된 이전 2015년 인간사랑의 국역본은 고심 끝에『문학의 고고학 ── 미셸 푸코 문학강의』로 제명을 정했다. 한 편, 나는 이후 그린비에서도 '문학'에 관련된 푸코의 대담을 한 편 더 번역했다. 2021년에 나온『상당한 위험: 글쓰기에 대하여』가 그것 으로, 이 책은 푸코가 1968년 여름과 가을 문학평론가 클로드 본푸 아와 나눈 미공개 대담을 정리·출판한 것이다. 이 책의 정확한 서지 사항은 다음과 같다.

Michel Foucault, *Le Beau Danger. Entretien avec Claude Bonnefoy*, Édition établie et présentée par Philippe Artières, Collection Audiographie, Éditions de l'EHESS, 2011.

두 편 모두 같은 출판사의 같은 시리즈 기획으로 출간되었고, 필립 아르티에르 등이 편집자로 참여했다. 이 역시 푸코가 직접 정한 제명이 아니므로, 나는 이 국역본의 제명을 '글자 그대로의 직역'이라 할 『상당한 위험』으로 정했다.

그리고 이제 같은 그린비 출판사에서 기존 『문학의 고고학』 판권을 구입·재출간한다는 소식을 듣고, 나는 감사한 마음과 더불어 기존의 국역본 제명을 '프랑스어판 편집자들의 의도에 맞추어' 다시 붙여 보는 것도 좋으리라는 생각을 품게 되었다. 프랑스어판 기준, 2011년에 먼저 나온 『상당한 위험: 글쓰기에 대하여』의 원제는 *Le Beau Danger*로, '상당한 위험'이 가장 정확한 직역이지만, 프랑스어의 미묘한 어감을 따라 해석해 본다면, '아름다운 위험', 또는, 나아가 대담의 내용을 살펴본다면, '위험한 아름다움'이라는 뉘앙스를 포함하는 표현으로 볼 수 있다. 마찬가지로 2013년에 나온 같은 시리즈의 원제 *La Grande étrangère* 역시 —— 앞선 책과 마찬가지로 —— '거대한 낯섦', 또는, 대담의 문맥을 살핀다면, '위대한 외국문학' 정도의 뉘앙스를 갖는다. 따라서 나는 그린비와의 상의를 거쳐 이전 제명 『문학의 고고학』을 ——『상당한 위험』과도 조응하는 —— 새로운 제명 『거대한 낯섦』으로 결정하였다. 그러나 이 역시 앞선 『상당한 위험』의 경우와 마찬가지로, 제목만으로는 책의 내용을 추측하기 어려우므로 본문의 내용을 고려한 부제를 첨가하여, 최종적으로 이 책의 제명은 『거대한 낯섦: 문학에 대하여』가 되었다.

마지막으로, 이 책에 관심을 가져 주시고 판권을 구입해 주신 그린비의 유재건 사장님, 그리고 편집을 맡아 주신 김아영 님, 그리고 디자인을 맡아 주신 권희원 님, 그 외 책이 나오도록 고생해 주신 여러분들께 진심으로 감사의 말씀을 드린다.

2023년 6월 26일

일산 노루목길에서

허경

옛 판 일러두기

이 책은 다음의 완역이다. Michel Foucault, *La Grande étrangère. À propos de littérature*, collection audiographie, éditions EHESS, 2013.

먼저 번역서의 제명에 대해 말해 두어야 하겠다. 푸코의 강연을 모은 프랑스어 원서의 제목은 물론 프랑스어판 편집자들이 택한 것으로 푸코의 것이 아니다. 그런데 이 제목은 우리말로 번역하기에 매우 곤란한 제명이다. 우선 그것은 크게 보아 두 가지 정도의 의미로 이해될 수 있는데, '거대한 낯섦' 또는 '위대한 외국문학'이 그것이다(부제는 '문학에 대하여'이다). 물론 프랑스어의 편집자들은 의도적으로 이 용어들이 갖는 중의적 또는 다의적 의미를 취한 것으로, 이러한 의미를 모두 담을 수 있는 우리말 번역어는 존재하지 않는다. 그런데 번역을 진행하면서 우연한 기회에 광화문의 푸른역 사아카데미에서 번역 중이던 본서의 초고를 강독할 기회를 갖게 되었다. 몇 달에 걸쳐 번역의 초고를 한 줄씩 모두 읽어 내려가는 방식으로 강독을 진행하던 중, 나는 이 책에 실린 세 편의 강연 내용을 전체적으로 포괄할 수 있는 제명을 고심 끝에 찾아내게 되었는데, 그것이 바로 현재의 제명인 '문학의 고고학'이다. 이 강연들은 모두 지식 고고학의 방법론을 통해 '문학'의 관념에 대한 비판적 분석 및 새로운 규정을 제시하는 텍스트라는 점에서, 내게는 이 제목이 더할 나위 없이 만족스러운 적절한 제명으로 생각된다. 이는 강독을 들어 주신 분들이 없었다면 이루어지지 않았을 깨달음으로 이 자리를 빌려 강독을 함께 해주신 모든 분들께 깊은 감사의 말씀을 드린다. 다음으로, 문체, 정확히는 문장부호 쉼표 사용의 문제가 있다. 푸코의 문체는 프랑스어를 이해하는 자들에게는 정확하면서도 아름다움을 잃지 않는 탁월한 문체로 정평이 나있다. 푸코의 프랑스어가 보여 주는 섬세한 뉘앙스와 '말놀이'를 살리기 위해 여러 가지로 고심을 거듭한 결과, 프랑스어 원문의 쉼표를 가급적 살리는 방향으로 번역을 진행했다. 현대 한국어는 가급적 쉼표를 사용하지 않는 방향으로 가는 추세이기 때문에 이러한 결정이 가독성을 떨어뜨릴 수도 있지만, 독자들께서 1960년대 문학 시기 푸코의 문체와 말투를 오늘의 한국어로 되살리기 위한 노력으로 이해해 주시길 바란다. 마지막으로 적어 두고 싶은 것은, 인간사랑 출판사의 출간목록에는 이 『문학의 고고학』 이전에 옮긴이의 이름인 허경으로 출간된 번역서가 두 권이 있다. 스튜어트 슈나이더맨의 『쟈크 라캉. 지적 영웅의 죽음』(1997)과 자크 랑시에르의 『민주주의는 왜 증오의 대상인가』(2011)가 그 두 권인데, 전자는 내가 번역한 것이지만, 후자는, 놀랍게도, 나와 같은 이름을 가진 다른 분, 곧 동명이인同名異人이신 다른 분이 번역하신 것이다(프랑수아 줄리앙의 『맹자와 계몽철학자의 대화』를 옮긴 바로 그분이다). 이제 또다시 같은 출판사에서 같은 이름으로 세 번째 번역이 나오게 되었으므로, 이를 여기 적어 독자들의 혼동을 덜어 드리고자 한다(아마도 이 이야기는 '이중/분신에 대한 책'에 '믿을 수 없을 만큼 꼭 들어맞는' 하나의 일화일 것이다).

프랑스어판 일러두기

이 책에 실린 글들은 미셸 푸코의 공개 구두 강연을 모은 것이다. 이들은 라디오 방송녹음, 강연의 녹음테이프, 또는 컨퍼런스 발표 내용을 타이프로 전사轉寫한 것 등으로부터 취한 것이다. 모든 내용은 가능한 한 글자 그대로 원본에 준하여 옮겨진 것이다. 물론 음성으로 된 녹음을 글로 받아 적는 작업은 불가피하게 편집자의 개입을 필요로 한다. 전사된 '원본'이 가지고 있던 부정확함과 실수는 푸코의 수고手稿 또는 푸코가 녹음을 준비하며 작성한 메모와 원고 등에 따라 수정·보완되었다. 마찬가지로, 띄어쓰기와 문장부호, 문장의 구분 역시 편집자의 불가피한 개입이 뒤따랐는데, 이를 수행하는 우리의 두 가지 기준은 가독성, 그리고 푸코의 원래 의도를 최대한 엄격히 존중한다는 것이었다. 타이프 친 원고와 푸코의 수고를 막론하고, 하나의 단어가 해독 불가능할 경우 편집자 주를 넣어 이를 밝혔다.

마지막으로, 페이지 하단에 각주 형식으로 들어가는 비평적 장치는 잘 알려져 있지 않거나 잘못 알려진 작가 및 작품을 간략히 소개하는 경우, 타이프 친 원고에 결함이 있거나 혹은 강연이 이루어진 동시대적 상황에 대한 설명이 필요한 경우로 제한했다.

I. 광기의 언어작용

1963년 1~2월, 라디오 프랑스

프랑스어판 편집자의 말

1963년 푸코는 국립 RTF 프랑스 III 방송국에서 **말의 사용**L'usage de la parole이라는 제명 아래 광기의 언어작용langages de la folie에 관한 5회의 연속 강의를 했다. 연극인이자 방송인, 배우, 작가인 장 도아트Jean Doat가 제작을 맡았다. 1주에 1회씩 5주 동안 진행된 이 5회의 방송의 제명은 각각 1963년 1월 7일에 방송된 '축제의 광기'La folie en fête,¹ 1월 14일의 '광인들의 침묵'Le silence des fous, 1월 21일의 '박해'La persécution, 1월 28일의 '육체와 그 분신들'Le corps et ses doubles 그리고 마지막 회인 2월 4일의 '광기 안의 언어작용'Le langage en folie이다. 아래는 푸코 자신이 작성한 이 시리즈의 소개이다.

---

1   [옮긴이] 이 첫 번째 방송의 제목은 '프랑스어판 편집자의 말'과 본문에 각각 한 번씩 나오는데, '편집자의 말'(원서 기준 24쪽)에는 '축제의 광기'(La folie en fête)로, 본문(27쪽)에는 '광기와 축제'(La folie et la fête)로 등장한다. 원제목은 아마도 '축제의 광기'로 보이지만, 원문을 존중하여 그대로 둔다.

"미셸 푸코는 서양 사회의 역사를 기술하기 위해 특히 광기를 이를 위한 시금석으로 삼았습니다. 모든 사회, 모든 문화는 광기에 대해 매우 정확한 위치를 지정해 주고, 명백히 규정된 하나의 구조를 사전에 제공해 줍니다. 이렇게, 그들이 해서는 안 되는 금지와 관련하여, 광인에 대립되는 이른바 '합리적인'raisonnables 사람들의 집단이 규정됩니다.

이 방송 시리즈는 다음과 같은 네 개의 커다란 부분으로 나뉩니다. 첫 번째 부분에서, 작가는 언어작용에 있어서의 광기의 분출 지점들을 규정합니다. 작가는 병리학적 언어작용의 다양한 형식들을 분석합니다. 이를 위해, 여러분은 작가가 고르고 연극배우들이 낭독하는 환자의 텍스트, 또는 기록된 환자와 의사 사이의 대화를 들으시게 됩니다.

두 번째 부분에서, 미셸 푸코는 광기가 언어작용 안에서 어떻게 재현되어 왔는가를 보여 줄 것입니다. 이를 위해 작가는 셰익스피어에서 코르네유에 이르는 작가들의 작품에 등장하는 광인의 캐릭터를 연구할 것입니다. 코르네유의 『멜리트, 또는 가짜 편지』Mélite, ou les fausses lettres(1629)에 나오는 에라스트Éraste가 그 예입니다.

세 번째 부분에서, 작가는 언어작용의 내부 자체에 존재하는 비이성déraison의 경험을 다루고, 이를 제라르 드 네르발Gérard de Nerval, 1808~1855과 레몽 루셀Raymond Roussel, 1877~1933과 같은 작가들에게서 나타나는 광기와 문학적 경험 사이의 관계를 드러냅니다. 레몽 루셀은 위대한 정신병리학자 피에르 자네Pierre Janet, 1859~1947의 치료를 받았고, 자네는 레몽 루셀의 사례에 대한 보고를 마르샬Martial이라는 가

명으로 자신의 작품에 남겼습니다.[2]

미셸 푸코는 마지막으로 인위적으로 불러일으켜진 광기에 대해 다룹니다. 광기의 언어작용이 보여 주는 이 마지막 측면은 앙리 미쇼 Henri Michaux, 1899~1984에 의해 더 이상 훌륭하게 드러날 수 없을 만큼 잘 묘사되어 있습니다."

우리는 이 책에서 푸코의 다섯 개의 방송 중 두 번째의 '광인들의 침묵'과 마지막의 '광기 안의 언어작용'만을 신기로 결정했는데, 그 이유는 이 두 편이 서로에 대해 거울과 같은 쌍둥이 구조를 가지고 있으며 문학을 중심 주제로 다루고 있다는 점, 나머지 세 편의 강연들이 오직 광인들의 언어작용이라는 단일한 주제에만 집중되어 있다는 점이다. 한편 방송에서는 문학 텍스트들을 배우들이 낭독했을 때 정확한 원전이 제공되지 않았고 이 때문에 전사하는 과정에서 약간의 오류가 발생했다. 더구나 외국어로 된 문학 작품의 경우에는 번역의 문제도 제기되는데, 이러한 오류와 문제를 제거하기 위해 우리는 푸코가 방송을 했을 당시의 해당 플레이아드Pléiade 판의 번역을 준거로 삼았다. 또 푸코 자신이 인용 텍스트 내부에서 일정한 분할을 행했을 경우, 이를 […] 표시 아래 명기했다.

---

2 피에르 자네는 루셀의 사례를 마르샬이라는 이름으로 자신의 저작 『불안에서 황홀로. 믿음과 감정에 관한 연구』 안에 남긴 바 있다. 마르샬은 레몽 루셀의 유명한 연극이자 소설인 『로쿠스 솔루스』(*Locus Solus*, 1914)의 주인공 이름이다. Pierre Janet, *De l'angoisse à l'extase. Études sur les croyances et les sentiments*, Paris, Alcan. Vol. 1: 'Un délire religieux. La croyance', 1926. Vol. II: 'Les sentiments fondamentaux', 1928.

광인들의 침묵

국립 RTF 프랑스 III가 말의 사용L'usage de la parole을 보내드립니다. 오늘은 미셸 푸코의 '광기의 언어작용' 시리즈 중 두 번째 편 '광인들의 침묵'입니다.

장 도아트 미셸 푸코 씨는 지금 광기의 언어작용에 관한 시리즈 **말의 사용**을 진행하고 있습니다. 그렇죠. 그리고 지난주에는 '광기와 축제'라는 제목으로 시리즈의 첫 번째 방송이 나갔습니다. 이번 두 번째 방송의 주제는 무엇인가요?

미셸 푸코 네, 나는 이 두 번째 방송을 축제의 뒷면, 다른 쪽, 다시 말하자면, 광인들의 침묵이라는 주제 아래 진행했으면 합니다. 하지만 연극인이자 이번 시리즈의 프로듀서이신 장 도아트 씨께서는 광기와 관련된 연극과 축제의 역할에 대한 나의 해석에 완전히 동의하지는 않는 것으로 생각합니다. 나는 오히려 연극이 축제에 대해, 그리고 광기에 대해 등을 돌렸다는 인상을 받습니다. 연극은 좋은 공연이라는 목적을 위해 축제와 광기의 힘을 축소시키고 그것의 전복적 폭력과 힘을 조절하려고 노력했다는 생각입니다. 연극은 그 근본에서 참가자들, 축제의 참가자들을 분리시킵니다. 한쪽에는 배우들을, 다른 한쪽에는 관람객을 만들어 내기 위해서 말입니다. 연극은 소통의 가면이라 할 축제의 가면을 보다 섬세하지만 숨기고 분리시키는 상자의, 석회의 표면이라 할 무엇인가로 대치합니다.

장 도아트 좋습니다. 하지만 이런 생각은 나의 개인적인 의견만은 아니라는 말씀을 드리고 싶군요. 많은 사람들, 특히 위대한 거장 알랭Alain, 1868~1951과 같은 사람도 이렇게 생각했습니다. 연극은 자기 자신과 대면한 공동체가 스스로를 표현하기 위한 필요에서 생겨났다고 말입니다. 이런 과정이 진행되면서, 공동체의 한 부분은 전문적이 되어 작가, 배우, 무대담당, 그리고 공연을 위해 일하는 모든 직종의 사람들이라 불리게 되었고, 나머지 사람들은 관객이라 불리게 된 것입니다. 하지만 내 생각에, 그리고 방금 내가 언급한 바 있는 알랭도 마찬가지로, 그렇다고 해서 알랭이 공연의 순간을 축제와 의례의 일부로 생각하지 않은 것은 아닙니다, 나로서는, 연극을 위해서만 만들어진 무대의 바깥에서만큼 연극이 아름다운 경우가 오히려 드문 것 같습니다. 페스티벌에서, 야외에서, 그리고 성당 앞 광장에서 펼쳐지는 저 공연들을 생각해 보세요. 근본적으로, 나는 우리가 원한다면 아폴론적인 힘과 디오니소스적인 힘 사이에 존재하는 균형의 공간을 늘 찾아낼 수 있다고 생각합니다.

미셸 푸코 그러니까, 선생님은 연극이 디오니소스적인 것에 속한다고 보는 것이고, 나는 연극이 차라리 아폴론적인 것에 속한다고 보는 것이군요.

장 도아트 사실, 나도 연극이 다른 모든 예술과 같다고 생각하지만 그럼에도 불구하고 다른 모든 예술 이상으로, 연극은 자기 자신의 넘어섬을 추구하는 행위라고 생각합니다. 달리 말해, 인간은 연극 안에서 스스로를 넘어서는 이 인물을 스스로의 안에서도 인식하는 존재라고 생각합니다.

미셸 푸코 좋습니다. 그럼, 자, 함께 연극 낭독을 들어 볼까요? 이제 『리어 왕』의 한 장면, 리어 왕의 광기를 다룬 위대한 장면, 황야의 장면을 들어 보도록 하지요. 우리 논쟁에 대한 판단을 듣는 분들이 내리실 수 있도록 말입니다.[3]

리어 바람아 불어라, 뺨 터지게! 사납게 불어라!
하늘과 바다의 폭풍우야, 첨탑들이 잠기고

---

3 William Shakespeare, *Le Roi Lear*, acte III, scène 2, trad. de Pierre Leyris et Elizabeth Holland, dans *Œuvres complètes*, t. 2, Paris, Gallimard (coll. "Bibliothèque de la Pléiade"), 1959, © Éditions Gallimard (푸코가 방송에서 사용한 판본).
[옮긴이] 윌리엄 셰익스피어, 『리어 왕』, 최종철 옮김, 민음사, 2005, 91~95쪽. 3막 2장. 우리말 번역에는 원어의 fool이 '바보'라고 되어 있으나, 푸코가 사용한 플레야드 프랑스어 번역본(le fou) 및 현재의 주제에 맞추어 모두 '광인'으로 바꾸었다.

풍향계가 다 빠질 때까지 내뿜어라!
참나무 쪼개는 벼락의 선구자,
생각보다 더 빠른 유황색 번갯불아,
내 흰머리 태워라! 만물을 뒤흔드는 천둥아,
둥글게 꽉 찬 세상 납작하게 깨부숴라!
조물주의 틀을 깨고 배은의 인간 빚는
모든 씨앗 한꺼번에 엎질러라!

광인   오, 아저씨, 마른 집의 알랑방귀 소리가 집 밖의 빗물소리보
다 낫다니까. 착한 아저씨, 안으로 들어가서 딸의 축복을 구해
봐. 이런 밤엔 현자도 광인도 동정을 받지 못한다고.

리어   실컷 으르렁거려라! 불 내뿜고 비 쏟아라!
비, 바람, 천둥이나 번개도 내 딸은 아니다.
난 너희 자연을 불친절로 고발 안 해.
왕국을 준 일도, 자식이라 부른 일도 절대 없고
충성을 바칠 일도 없으니 너희들 마음대로
끔찍하게 쏟아져라. 난 너희 노예다.
불쌍하고 허약하며 경멸받는 노인이야.
하지만 너희를 비굴한 앞잡이라 부르겠다,
이처럼 흰머리 늙은이와 싸우려고
하늘에서 소집한 대군을 사악한 두 딸과
합치려고 하니까. 암, 그건 더러워.

광인 자기 머리를 넣어 둘 집이 있는 자는 훌륭한 머리통을 가졌어.

머리 집도 구하지 못하면서

자지 집을 찾는 놈은

그 머리 그 몸에 이가 끓고

계집 많은 거지 되지.

심장으로 삼아야 할 부분을

발가락으로 삼는 놈은

티눈 박여 슬피 울며

잠 못 들고 깨 있을걸.

왜냐하면 예쁜 여자치고 거울 앞에서 입을 쫑긋거려 보지 않은 여자는 없었으니까.

변장한 켄트 등장.

리어 아냐, 난 모든 인내의 표본이 되리라.

아무 말도 않으리라.

켄트 게 누구냐?

광인 어이쿠, 여기 왕과 불알 가리개, 즉 현명한 사람과 광인이 있답니다.

켄트 아 전하, 여기에 계셨어요? 야행성 동물도 이런 밤은 싫답니다. 분노에 찬 하늘이 어둠 속을 떠도는 짐승들을 겁주어 굴 안에 머물게 합니다. 이 같은 떼벼락, 이렇게 섬뜩한 천둥과 이렇게 포효하는 비바람의 신음 소린 어른이 된 이래로 들어 본 적이 없습니다. 인간은 이런 고통, 이런 공포를 견딜 수 없습니다.

리어   우리들 위에서 이 무서운 소동을 벌이는 위대한 신들은 지금 적을 찾으시라지. 떨리지, 너 이 자비를 구하라. 난 지은 죄보다 덮어쓴 게 더 많은 사람이다.

켄트   아 이런, 맨머리로? 주상 전하, 가까이에 움집이 있는데 태풍에 대비할 도움을 줄 겁니다. 거기서 쉬시는 동안에 저는 이 무정한 집 —— 그걸 지은 돌덩어리보다 더 무정하게 바로 좀 전에도 전하를 찾아간 저를 막은 —— 그곳으로 되돌아가 인색한 예우나마 강요해 보렵니다.

리어   내 머리가 돌기 시작해. (광인에게) 애, 이리 와. 애, 넌 어떠냐? 추우냐? 나도 추워. (켄트에게) 이보게, 그 헛간은 어디 있지? 궁핍이란 이상한 재주가 있어서 천한 것을 귀하게 만들 수 있단다. 자, 움집으로. (광인에게) 불쌍한 광인아, 네 녀석이 가엾단 마음이 아직은 좀 남아 있어.

지금 막 우리가 들은 이 장면은 내가 볼 때 우리 둘 모두가 옳았다는 것을 알려 주는 것 같습니다. 사실, 놀랄 것도 없는 것이, 이는

『리어 왕』은 의심의 여지 없이 광기의 비극적 성격을 온전하고도 충실하게 보여 주는 아주 드문, 거의 유일한 표현이기 때문이지요. 『리어 왕』은 유례가 없는 작품인데, 이 유례없음은, 종종 희극적인 찬양을 제외한다면, 늘 정당화되는 먼 시선으로 광기를 바라보고, 근본적으로 광기와 거리를 취하도록 배려하기를 잊지 않는 문화, 곧 우리 것과 같은 문화에서는 유례가 없는 것이기 때문입니다.

그러나 세르반테스의 언어작용에서 우리가 확인할 수 있는 이 가느다란 균열을 보십시오.

돈키호테의 비극성은 그 인물의 광기 자체에 자리 잡고 있는 것이 아니며, 그가 사용하는 언어작용의 심오한 힘도 아닙니다. 『돈키호테』의 비극성은 독자와 다른 등장인물들에게만이 아니라, 산초와 마지막으로는 돈키호테 자신에게까지도 이 광기에 대한 의식을 가능케 해줄, 때로는 알아차리기 어려운, 이 거리, 작은 빈 공간 안에 놓여 있습니다.

이렇게, 돈키호테에게 주어지고, 또 동시에 그에게 광기에 대한 빛을 이끌어 내주는, 불안정하고도 창백한, 이 흔들림은, 스스로가 광기 속으로 추락하고 있음을, 죽기 전에는 멈추지 않을 광기 속으로 추락하고 있음을 알고 있었던 리어 왕의 고통과는 매우 다른 것입니다. 돈키호테는, 이와는 반대로, 언제든 돌아설 수 있습니다. 돈키호테는 늘 자신의 광기로 향하기 직전에 있는 것이죠.

그렇습니다. 돈키호테는 자신의 광기를 의식하기도 의식하지 못하기도 하지만, 결국에는, 점점 눈이 멀어, 여하튼, 광기로 돌아서는 순간에 도달하게 됩니다. 그런데 돈키호테의 광기가 갖는 비극적 법칙에 의해, 마치 열병에서 빠져나오는 순간과도 같이, 자신의 광기에 대한 돈키호테의 이런 갑작스런 의식, 회귀가 죽음을 향해 나아가게 만들고, 이는 죽음에 대한 돌이킬 수 없는 확실성에 이르게 됩니다.[4]

그것은 어쩌면 패배했다는 이유 때문에 오는 우울증이었는지 아니면 하늘이 명한 천명이 다한 때문이었는지 모르겠으나 신열이 오르고 열병이 들어 엿새 동안을 침대에 누워 있었다. 그러는 동안 친구들인 신부, 학사, 이발사가 여러 번 다녀갔고 그의 착한 하인 산초 빤사도 그의 머리맡에서 떨어진 적이 없었다. […]
학사는 그에게 빨리 힘을 되찾고 일어나 목동 수련을 시작하자고 하면서 이를 위해 벌써 목가시 한 편을 지어놨는데, 저 유명한 목가소설의 대사 싼나차로가 아무리 많은 목가시를 써도 자기 것에 비하면 어림도 없다고 했다. 그리고 또 자기 돈으로 가축을 지킬 유명한 개 두 마리를 사두었는데, 한 놈 이름은 바르시노이고 다른 놈은 부뜨론으로 엘 낀따나르의 한 가축업자가 자기에게 그 개들을 팔았다고

---

4 방송 당시 배우들이 읽은 『돈키호테』는 이하의 인용과는 다른 판본이다. Miguel de Cervantès, *L'Ingénieux Hidalgo don Quichotte de la Manche*, "Comment don Quichotte tomba malade, du testament qu'il fit, et de sa mort", II, LXXIV, trad. de César Oudin et François Rosset, revue, corrigée et annotée par Jean Cassou, Gallimard (coll. "Bibliothèque de la Pléiade"), 1956[1949], © Éditions Gallimard.
[옮긴이] 미겔 데 세르반테스, 『기발한 기사 라 만차의 돈 끼호떼 2』, 민용태 옮김, 창비, 2권 74장 '돈 끼호떼가 병들어 누운 이야기와 그가 쓴 유서, 그리고 그의 죽음에 대하여', 2012, 848~857쪽. 본문에 맞추어 돈 끼호떼를 돈키호테로 수정하였다.

했다. 그러나 그런 이야기에도 불구하고 돈키호테는 그의 슬픔을 떨쳐 버리지 못했다. […]

돈키호테는 좀 자고 싶으니 자기를 혼자 있게 해달라고 청했고, 그들은 그렇게 하도록 해주었다. 그는 사람들이 하는 말처럼 한달음에 한 번도 깨지 않고 여섯 시간 이상을 쭉 잤는데 너무 많이 자서 가정부와 조카딸은 잠자다 그가 그대로 죽을지도 모른다는 생각을 했다. 여섯 시간이 지나자 그는 잠에서 깨어나 큰소리로 말했다. / "축복받으소서, 강력하신 하느님이시여, 저에게 그토록 잘해주시다니! […] 나는 이제 정신이 제대로 맑아졌고 자유롭단다. 머릿속에 자욱하던 안개 낀 무지의 그림자 하나 없이 말이다. 그 역겨운 기사도에 관한 책들을 끊임없이 죽도록 읽어 대다가 정신에 안개가 끼었던 거지. 이젠 그것들이 다 엉터리이고 사기였음을 알았단다. […] 애야, 나는 지금 곧 죽을 것 같은 느낌이 든다. 이 순간 나는 내 일생이 미친 사람이라는 오명을 남기고 죽을 만큼 나쁜 것이 아니었음을 사람들에게 알리고 가고 싶구나. 비록 미친 짓을 하고 살았지만 내가 죽는 순간까지 그런 모습을 사실로 보여 주고 싶지는 않다." […]

돈키호테의 말에 놀라 사람들은 서로의 얼굴을 쳐다보았다. 비록 의심스럽지만 그의 말을 그대로 믿고 싶었다. 여러 가지 증후 중 그가 죽어 가고 있다고 추정되는 증거 하나는 미친 사람이 그리 쉽게 말짱한 정신으로 돌아온 사실이었다. […]

끝내 돈키호테의 마지막 순간이 다가왔는데, 모든 종부성사를 받은 뒤 기사도 책들에 대해 적절한 말로 수없이 혐오의 뜻을 나타낸 뒤였다. 서기도 거기 있었는데, 그는 돈키호테처럼 저렇게 조용하게 종교적으로 자기 침대에서 죽는 방랑기사가 있다는 것을 기사도 책에서 읽어 본 적이 없다고 했다. 돈키호테는 거기 있는 사람들의 눈물과 동정의 말 속에서 마지막 그의 정신을 바쳤다. 말하자면 죽었다. […]

라 만차의 기발한 시골 양반은 이렇게 임종을 맞았다. […]

여기에 싼초와 가정부, 조카딸의 통곡을 비롯해 돈키호테 무덤의 새로운 비명들은 적지 않겠다. […]

> 여기 그 용맹성이 아주
> 극단에 치닫던 강력한
> 시골 양반이 누웠노라
> 죽음도 그의 삶을 죽임으로써
> 승리하지 못한 듯 보이도다.
> 온 세상 사람들을 얕보았던
> 그는 온 세상의 허수아비이며
> 무서운 도깨비였다, 좋은 기회를
> 맞았던 그의 운명의 평판,
> 미쳐서 살고 정신 들어 죽다.

이 묘비명 그리고 『돈키호테』의 맨 마지막 부분은 다음과 같은 사실을 증명합니다. 이제 광기와 광기에 대한 의식은 삶과 죽음과도 같습니다. 하나가 다른 하나를 죽입니다. 지혜로움은 물론 광기에 대해 말할 수 있지만, 마치 시체에 대해 말하듯 말하게 됩니다. 광기, 그것은, 눈앞의 광기는, 말없는 것, 즐거운 시선의 순수한 대상으로 남을 것입니다. 그리고 고전주의 시대 전체에 걸쳐, 광인들은 기껏해야 회의적인 초조감을 다시금 불러일으키고야 마는 멋진 사회적 풍경, 사회적 풍광의 일부가 될 것입니다. 결국, 나 자신도 광인이 될 수 있지만, 광기란 의식되지 않는 것이기 때문에 나는 광기에 대해 아무것도 알 수 없을 것이고, 다른 모든 사람들이 광인이 된다 해도, 나는 내가 미쳤는지 아닌지에 대한 어떤 기준도 가질 수 없을 것입니다.

그러나 이는 강자가 약자에게 가하는 놀이jeux de prince이자, 섬세한 또는 뒤틀린 정신의 행동입니다. 이러한 고전주의 시대에서 나의 흥미를 끄는 것은 이후로도 오랫동안 침묵 속에 남게 될 이 말없는 역사적 사실, 이 거대한 사실입니다. 아마 이런 사실은 역사가들의 역사에서는 그리 중요한 일이 아닐지도 모릅니다. 그러나 내게는 이것이 한 문화의 역사 자체가 그 위에 놓여 있는 지지점으로 보입니다. 바로 그렇습니다.

1657년 4월의 어느 날, 파리에서 대략 6천 명의 사람들이 수감되었습니다. 17세기 파리의 6천 명이란 당시 파리 인구 전체의 1%에 해당되는 숫자입니다. 이 숫자는, 가령 예를 들면, 오늘날의 [1963년] 파리 인구 중 대략 4만 명을 수감한 것입니다. 이는 엄청난 숫자이고, 오늘날 이런 일이 있었다면, 우리는 이에 대해 사람들이 이야기를 하는 것을 들었을 것입니다.

당시 이 사람들은 '로피탈 제네랄'L'Hôpital général로 끌려갔습니다.[5] 왜 그랬을까요? 그것은 이 사람들이 실업자, 부랑자, 쓸모없는 인간, 자유사상가, 이상한 사람들이었기 때문이고, 또한 동성애자, 광인, 미친 사람들이었기 때문이었습니다. 사람들은 이들을 어떤 정당한 사법적 절차도 없이 '로피탈 제네랄'에 가두어 버렸습니다. 이는 국왕의 질서, 순수한 내치內治, police의 관점에서 이루어지는 경고, 또는 내 생각에 훨씬 더 심각하게는, 단지 이 많은 사람들을 '로피탈 제네랄'로 보내 버리기만 하면 되는, 그리고 그렇게 평생을 가두어 둘 수 있는, 단순한 가족의 형벌입니다. 이 '로피탈 제네랄'은 분명 의학적 치료 기관과는 아무 상관도 없는 것이며, 사람들을 감시하는, 대부분의 경우, 사람들을 평생 동안 수용하는 일종의 거대한 감옥이었습니다.

이러한 실천은 거의 한 세기 반 동안 지속되었습니다. 그리고 다른 곳에서는 거의 유례를 찾아볼 수 없는 이 거대한 배제의 의식은 오늘날 '아르스날'Arsenal 도서관의 몇몇 파편적인 자료들로만 남아 있습니다. 이 자료들에서 우리는 무엇을 볼 수 있을까요? 그것은 감금에 대한 이유들이 담긴 기나긴 광시곡狂詩曲입니다.

나는 이성, '국가' 이성, 다시 말해, 결국은 내치를 담당했던 관료들의 이성, 일상을 사는 사람들의 이성이 다른 사람들의 광기에 대

---

5 [옮긴이] '로피탈 제네랄'은 우리가 생각하는 오늘날의 종합병원이 아니며, 마찬가지로 가톨릭적 뉘앙스를 갖는 구빈원(救貧院)도 아니다. '로피탈 제네랄'은 의료 기관도, 종교적 자선기관도 아니며, 오직 감금을 위한 순수한 행정기관이다. '로피탈 제네랄'은 행정 책임자의 판단에 따라 극히 드물지만 의사를 두기도 했으나 기본적으로는 의사가 없는 독립적 행정기관이다. 따라서 이 기관의 낯선 성격을 부각시키기 위해 이 용어를 번역하지 않고 그대로 '로피탈 제네랄'로 적는다.

해 판단을 내렸던 이 체포 명령들décrets이 경청될 만한 가치를 갖고 있다고 믿습니다.

여기 1735년 1월에 사람들을 감금하는 이유를 담은 기록들이 있습니다.

1735년 1월 3일 바르 카트린, 자신의 거주 구역에서 엄청난 무질서를 야기하곤 하는 창녀임.

1월 6일 포레스티에 장피에르, 종종 광란 상태에 빠져들며, 이로 인해 루앙에 감금된 적이 있음.

1월 10일 고스티에 에티엔, 자신의 아내를 잔혹하게 다루고 수단과 방법을 가리지 않고 죽이려 한 리베르탱.

1월 17일 말베르, 오래전부터 위험한 인물로 알려져 있으며, 특별한 직업 없이 추문을 불러일으키는 인물로 갈보집에서 살고 있음. 최근에는 라봄이라는 여성의 집에 살면서, 그녀의 남편을 죽이려는 시도를 수 차례 하였음.

1월 19일 타블르쿠르, 여성, 정신착란 환자.

1월 19일 프랑수아 앙투안, 다양한 가게에서 훔친 상품들과 함께 자신의 주거지에서 발견됨.

1월 24일 라투르 뒤퐁 조제프, 광폭한 인물로 살인 혐의로 형을 받았으며, 완전히 미친 자임.

1월 25일 기요탱 미셸, 아내를 잔인하게 학대했으며 가구를 부수었고 이웃을 모욕했으며 자신의 아버지와 어머니를 모욕했고 이들을 커다란 개가 물도록 하였음.

1월 31일 라포르트 샤를로트, 여성, 발작 경련을 일으킴.

1월 31일 미녜롱 안, 부케 씨 댁의 하녀로 부케 씨의 아이를 가짐.

1월 31일 뒤보 장프랑수아, 자신을 파산시킨 아내를 지속적으로 학대하여 아이와 함께 비참한 상태에 빠뜨림. 온갖 종류의 방탕에 젖어 있음.

여러분이 방금 들으신 것처럼, 이성이 자신의 반대항項을 판단할 때, 그 이유는 이토록 간결하고 절대적입니다. 이것이 고전주의 시대 내내 이성이 행한 일입니다. 그러나 그럼에도 불구하고, 귀 기울여 들으려는 자에게는, 우리가 알아들을 수 있는 귀먹은 중얼거림 같은 것이 존재합니다. 이는 마치 광기가 고전주의적 합리주의의 시대에서조차 자신의 언어작용을 다시금 만들어 내고 예전의 디오니소스적 일치를 되찾으려는 것처럼 보이는데, 이때 광기는 —— 물론 말보다는 몸짓, 자신의 새로운 탄생을 축하하는 동시에 아주 오래 전부터 말을 박탈당한 자기 존재의 비참을 알려 주는 몸짓을 통해 —— 이 망각된 경험을 불러냅니다.

그리고 아마도 18세기의 가장 사려 깊은 철학자일 디드로Denis Diderot, 1713~1784는 아마도 광기에 대한 일종의 말없는 거대 풍자시라 할 웃음, 비명, 소란, 소음, 눈물을 가로지르는 순수하고도 요란한 몸짓을 통해 이 경험이 자신의 눈앞에서 새롭게 구성되는 것을 보았습니다. 이것이 바로 『라모의 조카』에 등장하는 춤입니다.[6]

이어서 그는 이리저리 거닐기 시작하며, 「바보들의 섬」, 「모델을 사랑하는 화가」, 「말굽 대장장이」, 「탄원하는 여자」의 몇 소절을 목구멍으로 흥얼거렸으며, 이따금씩 두 손과 눈을 하늘로 쳐들고 소리를 질렀다: "이게 아름다우냐고, 제기랄, 이게 아름다우냐고! 어떻게 머리에 귀 한 켤레를 달고 그런 질문을 할 수가 있어." 그는 열광에 빠져들어 가며 아주 낮은 소리로 노래 부르기 시작했다. 열광이 깊어짐에 따라 톤이 높아졌다. 이윽고 몸짓과 찡그린 얼굴과 비틀린 사지가 뒤따랐으며, 그것을 보며 나는 중얼거렸다. 이런, 제정신이 아니구나, 무언가 새로 한판 벌어지겠구나. 과연 목청껏 노래가 터져 나왔다: "나는 불쌍하고 가련한 놈… 나으리, 나으리, 저를 보내 주세요.… 오 대지여! … 내 황금을 받아 다오, 내 보화를 간직해 다오.… 내 사랑이여, 내 사랑이여, 내 생명이여! … 오 대지여! 어린 친구가 저기 있네, 어린 친구가 저기 있네! ──Aspettare e non venire… A Zerbina penserete… Sempre in contrasti con te si sta…" 그는 이탈리아 노래, 프랑스 노래, 비극적, 희극적, 각양각색의 노래 서른 곡을 한꺼번에 쌓아 뒤범벅을 만들었다. 때로는 바리톤으로 지옥까지 내려가고, 때로는 목청을 길게 뽑아 어거지로 가성을 내며, 곡조의 고음을 찢었으며, 걸음걸이로, 태도로, 몸짓으로, 분노하는, 유순한, 오만한, 빈정대는, 서로 다른 노래의 주인공들을 차례차례 흉내 냈다. 이 대목에서는, 눈물짓는 처녀인데, 그는 그 애교를 모두 되

---

6 Denis Diderot, *Le neveu de Rameau*, éd. par Jean Fabre, Genève-Lille, Droz-Giard, 1950.
 [옮긴이] 드니 디드로, 『라모의 조카』, 황현산 옮김, 세계사, 1998, 139~142쪽.

살려 내며, 저 대목에서는 사제가 되고, 왕이 되고, 폭군이 되고, 위협하고, 명령하고, 진노하고, 노예가 되고, 복종한다. 그는 마음을 가라앉히고, 비탄에 잠기고, 한숨 쉬고, 웃는다. 결코 톤과 박자와 가사의 의미와 곡조의 성격을 벗어나지 않는다. 나무쪽을 옮기던 사람들이 모두 그들의 장기판을 떠나 그를 둘러싸고 모여들었다. 카페의 창문은, 그 바깥쪽은, 고함소리에 걸음을 멈춘 행인들이 모두 차지하고 있었다. 모두들 천장이 들썩일 만큼 웃음을 터뜨렸다. 어느 것도 그의 안중에 없었다. 그는 얼이 빠지고 열정에 사로잡혀 노래를 계속했다. 그 열정이 광기에 너무 가까워, 그를 마차에 실어 곧장 프티트 매종Petites Maisons으로 데려가지 않는다면, 다시 본정신으로 돌아올지 의심스러웠다. 욤멜리Niccolò Jommelli d'Aversa, 1714~1774의「애가」哀歌, Lamentations의 단편을 노래하며, 그는 놀라울 정도로 정확하고 진실하고 뜨겁게, 각 장면의 가장 아름다운 대목들을 되풀이했다. 예언자가 예루살렘의 황폐를 그리는 조주助奏 서창에서, 그는 지켜보는 모든 눈들이 눈물을 흘리지 않을 수 없을 만큼 넘쳐흐르는 눈물로 노래를 적셨다. 모든 것이, 노래의 섬세함과, 표현의 강렬함과, 그리고 고통이 거기 있었다. 음악가가 자신을 특별히 대가답게 드러내는 그런 대목을 그는 강조했다. 그가 성악부를 떠난 것은, 반주부를 부르기 위해서고, 별안간 반주부를 떠나면, 음성부로 다시 돌아오기 위해서였다. 음의 연결을, 전체적인 통일을 유지할 수 있도록, 성부聲部와 성부를 엮으며, 우리들의 마음을 빼앗아 내가 이제까지 경험한 것 중에 가장 기이한 정황 속에 줄곧 졸여 두며 나는 찬탄했던가? 그렇다, 나는 찬탄했다. 연민을 느꼈던가? 연민을 느꼈지만, 그러나 나의 이 감정들 속에는 무언가 조롱의 낌새가 녹아 있어 그것들을 변질시켰다.

그러나 이 악기 저 악기를 흉내 내는 그의 모양새 앞에서는 누구라도 웃음을 참을 수 없었으리라. 부풀어 오른 뺨으로, 쉬고 침울한 음성으로, 그는 호른과 바순 소리를 냈다. 오보에 대신에 귀청이 찢어질 듯한 콧소리를 빌리고, 현악기랍시고 목소리를 믿을 수 없을 만큼 빠르게 휘몰아 가장 그럴듯한 음을 더듬으며, 작은 피리들의 소리를 휘파람으로 불고, 가로피리[橫笛] 꾸루룩거리고, 소리 지르고, 노래하고, 미치광이처럼 날뛰며, 혼자 무동이요, 무희요, 남자 가수, 여자 가수, 오케스트라 전체, 가극단 전체가 되어, 자신을 스무 개 다른 역으로 나누고, 달리고, 멈추고, 귀신 들린 사람인가 싶게 눈을 희번덕이고, 입에 거품을 물었다. 숨이 막히게 더운 날씨였으며, 그의 이마의 주름과 뺨을 타고 흘러내린 땀이 머리에 발린 분과 섞이고, 저고리 윗부분에 고랑을 내며 흥건히 젖어 들었다.

내게, 라모의 이 조카, 이 기묘한 인물이 그려 내는 모습은, 18세기 말에 존재했던, 자신과는 분명 매우 다른 또 다른 인물, 사드 후작 Marquis de Sade, 1740~1814과의 대칭을 그려 내고 있는 것처럼 보입니다.

물론 사드에게서 라모의 조카와 닮은 점을 발견할 수는 없습니다. 사드의 담론은, 말하자면, 가장 작은 부분까지도 엄격히 통제된, 무한하고, 세밀하며, 그칠 줄을 모르는 담론입니다. 나는, 모든 곳에서 거부당하고, 자신의 보호자들에 의해 쫓기고 있으며, 저녁 식사 혹은 식권을 쫓아 거리를 뛰어다니며, 자신의 온 몸짓을 통해 광기를 연상시키는 라모의 조카가 벌이는 팬터마임은 사드의 저 위대한 부동성에, 말하자면 뒤집힌 그러나 대칭적인 형상으로서, 대응하는 것이라고 믿습니다. 40년 동안이나 철저하게 갇혀 있었고, 순수한 광기의, 언제나 한 치의 빈틈도 없이 몸짓 없는 광기의 담론을 쉼 없이 말했던 사드, 그는, 절도節度를 모르는 마음이 보여 주는 순수한 광기입니다.

자, 이렇게 해서, 사드의 그렇게도 이성적인 말, 그렇게도 무한히 이치를 따지던 말이 우리의 이성, 우리 자신의 이성을 침묵 또는 적어도 하나의 장애, 하나의 더듬거림으로 축소시켜 버린 것입니다.

우리의 이성은 더 이상 자신의 아름다운 열정을 찾을 수 없게 됩니다. 예를 들면, 샤랑통Charenton 수용소의 루아예-콜라르Pierre Paul Royer-Collard라는 의사의 난감한 호소를 들어 볼 필요가 있습니다. 루아예-콜라르는 정신병자를 위한 수용소로 변형된 샤랑통에 막 부임한 의사로 사드라는 이름을 가진 사람을 발견합니다.

사드의 존재에 몹시 당황한, 어쨌든 신경이 쓰인, 루아예-콜라르는 즉시 당시의 '내치'Police 담당 장관 푸셰Joseph Fouché에게 편지를 씁니다. 과학자가 정치가에게 사건을 알린 것이지요. 또는, 달리 말해, 이성이 또 다른 이성에게 탄원을 한 것이고요. 루아예-콜라르는 푸셰에게 사드는 광인이 아니기 때문에 광인 수용소에 수용되어서는 안 된다고 편지를 씁니다. 또는 차라리, 사드는 광인이지만, 광기가 아닌 광기에 사로잡혔다고, 왜냐하면 이 광기는 이성적이고 명료하며, 모든 이성에 반박하는 명료함을 가지며, 결국 광기에 도달한다고 씁니다. 하지만 결국, 용감한 루아예-콜라르도 이 문제를 해결하지는 못하는데, 아마도 그는 우리조차도 여전히 빠져나가지 못한 심연의 바닥을 느꼈을 것입니다.

장관님,

저는 본질적으로 제 업무상의 관심으로, 그리고 제가 의학적 봉사를 담당하고 있는 이 수용소의 올바른 질서를 위하여, 한 흥미로운 대상과 관련하여 '각하'의 권위에 호소하게 된 것을 영광스럽게 생각합니다. 샤랑통 수용소에는 자신의 대담한 비도덕성으로 인해 불행히도 지나친 명성을 얻고 있는 한 남자가 있습니다. 그리고 이 남자의 존재는 우리 기관에 매우 심각한 지장을 초래하고 있습니다. 저는 파렴치한 소설 『쥐스틴』*Justine*의 저자에 대해 말씀드리고 싶습니다. 이 남자는 미친 사람aliéné이 아닙니다. 그의 유일한 광기는 악덕惡德, vice이라는 광기이며, 이런 종류의 미친 짓délire을 담당해야 하는 것은 어떤 경우에도 의학적 처치를 담당하는 [샤랑통과 같은] 기관이 아닙니다. 이런 종류의 광기에 도달한 개인은 가장 엄격한 감금형에 처해져야만 합니다. 이러한 조치는 다른 사람들을 그의 발작으로부터 보호하기 위해서도, 또 그의 끔찍한 열정을 자극하거나 이끌어낼 수 있는 모든 대상들로부터 그 자신을 고립시키기 위해서도 필요합니다. 그런데, 샤랑통 수용소는 이 두 가지 조건 중 어떤 것도 충족시키지 못합니다. 사드 씨는 이곳에서 지나치게 큰 자유를 누리고 있습니다. […]

저로서는 '각하'께 사드 씨와 같은 인물에게는 환자들의 치료를 위한 기관보다는 가장 엄중한 감시와 가장 섬세한 도덕적 예방이 주어지는 견고한 성이나 감옥이 훨씬 더 잘 어울릴 것이라는 말씀밖에는 드릴 수가 없습니다.

　여러분은 루아예-콜라르가 푸셰에게 보낸 이 편지가 사실은 아주 진부하고 평범한 것이라고 말할 것입니다. 그리고 큰 의미도 없다고요. 자, 그런데, 나는 이 편지에 큰 의미가 있다고 생각합니다. 이 편지는, 그 안에 가득 차 있는 모순으로 인해, 무언가를 가리키고 있습니다. 이 편지는 우리 문화에서 엄청난 무게를 가졌던 무엇인 가를 가리키고 있습니다. 그것은, 19세기 이래로, 광기와 그 언어작 용에 관련되어, 우리를 떠나지 않는 이 당혹스러움입니다.

　이 편지는, 근본적으로, 세심하게 구분되고 분류되어 '로피탈 제네랄'에 감금되었던 이 광기가 이제는 더 이상 자신에게 할당된 적당한 자리를 찾을 수 없다는 확증입니다. 사람들은 이제 더 이상 광기가 어디서 오는지, 어디로 가는지 알 수 없습니다. 이제 광기는 원인도 장소도 없고, 신앙도 법칙도 없습니다.

　이제, 사람들은 꿈을 꿉니다. 당연히, 사람들은 광기를 영원히 가두어 둘 수 있는 환상적인 성채를 꿈꾸게 됩니다. 루아예-콜라르 라는 훌륭한 의사가 바랐던 것이 바로 이것입니다. 그러나 우리는, 근본적으로, 광기를 영원히 침묵하게 만들 절대적 평온의 튼튼한 성 채와 같은 것은 존재하지 않는다는 것을 잘 알고 있습니다.

　이후로, 사드의 이 지칠 줄 모르는 언어작용 이후로, 그것으로 부터 예상치 못한 언어작용이 끊임없이 흘러나오는 우리의 말 아래 에 하나의 빔le vide이 열렸습니다. 그것은, 물론, 우리가 앞서 확인했고 우리가 16세기에 들었던 디오니소스적 일치의 언어작용이 아닙니다. 그것은 훨씬 더 어렵고, 훨씬 더 조용하며, 훨씬 더 귀먹은 언어작용입니다. 이 언어작용은 부재와 빈 세계로부터 출발하고 말해지는 언어작용입니다. 사드에게, 그것은 결코 잠들지 않는 욕망의 천착이었습니다. 나는 이것이, 아르토Antonin Artaud, 1896~1948와 같은 사람에게는, 일종의 중심적 빔, 달리 말해, 말이 결여되어 있고, 언어작용이 자신을 결핍하고 있으며, 자신에게 고유한 필수적인 것을 갉아먹는, 자기 자신 위로 무너지고야 마는, 이 근본적인 빔이리라고 생각합니다. 말할 수 없다는 이 불가능성, 생각할 수 없다는 이 불가능성, 자신의 말을 발견할 수 없다는 이 불가능성이야말로, 우리 문화에서 광기가 언어작용에 대한 자신의 절대적 권리를 다시금 발견하는 곳이라 생각합니다.

물론, 그렇지만, 마지막 우회조차도 없었던 것은 아닙니다. 광기는 자신을 스스로 하나의 대상으로 간주한다는 조건 아래에서만 말할 수 있었습니다. 다시 말해, 광기는 스스로 말할 수 없었습니다. 물론 광기는, 이차적으로는, 자기 자신을 무제한적으로, '나'je라고 말할 수 있었지만, 이는 오직 일종의 분할된dédoublée 일인칭의 자격으로서만 가능했습니다. 그리고 나는 아르토와 리비에르Jacques Rivière 사이의 편지가 오갔던 날이 매우 중요한 날이었다고 믿습니다. 리비에르는 [당시 정신병원에 입원해 있던] 아르토가 잡지 NRF에 싣고 싶어 했던 자신의 시를 보내 준 인물입니다. 하지만 리비에르는 이 시들이 출판 가능하리라고는 생각하지 않았습니다. 하지만 아르토는 어떤 대가를 치르더라도 이 시들을 출판하여 사람들에게 들려

주고 싶다는 편지를 씁니다. 그런데, 이 시들이 들려지기 위해서 아르토는 이 시들이 탄생한 사유의 붕괴를 향해 다시금 돌아서야 합니다. 자, 이제까지, 아르토의 시들을 듣지 못했던 리비에르가, 지금, 우리가 제공한 이 설명을, 아르토로 하여금 시를 쓰게 만들었던 불가능성에 대한 아르토의 설명을 듣습니다. 그리고, 결국, 이 설명은 자료, 순수한 시, 이차적 언어작용, 첫 번째 '있을 수 있는 일'peut-être 이 되고, 바로 이것이 아르토와 리비에르 사이의 편지에 다름 아닌 이 특별한 작품을 구성하게 됩니다.

1923년 6월 5일

선생님,

귀찮으실지도 모르지만, 오늘 오후에 우리가 나누었던 대화의 몇 가지 사항에 대해 다시금 몇 마디 말씀드리고자 합니다. 제가 말씀드리려는 것은 이 시들을 받을[수신受信할] 수 있는가라는 문제인데요, 이 문제는 저와 마찬가지로 선생님께서도 관심이 있으실 듯합니다. 제가 말씀드리는 것은 물론 이 시들의 절대적 수신가능성recevabilité absolue, 문학적 실존existence littéraire입니다. 저는 끔찍한 정신의 질병으로 고통받고 있습니다. 저의 생각은 매 단계마다 저를 저버립니다. 간단한 생각에서 그 생각의 물질화라 할 말mots이라는 외적 사실에 이르기까지 말입니다. 말, 문장 형식, 생각의 내적 방향, 정신의 단순한 반응, 저는 저의 지적 존재를 찾아 늘 헤매고 있습니다. 그래서, **제가 하나의 형식을 포착할 수 있을 때**, 비록 불완전한 것이라 해도, 모든 생각을 잃어버릴까 봐 두려운 저는 그것을 고정시킵니다. 저는 저 자신을 감당할 수 없으며, 그러한 사실로 인해 고통받고 있지만, 완전히 죽지 못할까 두려운 저는 그러한 사실을 인정합니다.

지금 이런 일들을 말하는 제 방식이 너무 서툴러서, 저에 대한 선생님의 판단에 난감한 모호함을 가져올까 두렵습니다. 이것이 제가 시를 쓸 수 있게 해주는 핵심적 감정, 제가 찾을 수 있었던 강한 이미지와 어법들이며, 바로 이것이 이 모든 것들에도 불구하고 시詩가 실존할 수 있도록 제가 노력하는 이유입니다. 당신이 비난하셨던 저의 이 서투른 어법, 이 표현들은 제가 느꼈고 또 받아들였던 것입니다. 생각해 보세요. 저는 그것들을 내친 적이 없습니다. 이것들은 제 생각의 깊은 불확실성에서 오는 것입니다. 이 불확실성이 제가 때때로 고통받곤 하는 절대적 비실존inexistence absolue으로 바뀌지 않고 존재하게 될 때, 저는 무척 행복하답니다.

여기에서도 저는 또다시 모호함을 두려워합니다. 저는 이것이 우리가 보통 영감이라 부르곤 하는 실존의 과잉 또는 부족이 아니라, 전적인 부재absence totale, 진정한 손실véritable déperdition의 문제라는 것을 당신이 알아주셨으면 좋겠습니다.

자, 바로 이것이 제가 당신께 나는 아무것도 가진 게 없다고, 작업 중인 어떤 작품도, 완전한 무의 기반 위에서만 다시 얻을 수 있었던 조각들을 구성해 줄 무엇인가도 전혀 가지고 있지 못하다고 말씀드렸던 이유입니다. […]

이는 제게, 시와 산문을 막론하고, 제가 계속해서 생각할 수 있는 능력이 있는지 아닌지를 아는 문제에 다름 아닙니다.

앙토냉 아르토

1924년 5월 24일

존경하는 선생님,

사실은 전부터 제가 받아들이지 않으려고 애를 썼지만 저를 결정적으로 매혹시키곤 하는 생각이 하나 있습니다. 이제 선생님께서 이 생각을 숙고해 주실 차례입니다. 이 생각이 마음에 드시길 바라 봅니다. 이 생각들은 물론 아직 더 세련되게 만들어야 할 필요가 있지만요. 선생님이 제게 보내 주신 이 편지들을 왜 출판해서는 안 되는 것일까요? 저는 방금 1월 29일자 편지를 다시 읽어 보았습니다. 이 편지는 정말 진심으로 탁월한 글입니다. 아주 약간만 수정하면 될 텐데요, 제 생각에는 수신자와 서명 부분에만 가짜 이름을 만들어 넣으면 될 것 같습니다. 저도 선생님께서 보내 주신 편지에 입각해서, 개인적인 부분은 더 빼고 내용은 더 발전시킨, 답장 하나를 쓸 수 있을 것 같고요. 그리고, 아마도, 선생님이 쓰신 우첼로Paolo Uccello에 관한 글, 또는 시들과 단편을 넣을 수도 있을 것이고요. 이렇게 모아 놓은 글들은 그 자체로 편지로 이루어진, 상당히 기묘한, 하나의 소설이 될 것이라고 생각합니다.

선생님의 의견을 알려 주세요. 당신의 편지를 기다리면서, 당신의,

자크 리비에르

1924년 5월 25일

존경하는 선생님,

왜 거짓말을 하고, 왜 문학적 계획 위에 삶의 외침 자체인 어떤 것을 덧붙이려 하고, 왜 영혼의 끈질긴 실체가 만들어 낸 것, 현실의

탄식 자체와도 같은 무엇에 허구적 외관을 부여해야 할까요? 네, 선생님의 생각은 제 마음에 듭니다. 선생님의 제안은 저를 기쁨과 만족에 빠져들게 합니다. 단, 후에 이 글을 읽는 사람들에게 이것이 고안된 작업이 아니라는 인상과 느낌을 받도록 한다는 조건 아래에서입니다.

우리는 거짓말을 할 자격이 있지만, 사물의 본질에 대해서는 그렇지 않지요. 저도 제 이름을 서명으로 적어 넣기를 고집하지는 않지만, 어떤 경우에도 독자들에게 그들이 손에 들고 있는 것이 실제로 체험된 소설의 요소들이라는 느낌을 주어야만 합니다. 제 편지들은 처음부터 마지막까지 출판되어야 할 것이고, 이를 위해서는 적어도 1923년 6월까지는 거슬러 올라가야 될 것입니다. 독자들의 수중에 논쟁의 모든 요소들을 쥐여 주어야 할 것입니다.

앙토냉 아르토

이 마지막 우회에 의해, 드디어 우리 문화는 결코 꺾이지 않았던 이 언어작용, 우리의 언어작용을 탈선시키는 이 언어작용을 위한 귀를 되찾게 됩니다. 나는 다름 아닌, 언어작용 안에서, 언어작용에 반하는, 광기의 이 은밀한 작업, 자신의 고유한 언어작용을 되찾기 위한 광기의 이 은밀한 작업 덕분에 오늘날 우리가 신선한 귀, 태초의 귀를 가지고 —— 생탈방Saint-Alban 병원의 루스폴리도 언젠가 들었던 —— 한 환자가 쓴 이 시를 들을 수 있게 되었다고 생각합니다.[7]

대조對照
바다 위의 눈
땅 위의 게, 흰 자락들
이미지
카드놀이
색깔 있는 모래시계
시트들.

살아 있는 세대에 속한 인물들이 그려진 타피스리.

좋다, 자연이 창조한다.

― 자, 이제 여기서, 자연이 창조한다고 믿는다는 이유로 사람들이 나를 미쳤다고 말했기 때문에, 사람들이 나를 감시하고 있는가를 나는 묻습니다. 좋습니다. **사모트라케의 니케**_La Victoire de Samothrace_, 이것 때문에 사람들이 나를 보고 미쳤다고 말했지요.[8] 사모트라케의 니케는 창공을 가릅니다. 이 상像을 보고 있으면, 이것이 사람의 손에서 나왔다는 것을 믿기 어려워지는데, 이는 인간이 감탄할 만한 것

---

7 마리오 루스폴리(Mario Ruspoli, 1925~1986)는 이탈리아계 영화감독, 다큐멘터리 작가, 사진가, 작가이다. 루스폴리는 주로 프랑스에서 활동했으며, 특히 생탈방 정신병원을 주기적으로 방문한 결과인 다큐멘터리 「광기에 관한 시선」(_Regard sur la folie_)을 1962년 발표했다. [옮긴이] 이 다큐멘터리에는 아르토의 글이 낭독된다. 유튜브에서 약 1분 30초에 이르는 다큐멘터리의 단편을 볼 수 있다.

을 못 만든다는 것이 아니라, 나도 이런 내 확신이 어디서 나왔는지 모르겠는데, 이 상에는 인간의 작품을 넘어서는 무엇인가가 있기 때문입니다. 그리고, 이 상으로부터 나와서, 이 상으로 되돌아가는, 이 상을 밝히는 하나의 특징, 하나의 선, 하나의 빛이 있어요. 사모트라케의 니케는 창조된 것이 아닙니다. 사모트라케의 니케가 창조하는 거예요. 자, 이것은 모든 것의 바깥입니다. 아무도 세잔Paul Cézanne이 산책하며 자신만의 독특한 시선을 던지던 생빅투아르Saint-Victoire 산이 세잔의 작품이라고 말하지 않지만, 사모트라케의 니케는 신들의 손에서만 나올 수 있었던 거예요. 보스Beauce와 일드프랑스Ile-de-France 지방 끝자락의, 신학적 푸름 하나un bleu théologique. 갑자기, 하늘은 미세한 푸름, 중세의 미세화畵들이 보여 주는 푸름, 베리 공작Duc de Berry 의 미세화가 보여 주는 푸름, 하나의 신학적 푸름으로부터 생겨난 것이 되었습니다. 손, 이른바 창조자의 손은 어디에 있었던 걸까요?

그리고 시는 끝났습니다.

---

8   [옮긴이] 위키피디아에 따르면, 사모트라케의 니케(Νίκη της Σαμοθράκης)는 고대 그리스의 대표적인 조각상 가운데 하나로, 기원전 220년에서 190년 사이에 제작된 것으로 추정된다. 그리스 신화에서 승리를 관장하는 여신인 니케를 묘사한 대리석상으로, 길이는 328cm, 높이는 557cm이며, 머리와 양팔이 잘려진 채로 남아 있다. 사모트라케의 니케는 기원전 190년 로도스 섬의 주민들이 에게 해에서 일어난 해전에서 승리한 것을 기념하기 위해 사모트라케 섬에 세운 조각상으로 추정된다. 이 조각상은 1863년 프랑스의 영사 겸 고고학자인 샤를 샹푸아소가 발견했으며, 1884년 루브르 박물관에 소장되어 오늘에 이르고 있다.

*　*　*

국립 RTF 프랑스 III가 미셸 푸코의 '광인들의 침묵' 두 번째 방송 '광기의 언어작용'을 보내드렸습니다. 출연 로제 블랭, 르네 클레르몽, 알랭 퀴니 그리고 클로드 마르탱, 음향 피에르 시몽, 조연출 마리앙드레 아르미노, 연출 장 도아트였습니다. 지금까지 말의 사용을 보내드렸습니다.

광기 안의 언어작용

미셸 푸코의 '광기의 언어작용' 다섯 번째 방송입니다. 오늘은 '광기 안의 언어작용' 편입니다. 연출, 장 도아트입니다.

내 생각에는, 단순하지만 우리 모두에게 다소간 친근한 하나의 생각이 있습니다. 우리는 당연히 광인은 말하기 전에도 이미 미친 사람이라고 생각합니다. 또 우리는 광인이 자신의 착란 상태에서 눈먼 파리들만큼이나 많은 모호한 말들이 솟아오르고, 또 나중에는, 자기 주위를 늘 빙빙 돌도록 만드는 것은 이 광기, 곧 원래는 말이 없는 이 광기의 심연에서라고 생각합니다.

자, 그런데, 내가 이 방송에서 시도하려는 것은, 아, 물론 증명하는 것이 아니라, 들리도록 하는faire entendre 것입니다. 나는 이 '들린다'entendre라는 용어를 그것이 가진 여러 뜻 사이에서 흔들리도록 놓아두고자 합니다. 내가 들리도록 하려는 것은 광기와 언어 사이의 친연親緣 관계는 그렇게 단순한 관계, 또는 순수한 혈통의 관계가 아니라는 점, 오히려 광기와 언어작용이 궁극적으로는 분리 불가능한 방식으로 얽히고설킨 피륙 안에서 서로 연결되어 있다는 점입니다.

나는 우리 안에 존재하는 말할 수 있는 가능성과 미칠 수 있는 가능성은 마치 쌍둥이처럼 동시대적인 것이며, 이러한 가능성들이 우리의 발길 아래 우리의 자유와 관련하여 가장 위험한 것인 동시에 아마도 가장 멋진 것 또는 가장 끈질긴 무엇인가를 열어 준다는 근본적인 인상을 갖고 있습니다.

근본적으로, 비록 모든 인간이 이성적이라 해도, 여전히, 그리고 언제나, 우리 기호의 세계, 우리의 말, 우리 언어작용의 세계를 가로지를 수 있는 가능성, 그것들의 가장 친근한 의미를 뒤흔들 수 있는 가능성, 서로서로 충돌하는 어떤 말들의 단 한 번의 기적 같은 분출에 의해 세계를 비스듬히 놓을 가능성이 있을 것입니다.

말을 하는 모든 인간은, 적어도 비밀리에는, 미칠 수 있다는 절대적 자유를 사용합니다. 반대로, 이미 미쳐 버린 모든 인간, 따라서 인간의 언어langue에 대해 절대적 이방인처럼 보이는 모든 인간 역시, 당연히, 언어작용langage이라는 닫힌 우주의 죄수라고 나는 믿습니다.

아마도 당신은 언어작용과 광기가 그렇게 원초적으로 연결되어 있던 것은 아니라는 점을 들어 나를 여러 가지로 반박할 수도 있을 것입니다. 아마 많은 분들이 이견을 제시할 것입니다. 내가 지난 주에 언급했던 이 사람들, 자신의 몸 안에서, 마치 거대한 수족관에서처럼, 자신의 광기에 대한 거대한 말없는 이미지들이 침묵 속에서 피어오르는 것을 보았던 이 사람들에 대해서 말입니다. 그리고 다른 분들은 또 다른 문제에 대해 이견을 제시할 것입니다. 이번에는 내가 2주 전에 말씀드렸던 사람들, 익명의 시선에 의해 늘 감시받고 있다고 느꼈던 사람들, 이 감정이 광기 어린 고발을 통해 분명히 말로 규정되기도 이미 훨씬 전에 자신들이 쫓기고 있음을 알았던 이 박해받은 자들에 대해서 말입니다.

자, 그런데, 나는 우리가 다음과 같은 식으로 대답할 수도 있다고 생각합니다. 이 대답은 광기가, 심지어 그것이 말이 없는 경우조차도, 언어작용을 관통해 지나간다는 것입니다. 광기는 아마도 한 담론이 보여 주는 기묘한 통사론syntaxe 이상의 것이 아닐 것입니다.

예를 들어, 오늘날 우리는 스스로는 누군가의 목소리를 듣는다고 생각했던 '박해받는 자'가 실은 자신의 목소리를 스스로 발음한 것이라는 사실을 압니다. 이들이 자신의 외부로부터 들려온다고 생각한 목소리들이 사실은 그들 자신이 발음한 것이었음을 증명하기 위해서는 후두喉頭에 고정 가능한 간단한 녹음 장치만 있으면 됩니다. 한편으로 그가 듣는 위협, 또 다른 한편으로 이에 대해 그가 반응하는 모독과 불평은 결국 같은 발화 구조의 다양한 단계들, 또는 말하자면, 다양한 문장들에 불과합니다.

오늘날 우리는 또한 육체, 육체 그 자체가 하나의 언어작용 매듭과 같은 것임을 압니다. 심오한 청취자, 경청자였던 프로이트는 우리의 육체가, 우리의 정신을 훨씬 넘어서는, 좋은 말의 제작자, 은유를 만들어 내는 일종의 탁월한 장인이며, 우리 언어작용의 모든 원천, 풍부함, 빈약함을 누리고 있다는 사실을 잘 이해했습니다. 마비된 여성 히스테리 환자를 자신의 두 발로 서 있게 했을 때 그녀가 자신을 쓰러지도록 놓아둔다면, 이는 그녀가, 자신의 실존 한가운데에서, 어느 날 누군가가 그녀를, 말하자면, **쓰러지도록 놓아두었던***laissée tomber* 이래로 자신이 그렇게 추락하도록 운명 지어져 있다는 느낌을 가지고 있기 때문이라는 사실을, 오늘, 우리는 압니다. 그러나 그녀가 그것을 표현하는 것은 자신의 신체를 통해서입니다.

이제, 우리가 광인들과 소통하는 것이 어렵다면, 물론 그것은 그들이 말을 하지 않기 때문이 아니라, 오히려 아마도 분명, 지나치게 많은 것을 담은 언어작용으로, 세계의 모든 길들이 뒤섞이는 기호들의 열대 군집과도 같이, 너무 많이 말하기 때문일 것입니다.

그러나 여기서 하나의 질문이 제기됩니다. 이 광기의 언어작용은 왜 오늘날 갑자기 중요성을 갖게 되었는가? 왜, 우리 문화에서, 지금, 이 말들, 아마도 훨씬 더 무거운 의미를 가질 정신 나간, 일관성 없는 이 말들에 이렇게도 생생한 관심을 갖게 되었는가?

사람들은 이렇게 말할 수도 있을 것 같습니다. 근본적으로, 오늘날의 우리는 더 이상 정치적 자유를 믿지 않으며, 꿈, 정신 나간 사람의 저 유명한 꿈은 이제 하찮은 것으로 떨어져 버렸다고 말입니다. 이런 허상들 중에서 우리에게 남은 것은 무엇일까요? 몇 마디 말의 잿더미일 테지요. 우리에게 가능한 것, 오늘의 우리 다른 인간들에게 가능한 것, 더 이상 사물도 인간도 '역사'도 제도도 믿지 않는, 우리는 오직 기호에 우리 가능성의 신뢰를 둔다고 말입니다.

아주 대략적으로 말해서, 우리는 이렇게 말할 수도 있을 것입니다. 19세기에, 사람들은 스스로 침묵하는 즐거움을 맛볼 수도 있었던 하나의 현실적 세계 안에서 스스로 자유로워지기 위해 말하고 썼다고. 20세기에, 우리는 ── 물론 나는 문학적 글쓰기를 생각하고 있습니다 ─ 쓴다, 우리는 이제 오직 말 안에만 존재하며, 말 안에서 스스로 폭발해 버린 자유를 측정하기 위해, 자유를 경험하기 위해 쓴다고 말입니다.

'신'이 결정적으로 죽어 버린 세계, 좌와 우를 막론한 그 모든 약속에도 불구하고, 우리가 행복할 수 없으리라는 것을 알고 있는 세계 안에서, 언어작용은 우리의 유일한 원천resource, 유일한 근원source입니다. 언어작용은 우리에게 우리 기억의 공동空洞, creux 자체를 드러내 줍니다. 우리 머릿속을 질주하는 이 말들 하나하나, 우리의 말들 하나하나 아래에서, 언어작용이 우리에게 드러내 주는 것, 그것은 미칠 수 있는 위대한 자유입니다. 우리 문명에서 광기의 경험이 특별히 날카로운 이유, 또 이 경험이 일종의 우리 문학이 갖는 수풀 경계를 형성하는 이유는 바로 이러한 것일 겁니다.

자, 오늘 저녁, 나는 이제까지의 방송을 통해 우리가 그 길을 따라 내려왔던 여정을 거슬러 올라가 보려고 합니다. 문학을 향해 시작되는 언어작용으로서의 광기로부터가 아니라, 그와는 반대로, 이미 광기의 경계 자체에 위치한 이 문학적 언어작용에 대해 말해 보고자 합니다.

나는 요즘 정신병자들의 문헌, 수용소의 문헌에 엄청난 영예를 부여하는 약간은 소박한 경향이 있다는 것을 알고 있습니다. 그러나 나는 이와는 다른 것, 곧 언어작용으로 하여금 그 자신 위에서 회전하게 만들고, 우리로 하여금 친숙한 구어의 피륙 뒷면에서 하나의 놀라운 법칙을 발견하게 만들어 주는, 이 기묘한 문학적 경험에 대해 말해 보고자 합니다. 이 법칙은 이렇게 정식화해 볼 수 있을 것 같습니다. 언어작용이 사물을 번역하기 위해 사물에 적용되는 것이라는 말은 진실이 아닙니다. 오히려, 마치 바다의 소란 속에 잠긴 채침묵하며 존재하는 보물처럼, 언어작용 안에 포함되고 감싸 안겨 사물이 존재하는 것이지요.

말, 말의 자의적 만남, 말의 혼동, 말의 모든 원형질적 변형은 그것만으로도 진실하고도 환상적인 하나의 세계, 우리의 어린 시절보다 훨씬 오래된 하나의 세계, — 미셸 레리스Michel Leiris, 1901~1990가 『지우기』*Biffures*에서 '움직이는 식물'을 그렇게도 탁월하게 묘사했던 — 하나의 세계를 탄생시키기에 충분합니다.[9]

사람들이 내게 비양쿠르Billancourt에서 불이 났었다고 알려 주었을 때 나는 처음엔 잘 이해를 하지 못했다. '비양쿠르'는, 마치 레일을 따라 굴러가는 트램tram의 삐걱거리는 소리처럼, 공장 연기처럼, 정원과 풍향계, 담배가게 창문들이 그 위로 쭉 늘어선 어떤 것, 마치 거지가 모은 커다란 몇 수sous의 동전들이 귀 먹은 자들의 동정심을 불러일으키리라는 희망 아래에서 서로 충돌하는 것처럼, 그것의 세 음절들이 슬프게 충돌하는 어떤 것의 이름이었다.[10] '비양쿠르에서'À Billancourt라는 말의 음절들은 그것의 고유한 음조音調로 인해 나에게

---

9 Michel Leiris, *La règle du jeu*, t. 1: "Biffures", Paris, Gallimard (coll. "L'Imaginaire"), 1991 [1948], © Éditions Gallimard.

10 [옮긴이] 현재 한국어의 외국어 표기법으로 적으면 이 단어의 표기는 비양쿠르로 네 음절처럼 보이지만, 프랑스어로는 '비-앙-쿠르'로 세 음절이다. 수(sous)는 지금은 사라진 당시 프랑스의 화폐 단위이다.

즉시 충격을 주었고, 나는 이 말을 '[궁정에서처럼] 잘 차려입은'habillé en cour이라는 세 단어로 변형시켰다.

그것은 물론 궁정에서 입는 의복의 문제가 아니었는데 —— 난 늘 그것을 확신하고 있었다 —— 라나발로Ranavalo 여왕과 마찬가지로, 루이 14세Louis XIV도 비양쿠르라는 이름에 결합된 무엇인가와는 거리가 멀었다. 만약 그것이 궁정식으로 옷을 입는 문제였다 해도, 이 복장은 연회 복장, 다시 말해, 물속에 얼룩덜룩한 조각들로 주름진, 검은 조상들을 세울 때, 존재하지 않는 바람을 찾는, 활짝 열린 베란다 아래, 얼음이 잔뜩 얼어 있는, 회랑을 으스대며 걷기 위해 걸치는 옷과는 전혀 아무런 상관도 없는 복장이었을 것이다. '잘 차려입었다'는 말은 달리기에, '불이야!' 내지는 '살려 주세요!'라고 외치며 전속력으로 이리저리 뛰어다니기에 편하게 잘 차려입었다는 뜻이었다. 그 당시 체육관 소방수 아저씨들의 검고 붉은 허리띠가, 바로, 아무런 의심의 여지도 없이, 잘 차려입었다는 의미를 정확히 규정해 주었다.

이 붉고 검은 허리띠에 대해 나는 프로스페르Prosper 하사가, 양팔을 허리에 붙이고, 자신의 의무, 또는 인명구조원의 의무, 아니면 적어도 마다가스카르에서 소집된 만만찮은 하사관의 의무를 다하려고, 비양쿠르로 달려가기 위해, 자기 제복의 짙고 푸른 제복 윗도리를 졸라매야 했던 것은 아닌지 궁금했다. 그러나 나는 별로 확신을 할 수가 없었다. 푸앙뒤주르Point-du-Jour, 이시레물리노Issy-les-Moulineaux와 비양쿠르는 너무나도 특별한 곳이어서 소방수 아저씨들과 화재에 펌프를 가져다 흔들어 대게 하는 모든 것이 관습적 우주의 바깥에서 펼쳐질 지경이었다.

아마도, 더 이상 은행수금원처럼 대충 입은 게 아니라, 멋지게 잘 차려입은 관리인 아저씨만이 이 달리기에 박차를 가했던 유일한 인물이 아니었을까? 현관과 마당을 지나 3층에 있던 우리 아파트를 방문했던 것은 프로스페르 삼촌이 아니라 전혀 다른 친척아저씨였을까, 아니면 또 다른 사람이었을까? 어느 날 저녁 트램 길에서 굴러 떨어져 피 흘리는 부풀어 오른 눈으로 나타났던 관리인 아저씨의 첫째 아들 푸아송Poisson이었을까? 단지 소방수 아저씨들만이 왔었던 것일까? 그런데, 물론, 내가 즐기던 애매함이 사라졌을 때, 비양쿠르만이 문제라면 아무도 잘 차려입을 필요가 없다는 것을 이해했을 때, 나는 이것이 무엇인지 이해하고야 말았다.

불은 리폴랭Ripolin 페인트 공장에서 났는데, 우리는 조금 있다가 이 사실을 알았다. 이 시절에 우리는 파리의 지하철역에서 빨갛게 빛나는 거대한 포스터를 볼 수 있었다. 거의 천부적인 위엄을 갖춘 흰 작업복을 입고 밀짚모자를 쓴 세 명의 화가가 포스터에 나와 있었다. 각자 리폴랭 단지를 하나씩 들고, 화가들은 일렬종대로 행진하며, 허리를 약간 구부리고 붓으로 글씨를 썼는데, 첫 번째 화가는 벽에, 나머지 두 명은 바로 자기 앞 사람의 등에, 리폴랭 페인트의 우수한 품질에 대해 몇 줄의 글자를 쓰고 있었다.[11]

---

11 [옮긴이] 구글에서 ripolin으로 이미지 검색 하면 오늘날 '컬트'가 된 이 리폴랭 포스터를 볼 수 있다.

내가 기차 플랫폼 높은 곳에서 아마도 푸앙뒤주르 방면 쪽에 있었던 지그재그Zigzag 담배 마는 종이의 빛나는 광고판을 내려다보며, 그후 늘 생각하게 된 것은 공장에 입고된 수많은 리폴랭 단지들이 불타는 모습이었다.

푸앙뒤주르, '파랑루아쾨즈'paranroizeuses,[12] 비양쿠르. 울타리, 경계 또는 바깥, 아케이드들과 집들에 달려 있었던 톱니 모양의 윤곽을 가진 쇠로 된 격자창들. 이 격자들을 가로질러, 나는 무엇인가 깜빡이는 것을, 밤도 아니고 낮도 아닌 화면 위에 새겨진 갈지자 번개가 깜빡이는 것을 어렴풋이 느꼈다.

미셸 레리스의 이런 경험은 어떤 의미에서는 아주 새로운 것이지만, 우리는 또한 이것이 아주 오랜 역사, 곧 르네상스 이래의 우리 문학에서 결코 소멸된 적이 없었던 오랜 역사에 속한다고 말할 수도 있을 겁니다. 우리는, 이 어두운 역사와 관련하여, 언어작용의 신비주의자들에 대해, 다시 말해, 언어작용의 — 곧 단어, 음절, 문자, 소리 자체라는 물질적인 것 속에 존재하는 언어작용의 — 창조적이고 시원始原적인 절대적인 힘을 믿었던 이 사람들에 대해 말할 수도 있습니다.

---

12 [옮긴이] 파랑루아쾨즈는 프랑스어에 존재하는 않는 낱말이며, 어린 시절의 레리스가 상상한 단어이다. 따라서 이 단어는 사전적인 '객관적' 의미를 갖지 않으며, 그 발음이 주는 상상의 '주관적' 가치, 느낌, 인상 등에 의해서만 규정되는 레리스만의 사적 언어작용, 개인적 언어작용이다. 레리스는 이 책에서 이 단어의 발음이 '비오는 소리를 연상케 한다'고 말한다.

이 사람들, 이 기묘한 철학자들, 이 평범치 않은 시인들이 모든 의미작용의 살아 있는 심장, 말해질 수 있는 모든 것의 자연적이고도 신적인 퇴적물을 보았던 것은 말이라는 관능적 육체 안에서였습니다. 이 사람들에게, 문자, 소리, 단어는, 마치 군림하는 위대한 목자牧者처럼, 시원으로부터 부여받은 자신의 영향력 주변에 미래에 존재할 모든 말들의 무리를 보존하고 있습니다. 그리고 18세기는 이 순진하고도 시적인 알파벳을 많이 알고 있었습니다.

예를 들어, 이런 알파벳 중에서 다음을 한번 들어 보십시오.[13]
아담Adam이 '가장 높으신 분'을 보고서 말을 하자마자,
그가 분명히 드러낸 것은 A였다네.

나약한 '아가'Bambin가 우물우물하는
B는 서투른 혀에서 뛰어나온 것 같다네.
우선 아가는 좋은 저녁, 좋은 아침 인사를 익히고,
뽀뽀와 사탕을 차례로 간절히 바란다네.

---

13 Pierre Antoine Augustin de Piis, *L'harmonie imitative de la langue française*, Impr. Ph.-D. Pierres, 1785.
[옮긴이] 이하의 시는 동음이의어, 연음(連音)을 이용한 연상 작용 등 프랑스어의 발음을 이용한 말놀이(jeu de mots, word play)에 입각한 것으로 사실상 프랑스어 사용자들만이 그 묘미를 즐길 수 있는 글, 따라서 외국어로 옮길 수 없는 글이다. 가령 F에 해당되는 구절의 거의 모든 단어들이 f로 시작되는 식이다. 이 글에서는 이를 감안하여 가급적 원의(原義) 그대로의 직역으로 만족하고자 한다.

C는 세디유_{cédille}와 함께 S와 경쟁하고,[14]

세디유 없이, Q 대신에, 그것은 우리의 모든 말 안에서, 바글거리네.

모든 비어 있는 대상에서, 그것은 명사를 시작한다네.

동굴, 술통, 방, 대포, 바구니, 마음, 상자, 경주장,[15] [⋯]

D가 늦어지지 않도록 그 음조를 정하기 위해서는,

혀가 이 사이를 찔러야 한다네,

그리고 이미, 당연히, 담론에서 사용되는,

허리를 끊임없이 당기면서, 백번의 우회를 묘사한다네.

E는 이제 호흡으로 힘껏 애를 쓰면서,

우리가 숨을 쉴 때마다 문제없이 빠져나가네,

우리 관용어를 통해, 잘 대우받으며,

한 단어 속에서도 종종 여러 번 나오네,

묵음 자음 속에 숨어서 있지만,

그 중에 하나가 산책이라도 할라치면,

그 자음 앞에서 또는 뒤에서 소리를 내네.

---

14 [옮긴이] 세디유(cédille)는 프랑스어에서 C의 아래에 붙여 S발음이 나도록 해주는 부호로, 이 경우 Ç로 표기된다.

15 [옮긴이] 이상의 단어들은 순서대로 프랑스어에서 cave, cuve, chambre, canon, corbeille, cœur, coffre, carrière이며, 각기 우리말의 카브, 퀴브, 샹브르, 카농, 코르베유, 쾨르, 코프르, 카리에 르로 표기할 수 있다.

분노한 F는 흔들리고 후려치고 깨트리고 부순다네, […]
철에 힘을 주어 땅을 파고 자르게 해준다네,
불, 불꽃과 연기를 낳는다네,
차고 짙어도 수태시키고, 추위도 생성된다네.
우리가 잘라 내는 직물에서,
채찍과 투석기의 효과와 흔들림을 얻어 낸다네.

즐거운 G는 R이 자기 흔적을 따라 달리는 걸 본다네,
은총이 모이는 것은 늘 자기 마음대로라네,
목소리 한번이면 G를 낳기에 충분하다네,
가끔은 걸린 목 안에서,
가끔은 I가 자기 모습을 드러낸다네,
자기 자리에서 겨루면서, 그것은 수다 떨고 장난치며 맹세한다네,
모든 곳에서 군림하는 그것의 보통 말투는
취향을 가리키기엔 훨씬 덜 곤란한 걸로 보이네.

H는 자기 생명을 내걸고 궁전의 가장 깊은 곳에서
힘을 가진 단어들의 맨 위에서 숨을 헐떡거리네,
그것은 부딪치고 들이마시고 증오하고,
때로는 수줍은 명예로, 침묵하네.

말뚝처럼 똑바른 I는 자신의 제국을 세우네,
그것은 N에서 시작하여 나타나고,

급히 나타난 I는 웃음을 터뜨리고,
길게 늘여진 I는 불행을 신음하게 만든다네.

예전 그리스의 '칼렌데'Kalendes를 찾아 떠났던 K는
힘들 때 쓰려고 Q와 C를 남겨 두었네,
그리고, 낡고 찢어진 옛 종이로, 우리에게 돌아와,
오직 캥페르Kimper에서 다정히 살고 있다네.

그렇지만 L 혼자서도 얼마나 많은 말을 아름답게 꾸미고 있는가!
여기서 천천히 흐르고, 저기서 가볍게 난다네,
그 물결의 흐름은 표현되고,
우리가 각운을 맞추면 문체에 광택을 내 준다네,
모음은 친근한 색조로 스스로를 물들이고는
단어에 뒤섞이는 걸까?
문장들을 적시고, 차분한 자음의 소리로,
고집 센 불화를 무너뜨리네.

여기, M이, 자기 차례가 되니, 세 발로 걷는다네,
그리고, N이, 그 곁에서, 두 발로 자기 몸을 흔드네,
M은 소리 지르며 즐거움을 만끽하고, 닫히면서 죽어 버리네,
N은 내 콧속 깊은 곳에서 울리면서 사라지고,
M은 중얼거리기를 좋아하고, 부정하는 N은 고집을 부리네,
N은 경멸하기에 알맞고, M은 종종 반란을 일으키네,

M이, 단어들 한가운데에서, 멋지게 행진하고,
N이 고귀함을 필요함과 결합시키네.

O가 열려야 할 때 입은 둥그렇게 모이고,
그리고, 강제로, 우리는 소리의 기관을 펼친다네,
뇌에서 잉태된 놀람이
이 새로운 억양으로 터져 나오려 할 때에도 그렇다네.
원(圓)이 그것에 자신의 원초적 모습을 주려 할 때,
타원도 궤도도 알맞다네.
우리는 그것 없이 열 수 있는 방도를 모른다네,
그것이 명령하면 모든 것이 복종한다네.

사실을 말하자면, 나는 언어작용의 가장 위대한 신비주의자는
18세기 사람들이 아니라, 우리에 보다 가까운 어떤 사람이라고 믿습
니다. 그는 19세기 말에 살았던 어느 용감한 프랑스 문법학 교수였
습니다. 그의 이름은 장피에르 브리세Jean-Pierre Brisset, 1837~1919입니
다.[16] 브리세는 앙드레 브르통André Breton, 1896~1966에 의해 재발견되
어 알려졌지요.

네 권의 작품을 통해, 브리세는, 우리의 조상인 개구리 울음소

---

16 장피에르 브리세에 대해서는 푸코의 논문 「일곱 번째 천사에 대한 일곱 개의 말」(Sept
propos sur le septième ange)을 보라(Dits et Ecrits, vol. 2, texte n. 73, pp. 13~25).

리에서, 현재 우리 언어작용의 가장 불편하고, 가장 불안하며, 어떤
의미에서는 가장 자연스러운 울림에 이르는, 경탄할 만한 어원학적
장광설을 전개했습니다. 브리세는, 마치 끈질긴 수다쟁이처럼 단어
들을 뒤흔들고, 모든 의미에서 반복하면서, 단어들로부터 조롱하는
동시에 결정하는 하모니를 뿌리째 뽑아냄으로써, 일종의 기괴한 확
장을 통해, 단어들로부터 우화, 마치 창조 이후의 세계가 아무런 의
미도 없지만, 결코 넘어설 수 없는 법칙을 따르는 하나의 유리알 놀
이, 하나의 거대한 말놀이jeu de mot에 불과한 것처럼, 인간과 신들의
모든 역사가 요약되어 있는 우화를 탄생시켰습니다.[17]

언어작용들 사이의 비교는 모든 언어작용에서 태양처럼 강력히 빛
나고 있는 '신'Dieu에 관한 학문과 명석성을 열 배로 밝혀 준다.
'말'Parole,[18] 너는 무엇인가? 나는 피Pi, 권능puissance이며, 뒤에서en arrière
돌아오는 아르Ar이고, 앞으로en avant 행진하는 올Ol이다.[19] 나는 온갖
방향을 향하는 영원한 움직임이자, 무한한 공간 속에서 스스로 움
직이는 천체와 천구와 태양의 이미지이다. 앞으로 나아가면서, 뒤로
되돌아온다. 천구에 사는 인간들의 어머니이자 여왕이 바로 나이다.
우주가 우주를 알게 되는 것은 바로 나에 의해서이다.

---

17 Jean-Pierre Brisset, *La science de Dieu, ou la création de l'homme*, dans *Œuvres complètes*, préf. et
  éd. par Marc Décime, Dijon, Les presse du Réel(coll. "L'Écart absolu"), 2001.
18 [옮긴이] 이 '말'은 프랑스어에서 그리스도교적 의미에서의 '말씀'으로도 번역될 수 있다.
19 [옮긴이] 피(Pi), 아르(Ar), 올(Ol)을 연이어 발음하면 파롤, 곧 말(Parole)이 된다.

칠 년 전부터 우리는 말의 경이 앞에서 황홀을 느끼고 있다. 개구리는 여전히 개구리로 머물고 있고, 개구리의 언어작용도 그다지 펼쳐지지 못했지만, 그러나 성性이 스스로를 알릴 때가 되면, 기묘한, 전제專制적인 감각이 동물로 하여금 도움과 구원을 청하게 만들 것이다. 왜냐하면 동물은 스스로를 만족시킬 수도, 자신을 소비하는 불을 죽일 수도 없기 때문이다. 그 이유는 개구리가 긴 팔도 없고, 목마저도 어깨 속에 처박혀 있는 존재이기 때문이다. 목의 발전은, 우리가 태어났다는 증거인, 성기가 생겨나면서 그리고 이후의 일이다. 따라서 사람들은, 목이 생겨났다, 목이 형성되었을 때 목이 만들어졌다, 목의 성장은 우리가 여전히 고통받고 있는 실 묶음을 가져다주었으므로 머리를 하고 태어난être né coiffé[20] 것은 커다란 행복이라고 말한다.

모르mor라는 음절의 선행성先行性, antériorité이 일단 잘 확립된 후에, 우리는 이 선행성이 죽음mort을 향해 이끌어 가고 도덕화하는moraliser 분석에 실로 안성맞춤이라는 것을 발견하게 된다. 병적인 것morbide, 죽음의 색깔. 조각morceaux, 죽은mort 또는 파괴된 전체의 부분. 분할morcelé, 죽은 또는 파괴된 것을 나누기. 물어뜯기mordant, 죽음을 부를 수도 있는 것. 목이 빠지게 기다리기morfondre, 죽은 사람mort처럼 지내기. 미끼를 달기amorcer, 죽음을 위한 배치.

---

20 [옮긴이] '머리를 하고 태어나다'는 숙어로 '행운이다, 행운아이다'라는 의미이므로, 이 문장은 말놀이를 통한 동어반복적 문장이 된다.

말이여, 우리에게 말해 다오, 미래란, 영원이란 무엇인가? 지나가는 존재, 그것은 죽음, 침묵, 경험된 모든 것이다. 그것은 영원, 음울한 회한이다. 영원이란 무엇인가? 영원, 그것은 존재하지 않는 존재이다. 영원은 아버지의 것이 아버지가 아닌 그런 존재 이상의 무엇이 아니다. 그러나 지고의 존재, 그것은 우리 안에 있는, 말하는, 자신의 왕국 안에서 피어나는 신이다.

작가들Que d'écrivains
헛된 글Que d'écrits-vains[21]

우리는 동시대 문학에 있어서 언어작용의 내부에 존재하는 이 경이로움이 차지하는 중요성을 알고 있습니다. 이 경이로움은 하나의 역설로 우리를 이끕니다. 이 역설은 다음과 같습니다. 어떤 의미에서 모든 단어는 절대적으로 자의적이다. 우리가 태양을 태양으로 불러야만 할, 또는 풀을 대지의 싱그러움이라 불러야만 할 본성상의 필연성은 존재하지 않는다. 그러나, 그럼에도 불구하고, 언어작용은, 우리 안에서, 마음과 기억 속에서, 울림을 불러일으킨다. 마치 그렇게 오래되고, 세상의 모든 사물들에 그렇게 연결되어, 사물의 비밀에 그렇게 가까운 무엇인가에 의해, 우리가 그 단어들을 듣는 것만으로도 시의 모든 두려움을 발견할 수 있다는 인상을 받듯이 말이다.

---

21 [옮긴이] 이 마지막 두 문장의 발음은 정확히 같으며, 이 역시 글로써만 의미가 구분되는 말놀이의 일종이다.

나는 동시대의 문학을 사로잡는 두 가지 신화가 생겨난 것이 이러한 역설로부터라고 믿습니다. 서로에 대해 상보적인 이 두 개의 신화는 다음과 같습니다.

한편으로는, 진부한 기존의 단어들이 다른 단어들로 대치되지만, 그럼에도 불구하고, 그 의미는 동일하게, 또는 전통적 용어를 사용하자면, 명징하고 분명하게, 통용되리라는, 이제는 부인된 계약의 신화가 있습니다.

이것은 전적으로 신용信用, fiduciaire에 입각해 있는 한 언어작용의 아이러니한 꿈입니다. 예를 들어, 여기 장 타르디외Jean Tardieu, 1903~1995의 텍스트가 있습니다. 우리는 그가 상상한 대화에서 아무것도 이해할 수 없을까요? 관용적인 어떤 용어도 사용되지 않았지만, 우리는 그럼에도 불구하고, 찬연한 놀람과 함께, 살롱에서 이루어지는 대화의 가장 진부한 관용어들을 발견합니다.[22]

---

22 Jean Tardieu, *La Comédie du langage*, "Un mot pour un autre" [1951], dans *Œuvres*, éd. par Jean-Yves Debreuille, Alix Thurolla-Tardieu et Delphine Hautois, préf. par Gérard Macé, Paris, Gallimard (coll. "Quarto"), 2003, © Éditions Gallimard.
[옮긴이] 타르디외의 이 연극 작품은 1900년경 프랑스의 한 마을에서 알 수 없는 전염병으로 인해 병에 걸린 사람들이 스스로는 전혀 의식하지 못한 채로 한 단어를 다른 단어로 대체하여 사용하는 상황을 그리고 있다. '한 단어를 다른 단어로'라는 제명 그대로, 이 대화는 프랑스어의 동음이의어, 은어, 속어, 연음, 개념 연상 작용 등을 이용한 말놀이의 극단적인 동시에 인공적인 예로서, 외국어로 번역 불가능한 글이라 해도 과언이 아니다. 대화에서 통사론적 문법은 지켜지고 있지만 중요 단어들은 모두 비일상적 단어들로 대체되어 있어, 프랑스어 구사자가 아니라면 사실상 그 의미를 전혀 이해할 수 없다. 그럼에도 불구하고, 이 대화는 프랑스어 구사자가 그 의미를 이해하고자 마음먹을 경우, 이해 가능하도록 구성되어 있다. 이 책에서는 본문에 직역을 제공하고, 아래에 원문과 처음 두세 문장의 가능한 의미를 [ ] 안에 적어 두는 것으로 만족한다.

부인   사랑스런, 사랑스런 인형! 그런데, 내가 얼마나 오랜 구멍, 얼마나 오랜 조약돌 동안 부인을 맛보는 기쁨을 갖지 못했죠?

드 펠르미누즈 부인(크게 감동해서)   저런! 사랑스러운 부인! 제 자신이 그때 너무, 너무 맑지 못했어요! 저희 어린 게 세 마리가 차례차례로 레모네이드를 가졌어요. 해적질의 처음 내내, 저는 풍차에서만 머물렀고, 잠수인형이나 발받침으로 달렸어요. 저는 탄화칼슘이 있나 보려고 우물을 살폈지요, 집게와 열대계절풍을 주려고요. 간단히 말하면, 전 저만의 귀염둥이를 가진 적이 없어요.

Madame: Chère, très chère peluche [amie]! Depuis combien de trous [jours], depuis combien de galets [semaines] n'avais-je pas eu le mitron [la joie ou le plaisir] de vous sucrer [voir] rencontrer!
Madame de Perleminouze, très affectée: Hélas! Chère! J'étais moi-même très, très vitreuse [prise ou occupée]! Mes trois plus jeunes tourteaux [enfants] ont eu la citronnade [la grippe, la bronchite, la coqueluche ou la rougeole]···, l'un après l'autre. Pendant tout le début du corsaire [du mois], je n'ai fait que nicher [moucher] des moulins [nez], courir chez le ludion [médecin] ou chez le tabouret [pharmacien], j'ai passé des puits [nuits] à surveiller leur carbure [température], à leur donner des pinces [gouttes et des moussons ou sirops]. Bref, je n'ai pas eu une minette [minute] à moi.
Madame: Pauvre chère! Et moi qui ne me grattais [doutais] de rien!
부인: 사랑스런, 사랑스런 인형[친구]! 그런데, 내가 얼마나 오랜 구멍[오랫동안], 얼마나 오랜 조약돌[몇 주] 동안 부인을 맛보는[보는] 기쁨을 갖지 못했죠?
드 펠르미누즈 부인(크게 감동해서): 저런! 사랑스러운 부인! 제 자신이 그때 너무, 너무 맑지 못했어요[바빴어요]! 저희 어린 게 세 마리가[어린 아이들 셋이] 차례차례로 레모네이드를 가졌어요[황달에 걸렸어요]. 해적질의 처음 내내[이번 달 초에], 저는 풍차에서만 머물렀고[제가 한 일은 아이들 코를 풀어 주고], 잠수인형이나 발받침으로 달렸어요[의사와 약사를 보러 이리 뛰고 저리 뛰었답니다]. 저는 탄화칼슘이 있나 보려고 우물을 살폈지요[밤에는 아이들 열이 어떤지 살폈고], 집게와 열대계절풍을 주려고요[가루약 먹이고 시럽 먹이고 하느라고요]. 간단히 말하면, 전 저만의 귀염둥이를[제 시간을] 가진 적이 없어요.
부인: 저런 불쌍해라! 전 아무것도 긁은 적이 없어요[그럴 줄 알았어]!

부인 저런 불쌍해라! 전 아무것도 긁은 적이 없어요!

드 펠르미누즈 부인 차라리 잘됐네요! 저도 다시 구워져요! 부인은 부인께서 태워 버리신 지우개 다음에 오래 얘기하실 자격이 충분하세요! 그러니까 밀고 나가세요, '두꺼비'Crapaud의 허파에서 반-'배불뚝이'mi-Brioche까지, 우리는 부인을 '방수'Water-proof에서도 '편두통'Migraine 숲의 알파카 아래서도 못 봤잖아요! 그때 정말 가글을 하셨어야 됐는데!

부인(한숨을 쉬며) 맞아요! … 아! 저렇게 하얗다니! 난 기어오르지 않고는 거기에 적시질 못하겠어요.

드 펠르미누즈 부인(확신에 차서) 그럼, 여전히 프랄린pralines 과자가 없으세요?

부인 전혀 없어요.

드 펠르미누즈 부인 양털 한 조각도 없으세요?

부인 한 조각도 없어요! 그 사람은 내게 줄무늬를 넣은 물결 이래로 내게 한 번도 돌아온 적이 없어요!

드 펠르미누즈 부인 저렇게 코를 고시다니! 그래도 그에게 불꽃을 긁어 댔어야 하셨는데!

부인　그렇게 했지요. 허파에 네 번, 다섯 번, 여섯 번은 긁어 댔을 거예요. 그래도 그 사람은 절대 소제를 안 했어요.

드 펠르미누즈 부인　불쌍하고도 사랑스러운 작은 차※ 같으니! … (꿈꾸는 듯, 그리고 유혹하듯이) 제가 부인이었다면, 저는 다른 등잔을 가질 거예요.

부인　말도 안 돼요! 부인은 미끄러질 사람이 못 된다는 걸 우린 다 알아요! 그 사람이 내 위에 끔찍한 머플러를 둘러놨어요! 난 그 사람 파리, 장갑, 쇠오리, 그이는 내 동전, 내 목구멍이에요. 그이가 없으면 난 가만있지도 소릴 지르지도 못해요. 난 그이를 절대 못 가둬요! (목소리 톤을 바꾸며) 하지만 내가 잘 섞어 놓으면, 부인은 뭔가를, 그러니까 줄루족 물집, 복권 두 손가락을 잘 띄울 거잖아요?

드 펠르미누즈 부인(인정하면서)　고마워요, 커다란 태양처럼요.

부인(벨을 울리지만 아무도 오지 않는다, 일어나 부른다)　이르마! … 이르마, 보세요! … 아, 이 계집애! 몸통처럼 굽었다니까요. … 죄송해요, 전 지금 법원에 가서 이 멍청이를 가려 줘야 되거든요. 저 멋쟁이를 수선해 줘야 된단 말이에요.

이 희극적이고 조롱하는 듯한 신화의 맞은편에는, 반대로 그 말의 내부에 남아 있게 될 한 언어작용의 신화가 있습니다. 이 공동至洞 깊숙한 곳에서 언어작용은 창조를 위한 모든 공간을 발견합니다. 이는 언어작용이, 말하자면, 자기 자신을 되풀이하고, 자신의 땅에 천착하며, 예기치 않았지만 그럼에도 불구하고 필연적인 소통의 회랑을 여는 것만으로도 충분할 것입니다. 그리고 그때 관습의 모든 흔적은 이제 사라지고, 시와 본성의 깊은 진실이 드러날 것입니다.

예를 들어, 레리스가 『식물의 정사情事』에서 확립한 알파벳 어휘의 말놀이는 명백한 시적 필연성에서 나온 것이 아닐까요?[23]

옥玉으로 된 격언은
순수한 겉모습을 위해 내기를 거는 법을 배운다
관념, 발행인, 확립하다, 숭배하다,
무덤에서 떨어지는 영혼의 혼
아궁이는 존재
의자들은 사물들
피는 시간의 오솔길

---

23 Michel Leiris, *Bagatelles végétales*, Paris, Jean Aubier, 1956; Michel Leiris, *Mots sans Mémoire* [1969], Paris, Gallimard (coll. "L'Imaginaire"), 1998, © Éditions Gallimard.
[옮긴이] 이 시 역시 번역 불가능하다 해야 할 프랑스어의 유사한 발음 및 의미를 갖는 단어들, 동음이의어, 각운의 놀이에 의해 이루어진 시이다. 가령 중간에 등장하는 '마늘 무역풍의 날개를 단 편안한 은신처'의 원문은 Asiles aisés des ailes alizés alliacés, '역겨운 유혹 모습'은 apprences appats rances이다. 이 자리에서는 우리말 직역을 제시하는 것으로 만족한다.

취하는 것은 꿈이고 장기臟器의 악은

아무것도 부정하지 않고, 생성을 점친다

시간을, 두더지를, 너의 무능력을 생각하라, 꼭두각시여

마음, 친근한 악惡, 순백의 거품이 이는 호수

걱정스러운 비단 장갑

바람을 따라, 비상하는 오후, 해 뜨는 곳을 향해

쓰디쓴 무기들, 진홍빛의 '찢겨진' 동맥 대포부대

마늘 무역풍의 날개를 단 편안한 은신처

여명의 황금빛, 왕의 희귀한 천개天蓋로

사월은 자기의 덩굴손을 풀어 주리라

미쳐 버린 꽃받침 조각, 환희에 찬 하늘은

자유롭게 빛난다

식물의 정사, 음절의 세균

우스꽝스런 잔가지

시체들

뒤죽박죽의 바탕천과 액자

천한 몸뚱아리, 연골의 마법과 행렬

억수같이 쏟아지는 켄타우로스들

한 천사가 새로 생긴 강물에서 헤엄친다

말벌들의 즐거운 총검, 수다쟁이들의 동그라미

움푹 팬 마음, 차가운 서리

'쿠폴'Coupole 아래 취한 계사繫辭, copules

시, 반항하는 문제

비상飛上하는 뒤덮인 피부와 깃털 날개 장어 같은 풀

사랑이 네게 상처를 낸 현존하는 예리한

포도주 빛 정맥, 독毒이 담긴 길

베네치아, 독을 품은 우리 매듭의 층으로 성병도 숭배도 없이 오시길

현기증, 꿈속에서 본 좌초坐礁

뱀파이어 또는 흡혈귀, 안개 낀 현기증, 역겨운 유혹 모습

동굴 속 온갖 소동騷動으로 발효된 체험된, 밤에 취한 삶

울창한 둥근 천장, 수선스런 종려나무 가지

전망을 위한 새로운 잎맥들, 낮은 가지들

보시다시피, 레리스와 타르디외가 증언하고 있는 언어작용에 대한 끈기 있는 관심보다 더 놀랍고도 명철한 것은 없습니다. 그러나, 그럼에도 불구하고, 모든 인간의 꿈을 드러내는 동시에 감추는 언어작용의 영원한 놀이, 또, 히스테리 환자의 마비, 또는 강박증 환자의 의식儀式, 그리고 또, 조현병調絃病 환자가 길을 잃곤 하는 입말口語의 미로, 이 모든 것들은 아마도 우리가 방금 살펴본 문학적 경험과 그리 다르지 않은 어떤 구조를 가지고 있을 것입니다. 하지만, 이런 말이 모든 광기의 언어작용이 특정한 문학적 의미작용을 갖는다거나, 오늘날의 문학이 — 마치 이전 시대의 문학이 사랑 또는 정열에 빠질 수 있었던 것처럼 — 광기에 매혹되었다거나 또는 흘려 있다는 것을 의미하는 것은 아닙니다. 나는, 그럼에도 불구하고, 이 모든 것이 어떤 것, 중요한 어떤 것을 의미한다고 믿습니다. 우리의 시대는 — 거의 같은 시기에 — 문학이 근본적으로 언어작용이라는 하

나의 사실un fait de langage이라는 것, 광기가 하나의 의미작용signification 현상이라는 것을 발견했습니다. 그 결과, 광기와 문학은 기호들des signes을 가지고, 그러니까, 우리를 가지고 놀이를 하는 **이** 기호들을 가지고 놀이를 하게 됩니다.

문학과 광기는, 오늘날, 그러니까, 하나의 공통적인 지평, 기호의 그것에 다름 아닐 하나의 접합선을 갖습니다.

이 단절은 아마도 우리가 빠져나갈 수도, 도달할 수도 없는 지평 같은 것일 겁니다. 광기와 문학은 우리에게 아마도 우리의 주위를 완전히 감싸는 하늘과 땅 같은 것, 그럼에도 불구하고 일종의 거대한 열림ouverture에 의해 서로서로 연결된 것일 겁니다. 그리고 우리가 끊임없이 앞으로 나아가고, 말을 하고, 그러니까, 사람들이 우리의 입안에 한 줌의 흙을 퍼 넣는 그날까지, 우리가 말을 하는 것은 바로 이 거대한 열림 안에서입니다.

나는 아르토가 그 섬광으로 우리들이, 또 다른 우리들이, 영원히 길을 잃는 이 길을 더할 나위 없이 훌륭하게 복원했던 자신의 텍스트에서 말하고자 했던 것이 바로 이런 것이라고 생각합니다.

그렇습니다. 여기에 언어작용이 봉사해야 하는 유일한 사용법이 있습니다. 사유를 제거하는, 광기의, 단절의 수단으로서의, 비이성[착란]déraison의 미로가 그것입니다.[24]

---

24 1924년 1월 29일 아르토가 리비에르에게 보낸 편지의 추신.

*   *   *

RTF 프랑스 III가 미셸 푸코의 '광기의 언어작용'을 보내드렸습니다. 오늘은 시리즈의 다섯 번째이자, 마지막 편 '광기 안의 언어작용'이었습니다. 목소리 출연에 마르게리트 카상, 카롤린 클레르크, 로제 브레, 르네 파라베, 클로드 마르탱, 음향 사미아스 비스키, 보조 마리앙드레 아르미노, 연출 장 도아트였습니다. 이제까지 말의 사용이었습니다.

II. 문학과 언어작용

1964년 12월, 벨기에 브뤼셀

프랑스어판 편집자의 말

1964년 12월 미셸 푸코는 벨기에 브뤼셀의 생루이대학교에서 열린 컨퍼런스 '문학과 언어작용'Littérature et langage에 참여한다. 컨퍼런스는 두 개의 세션으로 이루어졌다. 푸코는 자신이 간파한 언어작용, 작품, 문학 사이의 기묘한 '삼각형'에 대한 분석이라는 목적 아래 1960년대 초 문학에 관한 자신의 글에서 다루었던 주제들 전체를 재조명한다. 여전히 바타유와 블랑쇼에 대한 이중적 참조가 특히 두드러지는 첫 세션에서, 푸코에 의해 역사적으로 18세기 말에 일어난 것으로 규정되는, 근대 문학의 탄생이라는 경험은 언어작용의 자기 자신에 대한 진동이라는 형식 아래 묘사되고 있으며, 작품은 바로 이러한 진동에 대한 위반이자 결정화로서 이해되고 있다. 첫 세션의 발표문에는 사드, 세르반테스, 조이스처럼 당시 1960년대 푸코의 작품에서 반복적으로 등장하는 인물들, 그리고 프루스트, 샤토브리앙, 라신 또는 코르네유처럼 푸코의 분석에서는 조금 낯선 인물들이 등장한다. 러시아의 언어학자 로만 야콥슨의 작업에 대한 언급으로 시작되는 컨퍼런스의 두 번째 세션은 우선 언어적 코드화codage

자체에 대해 작동하는 것으로 가정된 '구조적 비의秘義,ésotérisme'의 궤적을 추적한다. 하나의 코드작용codification은 스스로를 자신의 고유한 재합성 작용recomposition 앞에 노출시킨다. 이때의 고유한 재합성이란 주어진 시간과 장소에서 언어작용의 질서가 확립되는 과정에 대한 명백히 역사적이고 언어적인 연구 행위인 동시에(이때의 푸코는 이미 고고학자이다), 기존의 언어학적 규정작용의 경계에서 —— 근대 문학이 그 안에서 자신의 기원적 순간을 발견하게 될 —— 무질서(혹은 또 다른 질서)가 발생될 위험을 무릅쓰는 행위이다.

첫 번째 세션

여러분은 이제는 유명해진 '문학이란 무엇인가?'Qu'est-ce que la littérature?라는 질문이 우리에게는 ── 마치 이 질문[1]이 어떤 기묘한 대상에 대해 묻고 있는 제삼자, 곧 문학의 바깥에 위치한 제삼자에 의해 사후에 제기되지 않기라도 했던 것처럼, 마치 이 질문이 정확히 문학 **안에** 자신의 기원을 가지고나 있었던 것처럼, 마치 '문학이란 무엇인가'라는 질문을 던지는 것이 글을 쓰는 행위 자체l'acte même d'écrire와 하나인, 같은 행위이기라도 한 것처럼 ── 문학의 수행 exercice 자체와 연결되어 있다는 것을 잘 알고 계십니다.

'문학이란 무엇인가?'라는 질문은 어떤 언어적 사실 앞에서 자문하는 사회학자, 역사가, 또는 비평가의 질문이 전혀 아닙니다. 이 질문은 말하자면 문학 안에서 열리게 되는 일종의 빈터空洞, creux, 문

---

1 [옮긴이] '문학이란 무엇인가?'는 문학에 관련하여 사르트르가 1948년에 발표한 영향력 있는 책의 제명이다. Jean-Paul Sartre, *Qu'est-ce que la littérature?*, Gallimard, 1948; 장 폴 사르트르, 『문학이란 무엇인가?』, 정명환 옮김, 민음사, 1998.

학이 그 안에 거주하는 그리고 아마도 자신의 모든 존재를 수확하게 될 하나의 빈터입니다.

하지만 하나의 역설, 여하튼 하나의 난점이 존재합니다. 나는 방금 문학이 '문학이란 무엇인가?'라는 질문 안에 거주한다고 말했습니다. 그러나, 결국, 이 질문은 지극히 최근에 생긴 것입니다. 그것은 우리보다 그리 오래된 질문이 아닙니다. 간단히 말해, '문학이란 무엇인가?'라는 질문은 대략, 그 질문이 형성될 수 있었고 이후 우리에게까지 이어져 온, 말라르메Stéphane Mallarmé, 1842~1898의 작품œuvre이라는 사건 이래로 생겨난 것이라 말할 수 있습니다. 그러니, 문학이라는 것은 나이가 그리 많지 않습니다. 문학은 인간 언어작용 그 자체보다 더 오랜 연대기 또는 호적을 가지고 있지 않습니다.

여하튼, 나는 우리가 보통 말하곤 하는 것처럼 문학 자체가 오래된 것인지 확신하지 못하고 있습니다. 물론 우리가 오늘날 회고적으로 보통 '문학'이라고 부르는 무엇인가는 수천 년 전부터 있었습니다.

나는 바로 이것이야말로 우리가 질문해야 하는 것이라고 믿습니다. 단테Dante, 1265~1321 혹은 세르반테스Miguel de Cervantes, 1547~1616 혹은 에우리피데스Euripides, B.C. 480~406의 작품이 문학인가의 여부는 그렇게 분명한 것이 아닙니다. 물론 그것들은 문학에 속하지만, 이는 그것이 오늘날 우리 문학의 일부를 이루고 있다는 것, 사실은 오직 우리에게만 유효한 어떤 특정한 관계 덕분으로 그것들이 문학의 일부가 되었음을 의미합니다. 이 작품들은 우리 문학의 일부를 구성하는 것이지, 그들 문학의 일부를 구성하는 것이 아닌데, 이는 그리스 문학도 라틴 문학도 존재한 적이 없었다는 탁월한 이유로 인해 그러합니다. 달리 말하면, 우리의 언어작용과 에우리피데스 작품이 맺고 있는 관계는 매우 문학적인 것인 반면, 이 동일한 작품이 그리스어의 언어작용과 맺고 있던 관계는 분명 문학적인 것이 아니었습니다. 바로 이런 이유로 나는 다음의 세 가지 요소들을 구분해 보고자 합니다.

우선, 언어작용langage이 있습니다. 언어작용은 잘 아시다시피 모든 발화된 것의 중얼거림murmure이며, 또한 동시에 우리가 말할 때 우리가 포함되는 것을 만드는 이 투명한 체계입니다. 간단히 말해 언어작용은 이야기 속에 축적된 파롤paroles의 모든 사실인 동시에, 랑그langue의 체계 자체입니다.

자, 이제 한쪽에는 언어작용이, 다른 한쪽에는 작품들œuvres이 있습니다. 이를테면, 대략 하나의 작품을 구성하는 것은 자신 위에 멈춰선 채 고정되어 있고 자신만의 고유한 공간을 구성하면서, 또 이 공간 안에서 중얼거림의 흐름을 억제하고 단어와 기호의 투명함을 두텁게 만들어 냄으로써, 아마도 수수께끼 같은 것이자 불투명한 특정한 하나의 부피를 만들어 내는 것, 곧 언어작용의 내부에 존재하는 이 기묘한 사물, 언어작용의 이러한 배치입니다.

그리고 세 번째 용어가 존재하는데, 정확히 말해 작품도 언어작용도 아닌, 이 세 번째 용어는 바로 문학littérature입니다.

문학은 언어작용에 따라 모든 작품의 일반적 형식이 아니며, 언어작용이 빚어낸 작품이 위치하는 보편적 장소도 아닙니다. 문학은 말하자면 세 번째 항項, 곧 언어작용에서 작품으로, 작품에서 언어작용으로의 관계가 통과하는 어떤 삼각형의 정점頂點입니다.

나는 고전주의 시대의 용법에서 '문학'이라는 단어가 지칭했던 것이 바로 이러한 종류의 관계였다고 믿습니다. 17세기에 '문학'은 단순히 그것을 통해 어떤 누군가가 ── 일상 언어작용의 수준에서, 즉자적인 동시에 대자적인 하나의 작품을 되찾았던 ── 사용, 용법, 언어 작품과 맺을 수 있었던 어조語調, familarité를 지칭하는 말이었습니다. 고전주의 시대에 문학을 구성했던 이 관계는 기억, 어조, 앎의 문제에 다름 아니었습니다. 그것은 다만 수용의 문제였습니다.

그런데 언어작용과 작품 사이의 이 관계, 문학을 통과하는 이 관계는 어느 순간부터인가 앎과 기억이라는 순전히 수동적인 관계이기를 멈추고, 하나의 실천적이고도 능동적인 관계가 되었으며, 이를 통해, 심지어는 [언어작용 자체와 형성되는 순간에 있어서의] 작품 사이에, [또는 나아가, 변형되는 순간에 있어서의 언어작용과 형성되는 순간에 있어서의[2] 작품 사이에] 존재하는 깊고도 모호한 하나의 관계가 되었습니다. 문학이 이렇게 구성된 삼각형 안에서 능동적 역할을 하는 세 번째 항이 된 순간, 이 순간은 분명 19세기 초, 혹은 18세기 말입니다. 이 순간은 샤토브리앙François-René Chateaubriand, 1768~1848, 스탈 부인Madame de Staël, 1766~1817, 라 아르프Jean-François de La Harpe, 1739~1803[3]의 주변에서, 18세기가 우리로부터 등을 돌리고 자

---

2 이 부분은 푸코의 컨퍼런스 타이프본이 해독 불가능하여, 수고(手稿)를 사용하였다.

신 속으로 밀봉되어, 이제는 우리에게 감추어진 어떤 것이 되어 버렸지만 동시에 다른 한편으로는 분명 우리가 문학이란 무엇인가를 사유하고자 할 때면 고찰해 보아야 할 무엇인가를 생성시킨 바로 그 순간입니다.

　우리는 문학이란 무엇인가에 대한 반성적 불안, 비판적 의식이 이를테면 작품의 고갈, 일종의 희소화에 의해 매우 늦게 도입되었다고, 그리고 이 도입의 순간은, 순전히 역사적인 몇몇 이유들로 인해, 문학이 오직 자기 자신만을 스스로의 대상으로 삼기 시작했던 바로 그 순간이었다고 말하곤 합니다. 진실을 말하자면, 내게는 문학의 자기 자신에 대한 관계, 문학이 무엇인가라는 질문은, 이미 그 기원에서부터, 탄생의 삼각형triangulation de naissance의 일부를 이루었던 것처럼 보입니다. 문학은 어떤 언어작용이 스스로를 작품으로 변형시킨다는 사실이 아니며, 어떤 작품이 언어작용에 의한 것과 함께 문학으로서 제작된다는 사실도 아닙니다. 문학은 언어작용과도 다르고 작품과도 다른 세 번째 꼭짓점, 이들이 만들어 내는 직선의 외부에 존재하여 이를 통해 '문학이란 무엇인가?'라는 질문이 태어나는 하나의 본질적인 흰빛餘白, blancheur, 이 질문 자체인 하나의 흰빛, 어떤 빈 공간을 그려 내는 세 번째 꼭짓점입니다. 그리고 이 질문은 어떤 보충적인 비판 의식에 의해 문학에 덧붙여지는 것이 아니며, 오히려

3　라 아르프는 강력한 반교권주의 및 박학다식으로 유명한 스위스 출신의 프랑스 작가, 드라마작가, 비평가이다.

이 질문이야말로 문학의, 본래적으로 분열되고 파열된, 존재 자체입니다.

사실 나는 여러분에게, 그것이 무엇이든, 작품, 문학, 언어작용에 대해서 말하고자 하는 계획을 갖고 있지 않습니다. 하지만 나는, 말하자면, 나의 언어작용, 불행히도 작품도 문학도 아닌 나의 언어작용을 자리매김하고 싶습니다. 나는 나의 언어작용을 ── 작품과 문학과 언어가 서로서로를 현혹시키는, 그러니까, 서로서로를 비추어 주며 그리하여 서로서로를 눈멀게 만드는, 그리고 아마도 이런 과정을 거쳐 그들 존재의 무엇인가가 교활하게도 우리에게까지 이르게 되는 ── 이 기원의 분산, 이 삼각형, 이 틈, 이 거리 안에 자리매김하고 싶습니다. 아마도 곧 여러분은 제가 여러분에게 드릴 말씀이 거의 없다는 사실에 충격을 받거나 실망하게 될지도 모르겠습니다.

하지만 여러분이 관심을 가져 주길 내가 바라고 있는 것은 바로 이 거의 없음ce peu입니다. 왜냐하면 나는 그것이 존재한 이래, 곧 19세기 이래 끊임없이 문학을 파 들어가고 있는 이 언어작용의 비어 있음이 여러분에게까지 이르길 바라기 때문입니다. 나는 적어도 여러분이 기존의 한 가지 관념, 곧 이 문학이 정확히 스스로로부터 만들어졌다는 관념, 문학이 ── 다른 단어들과 똑같은 단어들이지만, 충분히 그리고 적절히 선택되고 배열되어 이 단어들을 통해 말할 수 없는 어떤 것이 나타나게 되는 ── 단어들로 이루어진 하나의 텍스트, 하나의 언어작용이라는 관념을 벗어나야 할 필요성을 깨닫게 되기를 바랍니다.

나에게는 사정이 정반대인 것으로 보입니다. 문학은 전혀 말할 수 없는 것ineffable으로 이루어지지 않았습니다. 문학은 오히려 말할 수 없지 않은 것non-ineffable, 우리가 그 용어의 가장 엄격하고도 원초적인 의미에서 '우화'寓話, fable라 부를 수 있는 어떤 것으로 이루어진 것입니다. 문학은 따라서 하나의 우화, 곧 이야기할, 그리고 이야기될 수 있는 어떤 것으로 이루어진 것이지만, 이 우화는 부재, 살해, 양분兩分 작용dédoublement, 시뮬라크르simulacre인 언어작용을 통해 말해집니다. 그리고 나는 문학에 대한 하나의 담론이 가능해지는 것은 이 언어작용을 통해서라고 생각합니다. 이 담론은 이제까지 몇백 년 동안이나 우리의 귀를 울려 왔던 이 암시allusions, 곧 침묵에 대한, 비밀에 대한, 말할 수 없는 것에 대한, 심장의 고저高低, modulation에 대한, 그리고 결정적으로는 최근까지도 비평이 자신의 비일관성을 숨겨 왔던 장소라 할 개인성의 이 모든 우월성에 대한 암시와는 전혀 다른 것입니다.

첫 번째 확증은 문학이 —— 섬세하고도 부차적인 질문에 의해, 점차로 자신의 본질과 실존의 장소를 침투당하는 —— 언어작용으로 만들어진 날것의 사실이 아니라는 것입니다. 문학은 그 자체로, 언어작용의 내부에 뚫린 하나의 거리, 끊임없이 주파되지만 결코 실제로 뛰어넘어지지는 않는 하나의 거리입니다. 결국, 문학은 자기 자신 위에서 흔들리는 일종의 언어작용, 일종의 제자리 진동입니다. 더욱이 이렇게 흔들리며 진동하는 단어들은 부족한 단어들, 잘 조절되어 있지 못한 단어들인데, 그 이유는 이 단어들이 두 개의 극점, 곧 문학은 문학으로 이루어진 것인 동시에 그럼에도 불구하고 언어작용으로 이루어진 것이라는 두 개의 극점을 가정하고 있으며, 따라서 문학과 언어 사이에는 하나의 망설임이 존재할 것이기 때문입니다. 사실, 문학에 대한 관계는 작품의 ── 절대적으로 변동 불가능하며 어떤 운동도 하지 않는 ── 두께에 의해 전적으로 사로잡혀 있으며, 동시에 이 관계는 그것을 통해 작품과 문학이 서로의 안으로 사라지는 어떤 것 자체입니다.

왜냐하면, 어떤 의미에서, 작품은 언제 문학이 되는 것일까요? 작품의 역설은 정확히 이것입니다. 작품은 오직 자신이 시작되는 순간 자체에서만 [자신의 첫 번째 문장, 백지白紙로부터만] 문학입니다. [의심의 여지 없이, 문학은 단어에 대하여 그 봉헌奉獻, consécration의 공간을 추적하는 사전事前적 의례 안에 존재하는 이 표면 위, 이 순간에서만 참으로 문학입니다.][4] 그리하여 결과적으로 이 백지가 채워지자마자, 여전히 순결한 이 표면 위에 단어가 적히기 시작하는 순간부터, 이 순간에, 각각의 단어들은 문학과 관련하여, 말하자면, 절대적으로 실망스러운 것이 되는데, 그 이유는 어떤 단어도 본질적으로 혹은 본성에 의해 문학에 속하는 것은 아니기 때문입니다. 사실, 하나의 단어가 백지 위에 쓰이자마자, 그 페이지는 문학의 페이지가 되지만, 이 순간부터 이미 그것은 더 이상 문학적인 것이 아니게 됩니다. 달리 말하면, 이는 각각의 실제 단어가 일종의 위반transgression, 곧 문학의 순수한, 백색의, 빈, 성스러운 본질에 대한 하나의 위반, 모

---

4 이 부분은 푸코의 컨퍼런스 타이프본이 해독 불가능하여, 수고를 사용하였다.

든 작품에 있어 문학의 완성은커녕 문학의 단절, 추락, 침입을 만들어 내는 하나의 위반이기 때문에 그렇습니다. 그것은 어떤 문학적 위엄도 지위도 없는 모든 단어인 하나의 침입, 일상적 혹은 평범한 모든 단어인 하나의 침입, 그러나 동시에 그것이 쓰이자마자 그러한 모든 단어인 하나의 침입입니다.

"오랫동안 나는 일찍 잠자리에 들었다." 이것은 [프루스트의] 『잃어버린 시간을 찾아서』*À la recherche du temps perdu*의 첫 문장입니다. 이 문장은 물론 어떤 의미에서 문학으로 들어가는 하나의 입구이지만, 또한 이 문장에 사용된 단어들 중 그 어떤 것도 문학에 속하는 것이 아니라는 점 역시 분명합니다. 이 문장은 문학으로 들어가는 하나의 입구이지만, 그 이유는 이 문장이 문학의 표지, 문장紋章, 기호로 완전 무장한 언어작용의 등장이기 때문이 아니라, 단순히 이 문장이 완벽한 백지 위에 쓰인 그냥 어떤 언어작용의 분출, 우리가 결코 그 실체를 볼 수 없으며, 어떤 것의 문턱 자체에서 일어나는, 기호도 무기도 없는 언어작용의 분출, 곧 문학임에 틀림없을 하나의 영원한 부재의 문턱으로 우리를 이끄는 단어들이기 때문입니다.

우선, 문학이 존재한 이래, 곧 19세기 이래, 문학이 우리가 그것에 대해 질문하는 이 기묘한 형상形象, figure을 서양 문화에 제공한 이래, 문학은 자신에게 일정한 임무를 부여했으며, 그 임무가 정확히 문학의 살해였다는 점은 특징적입니다. 19세기 이래, 이어지는 모든 작품들 사이에 존재했던 ── 이론의 여지가 있으며, 가역적인 동시에 무엇보다도 그 자체로 음모적인 ── 이 관계, 고전주의 시대의 모든 문학이 질문을 던졌던 고대와 근대 사이의 이 관계는 이제 전혀 문제가 되지 않습니다. 19세기 이래 출현한 계승 관계는 말하자면 훨씬 이른 하나의 관계로서, 이 관계는 문학의 완성 관계인 동시에 문학의 살해 관계인 그러한 관계입니다. 라신은 코르네유에 속했으며, 보마르셰는 마리보에 속했던 것과 달리, 보들레르는 낭만주의에 속하지 않으며, 말라르메는 보들레르에 속하지 않고, 초현실주의는 말라르메에 속하지 않습니다.

사실, 19세기에 문학의 영역에서 출현한 역사성historicité은 아주 특별한 유형의 역사성이며, 어떤 경우에도 18세기까지의 문학에서 보이는 연속성, 불연속성을 보증해 주는 역사성과는 결코 동일시할 수 없는 것입니다. 19세기 문학의 역사성은 다른 작품들에 대한 거부, 혹은 거리두기, 환대를 경유하지 않습니다. 19세기 문학의 역사성은 의무적으로 문학 자체에 대한 거부를 경유하며, 이 거부는 그 부정 작용négations의 매우 복합적인 실태래 모두에서 취해져야 합니다. 보들레르, 말라르메, 초현실주의자 누구든 상관없이, 모든 새로운 문학적 행위는 적어도 네 가지 부정 작용, 거부, 혹은 살해의 시도를 함축한다고 믿습니다. 첫째는 다른 사람들의 문학에 대한 거부입니다. 둘째는 다른 사람들이 문학을 행할 권리 자체에 대한 거부, 다른 사람들의 작품이 문학일 수 있다는 것에 대한 이의제기입니다. 셋째는 스스로가 문학을 행할 권리에 관련된, 자기 자신에 대한 거부와 이의제기입니다. 마지막으로 넷째는 문학 언어작용의 사용에 있어 문학에 대한 체계적이고 완전한 살해 이외의 것을 말하거나 행하는 것에 대한 거부입니다.

따라서 우리는 19세기 이래의 모든 문학 행위는 스스로를, 문학 행위에 다름 아닐, 이 접근 불가능하고 순수한 본질에 대한 위반으로서 자각, 인지하고 있었다고 말할 수 있다고 생각합니다. 하지만 그럼에도 불구하고, 다른 의미에서는, 우리가 그에 대해 질문하는 이 유명한 백지 위에 단어가 쓰인 순간부터, 모든 단어는 기호가 됩니다. 그것은 어떤 것에 대한 기호가 되는데, 이는 이 단어가 보통의 단어, 평범한 단어가 아니기 때문입니다. 모든 단어는 작품의 백지 위에 쓰인 순간부터 우리가 문학이라고 부르는 어떤 것을 향해 깜빡이는 일종의 깜빡임clignotant이 됩니다. 이는 왜냐하면, 사실, 언어작용이 빚어낸 작품 속의 어떤 것도 일상적으로 말해지는 것과 닮지 않았기 때문입니다. 어떤 것도 참된 언어작용으로부터 나온 것이 아니며, 여러분이 이를 믿기 어려우시다면, 일상 언어작용의 현실에서 정말로 빌려 온 것이라고 우리가 말할 수 있는 어떤 작품의 단 한 문장이라도 찾아내 보라고 말하고 싶습니다.

그리고 때로는 이런 일이 일어나기도 한다는 것을 저도 잘 알고 있습니다. 또 어떤 사람들이 실제의 대화를 따내어, 심지어 때로는 실제의 대화를 녹음했다는 사실 역시 잘 알고 있습니다. 마치 [미셸] 뷔토르Michel Butor, 1926~2016가 최근에 산 마르코San Marco 성당을 묘사하기 위해, 성당에 대한 묘사 자체 위에 ── 어떤 사람들은 성당 자체에 대해, 또 다른 사람들은 그곳에서 파는 **아이스크림**의 품질에 대해 ── 자신의 의견을 피력하는 다른 관광객들의 대화를 재생한 녹음테이프를 덧붙였던 것처럼 말입니다.[5]

그러나 이렇게 추출되어 문학 작품 안으로 도입된 실제적 언어작용의 존재는, 이 경우, 입체파 작품의 화폭 위에 붙여진 한 장의 종이 이상의 것이 아닙니다. 입체파 작품에 붙여진 종이는 '진짜'처럼 보이기 위해 그곳에 붙여진 것이 아니며, 그것은 정반대로, 말하자면 화폭이라는 공간을 뚫기 위해 붙여진 것입니다. 그리고 이는 참된 언어작용이 하나의 문학 작품 안에 실제로 도입된 경우, 그것은 언어작용이라는 공간을 뚫기 위해, 자연적으로는 그것에 속하지 않는 일종의 화살표와도 같은 차원을 문학 작품에 부여하기 위해 그곳에 존재하는 것과 마찬가지입니다. 설령 작품이란 것이 궁극적으로는, 매 순간, 모든 단어들이 이 문학을 향해 돌아서고 문학에 의해 밝혀지는 한에서만 존재한다 하더라도, 또한 동시에, 작품은 오직 이 문학이 공모와 타락이라는 동시적 관계에 있기 때문에만, 이 문학이 그럼에도 불구하고 처음부터 이 단어들 각각을 지탱해 주고 있기 때문에만, 존재하는 것입니다.

따라서 우리는, 원한다면, 전체적으로 보아, 분출로서의 작품은 문학의 되풀이ressassement에 다름 아닌 중얼거림 속으로 사라져 해소되어 버린다고 말할 수 있으며, 또 이처럼 문학의 주변에, 앞과 뒤에, 존재하는 어떤 것, 곧 문학의 연속성이 존재하기 때문에만 존재하는 하나의 조각, 하나의 문학적 파편이 되지 않는 작품이란 없다고 말할 수 있을 것입니다.

---

5 [옮긴이] 미셸 뷔토르는 1962년 산 마르코 성당을 방문한 다음 해인 1963년에 다른 관광객들의 목소리, 작가의 목소리 및 가장 '객관적'이라 할 성당에 대한 미학적·역사적 묘사 등 세 가지 목소리로 구성된 다성적(多聲的) 작품이라 할 수 있는 『산 마르코의 묘사』(*Description de San Marco*)를 출간했다.

나는 이 두 측면, 곧 문학을 향한, 각 단어에 의해 영원히 새롭게 되는 이 기호signe와 타락profanation이라는 두 측면이야말로 이를테면 문학이라는 것에 대한 전형적이고 예시적인 두 형상, 곧 두 개의 기묘한 형상인 동시에 서로에게 속해 있는 두 형상의 윤곽을 그려 보여 준다고 생각합니다.

이 두 형상 중 하나는 위반의 형상, 파롤parole transgressive의 형상이며, 나머지 하나는 반대로 문학을 가리키며 문학을 향한 기호를 만들어 내는 모든 단어들로 이루어진 형상일 것입니다. 우리는 따라서 한편에는 위반의 파롤을, 다른 한편에는 내가 도서관의 되풀이ressassement de la bibliothèque라 부르는 것을 갖게 됩니다. 하나는 금지interdit의 형상, 한계에 도달한 언어작용의 형상으로, 이는 유폐된 작가의 형상입니다. 다른 하나는 반대로 —— 점차로 쌓여 서로서로의 등에 기대어 선 채로, 각각의 책이 자신을 절단하는 동시에, 가능한 모든 책들의 하늘 위에서 자신을 무한히 반복하는, 톱니바퀴와 같은 존재만을 갖는 —— 책livre의 형상입니다.

사드가 18세기 말에 이 첫 번째 유형의 형상, 위반의 파롤을 만들어 냈다는 것은 명백한 사실입니다. 우리는 심지어 사드의 작품이 모든 위반의 파롤을 모아 놓은 곳인 동시에 그것을 가능케 한 정점이라고까지 말할 수 있습니다. 사드의 작품은 의심의 여지 없이 문학의 역사적 문턱seuil historique de la littérature입니다. 어떤 의미에서, 여러분은 이미 사드의 작품이 하나의 거대한 모방작pastiche이라는 것을 잘 알고 있습니다. 사드의 어떤 문장도 사드 이전에, 18세기의 철학자들에 의해, 루소에 의해, 이미 말해졌던 어떤 것으로 향하지 않는 것이 없습니다. 사드의 어떤 에피소드도, 사드가 이야기하는 참을 수 없는 어떤 작은 장면 하나도, 사실은 18세기 소설에 등장하는 장면의 가소로운 모방작, 완전히 타락한 작품이 아닌 것이 없습니다. 이를 확인하기 위해서는 등장인물들의 이름을 추적해 보는 것만으로도 충분한데, 우리는 사드가 누구를 타락한 모방의 대상으로 삼고자 했는지 정확히 알아낼 수 있습니다.

다시 말해, 사드의 작품은 자기 이전에 존재했던 모든 철학, 문학, 언어작용을 소거시키려는 의도, 이런 과정을 거쳐 하나의 페이지를 백지로 되돌려 타락시켜 버리는 파롤의 위반에 의해 이 모든 문학을 소거시키려는 의도를 가지고 있습니다, 혹은 의도를 가지고 있었습니다. 사드의 저 유명한 에로틱한 장면들 안에서 모든 가능성을 치밀하게 주파하는 운동과 망설임 없는 명명命名, nomination 행위는 어떤 의미에서는 결코 쓰인 적이 없는 모든 파롤을 소거시키는 행위를 통하여 심지어는 이제 곧 근대moderne 소설이 탄생하게 될 빈 공간을 여는 작품, 위반이라는 유일한 파롤로 축소된 작품에 다름 아닙니다. 나는 사드가 문학의 전형典刑, paradigme[6] 자체라고 생각합니다.

그리고 위반적 파롤의 형상이라 할 사드의 이러한 형상은 ——

---

6 [옮긴이] 푸코의 사유를 잇는 아감벤(1942~)의 최근 저작은 'paradigme' 개념에 '사건'(événement)적 의미를 부여하고자 하는 시도이다. Giorgio Agamben, *Signatura rerum Sul metodo*, Bollati broringhieri editore, s.r.l., Torino, 2008; 조르조 아감벤, 『사물의 표시. 방법에 관하여』, 양창렬 옮김, 난장, 2014. 특히 1장. '패러다임이란 무엇인가'를 보라.

자신의 영원성 안에서 유지되는 —— 책의 형상 안에 자신의 분신分身, double을 갖습니다. 사드의 이 형상은 도서관 안에, 달리 말해 문학의 수평적 실존 안에, 자신의 분신, 자신의 적수敵手를 갖습니다. 그리고 문학의 이 수평적 실존은 사실 단순하지도 일의적一義的이지도 않은 데, 나는 그것의 쌍둥이 같은 전형이 샤토브리앙이리라고 믿습니다.

문학에 있어 사드와 샤토브리앙의 동시대성이 우연이 아니라는 점에는 일말의 의심도 있을 수 없습니다. 이미 처음부터, 샤토브리앙의 작품은 그 첫 줄에서부터 한 권의 책이 되고자, 문학의 연속되는 중얼거림이라는 이 수준 위에서 스스로를 유지하고자, 또한 절대적 도서관의 공간에 다름 아닌 먼지 쌓인 영원성의 공간 속으로 스스로를 이전시키고자 합니다. 샤토브리앙의 작품은, 이렇게 샤토브리앙 자신 이전에 쓰였거나 말해졌던 모든 것들에 대한 일종의 전사前史 속으로 퇴각함으로써, 즉시 문학의 견고한 존재와 결합되고자 합니다. 나는 샤토브리앙과 사드가, 거의 몇 년 차이로, 동시대 contemporaine 문학의 두 문턱을 구성했다고 말할 수 있으리라고 믿습니다. [샤토브리앙의]『아탈라, 또는 사막의 두 야만인의 사랑』*Atala, ou les Amours de deux sauvages dans le désert*, 1801과 [사드의]『신新 쥐스틴, 또는 미덕의 불운』*La Nouvelle Justine, ou les Malheurs de la vertu*, 1799/1800은 거의 동시에 빛을 보았습니다. 물론 두 작품을 접근시키거나 대립시키는 것은 간단한 작업일 것입니다. 그러나 우리가 이해하고자 노력해야 하는 것은 그들의 귀속歸屬, appartenance 체계 자체, 그리고 이 시기, 곧 18세기 말, 19세기 초, 이런 작품들, 이런 실존 양식들 안에서 문학의 근대적 경험expérience moderne de la littérature이 탄생한 주름pli입니다. 나는 이 경험이 위반 그리고 죽음과 분리 불가능한 것이라고 믿습니다. 이 경험은 사드가 자신의 전 생애에 걸쳐 만들어 낸 이 위반, 여러분이 잘 아시다시피 무엇보다도 사드가 자신의 자유를 대가로 치러야만 했던 이 위반과 분리 불가능한 것입니다. 죽음에 대해 이야기해 보자면, 여러분은 샤토브리앙이 처음 글을 쓰기 시작하던 순간부터 죽음이 그를 사로잡고 있었다는 사실을 잘 알고 있습니다. 샤토브리앙의 파롤은 오직 그것이 이미 일종의 죽어 버린 것인 한에서만, 자신의 삶과 실존을 넘어 부유浮遊하는 것인 한에서만 의미를 가진다는 점은 명백합니다.

나는 죽음을 넘어선 이 이행과 위반이 동시대 문학의 두 가지 거대한 범주를 표상한다고 봅니다. 19세기 이래 존재해 온 언어작용의 이러한 형식, 문학에는 오직 두 개의 현실적 주체들, 두 개의 말하는 주체들만이 존재한다고 말할 수도 있을 것입니다. 그것은 위반의 주체인 오이디푸스Œdipus, 그리고 죽음의 주체인 오르페우스Orphée입니다. 그리고 우리가 말하는 것, 그리고 동시에 우리가 낮은 목소리로 완곡하게 말을 거는 것은 오직 이 두 형상, 곧 타락한 이오카스테Jocaste profanée 형상, 그리고 잃어버렸다가 다시 찾은 에우리디케Eurydice perdue et retrouvée의 형상에 대해서입니다. 따라서 내게는 위반과 죽음, 또는 금지와 도서관이라는 이 두 범주는 우리가 아마도 문학의 고유한 공간이라 부를 수 있을 무엇인가를 부여해 줍니다. 어떤 경우이든, 우리에게 문학과 같은 어떤 것이 다가오는 것은 이 장소로부터입니다. 문학, 문학 작품이 언어작용 이전에 존재하는 어떤 일종의 백지로부터가 아니라, 다만 도서관의 되풀이, 이미 단어를 살해해 버린 불순함으로부터 우리에게 도래한다는 점을 이해하는 점은 중요합니다. 그리고 언어작용이 참으로 우리에게, 그리고 동시에 문학을 향해 신호를 보내는 것은 바로 이 순간부터입니다.

작품이 문학에 신호를 보낸다l'œuvre fait signe à la littérature는 말은 무슨 말일까요? 그것은 작품이 문학을 호출한다appelle, 작품이 문학에게 보증을 제공한다, 문학이 자신과 타인들에게 자신이 분명 문학적임을 증명해 주는 일련의 표식marques을 스스로에게 부과한다는 말입니다. 모든 단어들, 모든 문장들 각각이 문학에 속함을 표시해 주는 이 현실적인 기호들은 롤랑 바르트Roland Barthes, 1915~1980 이래의 최근 비평이 글쓰기écriture라 부르는 것입니다.

이 글쓰기는 모든 작품을 통해 문학의 구체적 모델로 기능하는 일종의 작은 재현再現작용représenation을 만들어 냅니다. 글쓰기는 문학의 본질을 점유하고 있지만, 동시에 그것에 시각적인 현실적 이미지를 제공합니다. 이런 의미에서 우리는 모든 작품이 자신이 말하는 것, 이야기하는 것, 자신의 이야기, 우화만을 말하는 것이 아니라, 이에 더하여, 문학이란 무엇인가를 말하고 있다고 말할 수 있을 것입니다. 단지 작품은 그것을 한번은 내용을 위해, 그리고 다른 한번은 수사학을 위해라는 식으로 두 번에 걸쳐 이야기하지 않을 뿐입니다. 작품은 그것을 하나의 일체一體, unité 안에서 말합니다. 이 일체는 18세기 말에 수사학이 사라졌다는 사실에 의해 정확히 드러납니다.

수사학이 사라졌다는 것은 문학이, 이후로, 바로 그것을 통해 스스로가 문학으로 변형되는 이 기호와 놀이를 스스로 정의해야 하는 책임을 지게 되었다는 것을 의미합니다. 따라서 우리는 이렇게 말할 수 있을 것입니다. 수사학의 사라짐 이후로 존재하게 된 바로서의 문학이 갖는 임무는 더 이상 무엇인가를 이야기하고, 거기에 문학적인 것이라 할 가시적이고도 명백한 기호들을 덧붙이는 것이 아닙니다. 이제 문학은 유일하면서도 양분된dédoublé 특정 언어작용을 가져야만 하는데, 그 이유는 이제 문학이 하나의 이야기를 말하고 또 무엇인가를 이야기할 때마다, 매 순간, 문학이란 무엇이며, 또 문학의 언어작용이란 무엇인가를 드러내고 보여 주어야만 하기 때문입니다. 이는 이전에 아름다운 언어작용이란 무엇이어야 하는가를 말해야 할 책임을 지고 있었던 수사학이 사라졌기 때문입니다.

따라서 우리는 이렇게 말할 수 있습니다. 문학은 이중/분신二重/分身의 법칙la loi du double에 복종하는 하나의 언어작용인 동시에, 이 법칙에 고유한 하나의 언어작용입니다. 문학에 있어서도 이런 일이 일어납니다. 이는 마치 도스토예프스키Fyodor Mikhailovich Dostoyevsky, 1821~1881에 있어서의 분신double이 그랬던 것처럼 말입니다.[7] 도스토예프스키의 소설 속에서 보이는 안개와 저녁 안에 이미 주어져 있는 이 거리, 거리의 골목길마다 우리가 끊임없이 이중화되면서, 다른 산책자들을 만날 때마다 나타나 우리를 경악케 하며, 우리가 그를 마주하고 있음을 깨닫는 순간 자신의 존재를 알아차리게 만드는

---

7 도스토예프스키는 자신의 소설 『분신』(Dvoynik, 1846)에서 정확히 푸코가 다루고 있는 이 [이중 혹은 분신의] 테마를 탐구한다. 푸코는 장 도아트의 라디오 프로그램 〈말의 사용〉 중 1963년 1월 28일 방송된 '육체와 그 분신들'(le corps et ses doubles)에서 도스토예프스키의 이 텍스트를 길게 인용한다.
[옮긴이] 유튜브에서 'Le corps et ses doubles'를 검색하면 이 강의를 들을 수 있다.

분신, 이 또 다른 형상처럼 말입니다.

이는 작품과 문학 사이에서 일어나는 어떤 놀이를 닮아 있습니다. 작품은 끊임없이 문학 앞에 서게 되고, 문학은 작품 앞에서 산책하는 이 이중의 공간이며, 작품은 결코 문학을 인식하지 못하며 그럼에도 불구하고 끊임없이 문학과 조우하게 되지만, 우리가 도스토예프스키에게서 발견하는 이 경악의 순간만은 늘 결여된 채 남아 있습니다.

문학에는 실제의 작품과 뼈와 살을 가진 문학의 절대적인 만남이 결코 존재하지 않습니다. 작품은, 결국에는 주어지고야 마는, 자기 분신과 결코 만나지 못합니다. 그리고 이런 한에서, 작품은 이 거리, 언어작용과 문학 사이에 존재하는 이 거리, 우리가 시뮬라크르simulacre라 부를 수 있을 일종의 거울 공간, 양분작용dédoublement의 공간입니다.

나는 만약 우리가 문학, 문학의 존재 자체란 무엇인가를 묻는다면, 이렇게밖에는 대답할 수 없으리라고 생각합니다. 문학의 존재란 존재하지 않습니다il n'y a pas d'être de la littérature. 다만 하나의 시뮬라크르, 문학의 존재 전체인 하나의 시뮬라크르만이 존재할 뿐입니다. 그리고 나는 이렇게 생각합니다. 프루스트의 작품은 우리에게 문학이 어떤 면에서 그리고 어떻게 시뮬라크르인지 아주 잘 보여 주었습니다. 우리는 『잃어버린 시간을 찾아서』가, 프루스트의 삶으로부터 프루스트의 작품을 향해 나아가는 도정의 이야기가 아니라, 프루스트의 삶이 ─프루스트의 실제 삶, 그의 세속적 삶 등이─ 자기 자신 위로 닫히며 중단되고 멈추어지고, 그러한 한에서, 삶이 그 자신 위로 되접히고ᵣₑₚₗᵢₑ ₛᵤᵣ ₛₒᵢ-ₘêₘₑ, 작품이 자신의 공간을 개시^{開始}하며 열어젖히는 순간 자체로부터 출발하는 도정의 이야기라고 말할 수 있을 것입니다.

그러나 프루스트의 이 삶, 이 현실적인 삶은 작품 안에서 결코 이야기되지 않습니다. 그리고 다른 한편으로 — 그것을 위해 프루스트가 실제의 자기 삶을 중단시키고 자신의 세속적 삶을 멈추기로 결정했던 — 이 작품 역시 더 이상 주어지지 않습니다. 이는 프루스트가 정확히 어떻게 자신이 이 작품, 책의 마지막 줄에서 시작해야 했지만 실제로는 자신의 고유한 육체를 결코 부여받은 적이 없었던 이 작품에 이르게 되었는가를 이야기하기 때문입니다.

『잃어버린 시간을 찾아서』에서 보이는 '잃어버린'이라는 단어는 적어도 세 가지 의미작용을 갖습니다. 우선, 이 단어는 삶의 시간이 이제 다시 닫혀 있으며, 멀고, 돌이킬 수 없고, 잃어버린 것으로 나타난다는 의미입니다. 두 번째로, 실제로 쓰인 텍스트가 완성될 때 작품은 아직 거기에 있지 않기 때문에, 정확히 이제는 더 이상 만들어질 수 있는 시간을 갖지 못하는 작품의 시간, 달리 말해 결코 스스로를 만드는 데에 도달할 수 없지만 작품의 탄생에 대해 이야기해야만 하는 작품의 시간이 사전에 이미 헛되이 소모되어 버렸다는 의미입니다. 그리고 이는 단순히 삶에 의해서만 소모된 것이 아니라, 프루스트가 자신의 작품을 쓰는 방식에 따라 만들어진 이야기에 의해 소모된 것입니다. 그리고, 마지막으로, 마치 일상에 의해 질식한 언어작용과 빛을 받은 작품의 반짝이는 언어작용 사이에서 길을 잃은 것처럼 이리저리 표류하며 떠다니는, 날짜도 연대기도 없는 이 시간, 집도 절도 없는 이 시간은 프루스트의 작품 자체에서 우리가 보는 시간, 파편들로 나타나는 것을 우리가 보는 시간, 어떤 현실적 연대기도 없이 표류하며 나타나는 것을 우리가 보는 시간은 하나의 잃어버린 시간, 우리가 오직 황금의 조각들, 파편들이라는 형태로만 되찾을 수 있는 하나의 시간입니다. 프루스트의 작품은 결코 그 자체로 문학 안에 주어지지 않습니다. 프루스트의 작품, 프루스트의 실제 작품은 하나의 작품을 만들고자 하는 기획, 문학적인 것을 만들어 내고자 하는 기획에 다름 아닙니다. 그리고 실제의 작품은 끊임없이 문학의 문턱 위에 붙잡혀 있게 됩니다. 문학의 이러한 장소를 이야기하는 실제의 언어작용이 드디어 절대적이며 불가피한 자신의 파롤 안에서 문학 작품을 출현시키기 위해 침묵하는 순간, 바로 이 순간, 실제의 작품이 완성되고 시간이 종말을 맞습니다. 그리고 이런 의미에서, 그러니까 네 번째 의미에서, 우리는 시간이 되찾아지는 순간 잃어버려졌다고 말할 수 있을 것입니다.

여러분은 이제 우리가, 프루스트의 것과 같은 작품에 대해서는, 참으로 작품이 되는 하나의 순간, 참으로 문학이 되는 하나의 유일한 순간이 있다고는 말할 수 없다는 것을 잘 이해하실 것입니다. 사실, 프루스트가 실제로 사용한 모든 언어작용, 이 모든 언어작용, 달리 말해 우리가 오늘 읽고 있고 우리가 그의 작품이라 부르며 우리가 문학적인 것이라 칭하는 이 언어작용은, 만약 우리가 ── 우리에게 있어서가 아니라, 그것 자체로 ── 이 언어작용은 무엇인가를 묻는다면, 우리는 그것이 하나의 작품도 문학적인 것도 아니며, 다만, 마치 우리가 볼 수는 있지만 결코 만져 볼 수는 없는 거울 속의 공간처럼, 하나의 잠재적virtuel 공간, 매개적intermédiaire 공간의 일종이라는 것, 프루스트의 작품에 참다운 모습을 제공해 주는 것은 바로 이 시뮬라크르의 공간이라는 것을 깨닫게 됩니다.

이런 측면에서 볼 때, 프루스트의 기획 자체, 곧 프루스트가 자신의 작품을 썼을 때 그가 완성했던 문학적 행위는 실제로 규정 가능한 어떤 것도 갖고 있지 않았으며, 문학, 언어작용 혹은 그 어떤 지점 안에도 위치지어질 수 없는 것이었음을 받아들여야 합니다. 사실, 우리가 그 안에서 발견할 수 있는 것은 시뮬라크르, 문학의 시뮬라크르밖에 없습니다. 그리고 프루스트에 있어서 시간이 갖는 표면적 중요성은 단지 프루스트적 시간, ── 한편으로는 분산이자 퇴색이며, 다른 한편으로는 축복받은 순간들의 동일시이자 회귀인 ── 프루스트적 시간이, 내가 보기에는, 문학 언어작용의 심층 존재를 구성하는 문학과 작품 사이의 본질적인 거리라는 내적, 주제적, 드라마화된, 이야기된, 언급된 기획에 다름 아니라는 사실에서 옵니다.

따라서, 우리가 문학이란 무엇인가를 특징지어야만 한다면, 우리는 사드에 의해 상징화되는 위반과 금지라는 이 부정적 형상을 발견하게 될 것입니다. 마찬가지로, 예수의 수난상crucifix을 손에 들고 무덤으로 내려오는 이 인간의 이미지, 오직 "무덤 너머"outre-tombe에서만 글을 썼던 이 인간의 이미지, 이 되풀이의 형상에서 우리는 샤토브리앙에 의해 상징화되는 죽음의 형상을 발견하게 될 것입니다.[8] 그리고 우리는 이 시뮬라크르의 형상을 발견하게 될 것입니다. 나는 이 모든 형상들이 다 부정적이라고는 말하지 않겠지만, 그것들 안에는 어떤 긍정성도 존재하지 않습니다. 그리고 이 형상들 사이에서 근본적으로 분산되어 있으며 찢겨진dispersé et écartelé 문학의 존재가 나타납니다.

그러나 우리는 아마도 여전히 문학이란 무엇인가를 정의하기 위해 본질적인 무엇인가를 놓치고 있는 것인지도 모릅니다. 어느 경우이든, 우리가 아직 말하지 않았지만, 19세기 이후 출현한 언어작용의 이러한 형식이 무엇인가를 알기 위해서 역사적으로 매우 중요한 무엇인가가 여전히 남아 있습니다. 사실, 19세기 이전에도 위반적인 문학은 분명 존재했기 때문에, 위반만으로는 문학을 온전히 정의할 수 없다는 점은 명백합니다. 마찬가지로 시뮬라크르 역시 문학을 온전히 정의하기에는 불충분한 개념입니다. 왜냐하면 프루스트 이전에도 분명 시뮬라크르와 비슷한 무엇인가가 이미 존재했기 때문입니다. 한 소설의 시뮬라크르[모방 작품]를 썼던 세르반테스를 보십시오. 또 디드로Denis Diderot, 1713~1784의 『운명론자 자크』Jacques le Fataliste, 1796를 보십시오.[9] 이런 모든 텍스트들에서 우리

---

8 [옮긴이] 샤토브리앙은 1809년 이후 자서전을 쓰기 시작했다. 샤토브리앙은 이 작품을 자신의 사후에 발표한다는 조건 아래 자유롭게 써 내려갔으며, 제명 『무덤 너머의 기억들』(Mémoires d'Outre-Tombe)은 이런 의미에서 붙여진 것이다. 자서전은 샤토브리앙의 바람대로 그가 사망한 1848년 이후인 1849~1850년에 발표되었다.

9 [옮긴이] 세르반테스(Miguel de Cervantes, 1547~1616)의 『돈키호테』(El ingenioso hidalgo don Quijote de la Mancha, 1605/1615) 줄거리 전체가 돈키호테가 자신의 서가에 있던 14세기의 기사도 소설 『아마디스 데 가울라』(Amadís de Gaula)에 등장하는 이상적 기사인 아마디스를 모방하려는 돈키호테의 이야기를 담은 것이라 할 수 있다. 한편 『돈키호테』 2권의 말미에서 돈키호테는 자신의 이야기가 담긴 『돈키호테』 1권을 읽은 사람들을 만난다. 마찬가지로 디드로의 『운명론자 자크』에 등장하는 주인공 자크의 주된 철학은 제명 그대로 '여기

는 ― 문학도 작품도 존재하지 않지만, 그럼에도 불구하고 작품과 문학 사이의 영원한 교환이 일어나는 ― 이러한 잠재적 공간을 발견합니다.

운명론자 자크는 자신의 주인에게 이렇게 말합니다. "제가 소설가라면, 저의 말은 지금보다 훨씬 아름답겠지요. 만약 제가 주인님께 드리는 말을 다 아름답게 꾸미고 싶었다면, 주인님은 지금 이것이 훌륭한 문학이구나 하시겠지요. 그런데 저는 문학을 못합니다, 저는 그저 이렇게 얘기할 수밖에…." 그리고 디드로가 근본적으로는 한 소설의 시뮬라크르라 할 소설을 쓰게 된 것은 바로 이런 문학의 시뮬라크르, 문학의 거부라는 시뮬라크르 안에서입니다.[10] 사실, 가령 디드로와 19세기 이래의 문학에서 보이는, 시뮬라크르라는 문제는 문학이라는 사실에 있어 핵심적인 것으로 보이는 무엇인가를 도입시키고 있다는 점에서 중요합니다. 사실, 『운명론자 자크』

우리에게 일어나는 모든 좋고 나쁜 일은 저기 높은 곳에 쎄어 있다'(tout ce qui nous arrive de bien et de mal ici-bas était écrit là-haut)는 '운명론'이다. 한편 소설의 줄거리 역시 특정한 하나의 일관된 이야기가 아니라 주인공을 비롯한 거의 모든 등장인물의 행동과 이야기를 따라가며 좌충우돌하게 되는 '혼성모방적' 특성을 갖는다. 한편 작품의 정확한 원제는 『운명론자 자크와 그의 주인』(*Jacques le fataliste et son maître*)이다.

10 [옮긴이] 디드로는 소설에 등장하는 자크의 사랑 이야기가 로렌스 스턴(Laurence Sterne, 1713~1768)의 『트리스트럼 샌디』(*The Life and Opinions of Tristram Shandy, Gentleman*, 1759~1767)를 모방한 것이라고 공공연하게 밝히고 있다. 그 외에도 디드로는 몰리에르(Molière, 1622~1673)의 『수전노』(*L'Avare ou L'École du mensonge*, 1668)[사실은 『스카팽의 간교』(*Les Fourberies de Scapin*, 1671)], 이탈리아의 극작가 골도니(Carlo Osvaldo Goldoni, 1707~1793)의 『자선을 베푼 퉁명스런 사나이』(*Le Bourru bienfaisant*, 1770), 프랑스의 극작가 콜레(Charles Collé, 1709~1783)의 『포도주 속의 진실』(*La Vérité dans le vin*, 1747) 등을 자유롭게 언급한다.

에서 이야기는 여러 가지 층위에서 전개됩니다. 우선, 층위 1은 이른바 '운명론자'인 자크와 주인 사이에 이루어지는 6개의 대화와, 디드로가 들려주는, 여행의 이야기입니다. 다음으로, 디드로의 이야기는 자크가, 말하자면, 디드로의 자리를 대신 차지하여, 자기 사랑 이야기를 시작한다는 사실에 의해 중단됩니다. 그리고 이제, 자크의 사랑 이야기는 다시금 중단됩니다. 이야기는 다시 중단되는데, 이번에는, 가령 여인숙의 여주인, 대위 등이 들려주는 세 번째 층위의 이야기들에 의해서입니다. 그리고 이렇게 해서 우리는 이야기의 내부에, 마치 일본 인형들처럼,[11] 서로서로 잘 끼워 맞춰지는 이야기들의 온전한 두께를 갖게 되고, 바로 이것이 모험소설의 모방작 『운명론자 자크』를 구성하는 것입니다.

　그러나 중요한 것, 내게 이 작품만의 온전한 특징으로 보이는 것은 단순히 서로서로 잘 끼워 맞추어지는 이야기들의 중첩만이 아니라, 매 순간 디드로가, 이를테면, 이야기를 뒤쪽으로 도약하여 돌아가게 하고, 어떤 경우이든, 서로서로 잘 끼워 맞추어지는 이 이야기들에 대해 끊임없이 일상의 언어작용, 디드로 자신의 언어작용, 심지어는 독자의 언어작용 자체를 가질 중립적 언어작용의 현실, 첫 번째 언어작용의 현실, 일종의 현실로 이끄는 일종의 역행적逆行的, rétrogrades 형상을 부과한다는 사실입니다.

---

11 푸코가 준비한 수고에는 '다단(多段)식[조립식] 이야기'(des récits gigognes)라고 되어 있다.

그리고 이 형상들figures에는 세 가지 종류가 있습니다.[12] 우선, 매 순간 자신들이 듣고 있는 이야기를 중단시키는 인물들, 서로서로 끼워 맞춰지는 이야기들을 듣는 인물들의 반응이 있습니다. 그리고 두 번째로, 끼워 맞추어진 이야기들 안에 등장하는 인물들이 있습니다. 어떤 특정 순간에, 여인숙 여주인은 우리가 보지 못하는 어떤 사람의 사랑 이야기를 합니다. 그리고 이 사람은 단순히 이 이야기 속에, 잠재적으로, 머물고 있을 뿐입니다. 그런데, 자, 이제 갑자기, 디드로의 이야기 속에서, 우리는 이 현실적 인물이 솟아오르는 것을 봅니다. 비록 그가 사실은 오직 여주인의 이야기 내부에 갇혀 있는 존재라는 지위만을 갖고 있다 해도 말입니다.[13] 다음으로 세 번째 형상입니다. 디드로는, 매 순간, 독자들에게 고개를 돌려 이렇게 말합니다. "당신은 내 얘기를 기이한 것이라 생각하겠지만, 이것은 모두 실제로 있었던 일이다. 물론 이 모험은 문학의 규칙에도 들어맞지 않고, 잘 쓴 이야기의 규칙에도 들어맞지 않는다. 또 나는 내 등장인물들의 주인이 아니고, 이 인물들이 내게 몰려든 것이다. 이 인물들이 자기들의 과거, 모험, 수수께끼를 가지고 내게 모여든 것이다. 나는 그저 당신들에게 사실이 있었던 그대로만을 이야기할 뿐이다…"

이렇게 해서, 이야기의 가장 간접적이면서도 가장 잘 포장된 핵심으로부터, 글쓰기와 동시대적으로, 심지어는 그 이전에 존재하는

---

12 [옮긴이] 프랑스어 figure에는 '인물'이란 뜻도 있다.
13 [옮긴이] 본문의 '이 사람'은 『운명론자 자크』에 등장하는 여인숙 여주인의 이야기에 등장하는 후작을 지칭한다.

하나의 현실에 이르기까지, 디드로는 자신의 고유한 문학에 관련하여, 말하자면, 자기 자신을, 스스로 분리시키고 있을 뿐입니다. 관건은, 사실은, 이 모든 것이 문학이 아니며, 간접적인 최초의 그리고 유일한 하나의 언어작용, 그 위에 우연히 그리고 즐거움을 위해 이야기 자체가 구축되는 하나의 언어작용이 존재한다는 것을 매 순간 보여 주는 것입니다.

이 구조는 디드로의 특징적 구조이지만, 동시에 우리가 세르반테스와 16~18세기에 이르는 수없이 많은 이야기들 속에서도 역시 발견하게 되는 하나의 구조입니다. 문학에서, 달리 말해 19세기에 시작되는 언어작용의 이런 형식에서, 내가 방금 말씀드린 『운명론자 자크』에서 발견되는 바와 같은 이러한 놀이는 실상 그저 농담에 불과합니다.

예를 들어, 조이스James Joyce, 1882~1941가 전적으로 [호메로스의] 『오디세이아』Odýsseia에 기초하여 구축된 한 권의 소설을 쓰는 즐거움을 누릴 때, 조이스는 디드로가 악한惡漢 소설roman picaresque을 모델로 하여 한 권의 소설을 썼을 때와는 전혀 다른 일을 하고 있는 것입니다. 사실, 조이스가 율리시스를 되풀이할 때, 조이스는 이렇게 자기 자신 위에서 되풀이되는 언어작용의 주름 안에서, 디드로의 일상의 언어작용과는 다른 무엇인가, 곧 문학의 탄생 자체라 할 무엇인가를 출현시키기 위해서 되풀이를 행하고 있는 것입니다. 다시 말해, 조이스는, 말하자면, 자신이 사용하는 단어의 내부, 문장의 내부, 이야기의 내부에서, 어디에서나 같은, 모든 도시의 누구나와 같은 한 사람의 무한한 일상적 이야기의 내부에서, 문학의 부재absence

인 동시에 문학의 내재성immanence인 무엇인가, 곧 문학이 절대적으로 거기에 있다는 사실, 그리고 율리시스를 되풀이하고 있지만 동시에 ─ 어떻게 보면, 이렇게 말해도 된다면 ─ 자신의 멂에 가장 가까운 거리 때문에dans la distance, en quelque sorte, si vous voulez, au plus proche de son éloignement, 문학이 절대적으로 거기에 있다는 사실이라 할 무엇인가를 파고들고 있는 것입니다.

이로부터, 의심의 여지 없이, 조이스의 『율리시스』Ulysses, 1922에 본질적인 배치configuration가 나타나게 됩니다. 한편에는 순환하는 형상들, 하루의 아침부터 저녁까지 흘러가는 시간의 원圓, 또 등장인물들의 산책길을 따라 마을을 한 바퀴 도는 공간의 원이 있습니다. 그리고, 이 순환하는 형상들의 바깥에, 여러분은 잠재적이며 수직으로 교차하는 일종의 관계, 틀림없는 관계, 『오디세이아』에 등장하는 각각의 모험과 조이스의 『율리시스』에 등장하는 각각의 에피소드들 사이에 존재하는 하나의 양방향-일의—義적인bi-unique 관계를 갖습니다. 이런 참조에 의해, 매 순간, 조이스의 등장인물들이 펼치는 모험은, 결코 이중화되거나doublées 이중인화印畵되지surimpressionnées 않으며, 오히려, 그와는 반대로, 문학의, 결코 도달할 수 없는, 절대적 거리의 보유자인 『오디세이아』의 등장인물, 이 인물의 이러한 부재하는 존재présence absente에 의해 파헤쳐집니다.

아마도 우리는 이 모든 것을 요약하면서, 고전주의 시대의 언어 작품은 참으로 문학적인 것이 아니었다고 말할 수도 있을 것입니다. 왜 우리가 『운명론자 자크』 또는 세르반테스를, 왜 우리가 라신을, 문학적이라고 말할 수 없을까요? 코르네유나 에우리피데스를 말입니다. 단 한 가지, 물론, 우리가 우리의 언어작용에 관하여 그것을 묻는다는 한도 내에서 말입니다. 왜 당시 디드로가 자신의 고유한 언어작용과 맺었던 관계는 방금 말한 의미의 문학적 관계가 아니었다는 걸까요? 우리는 이렇게 말할 수 있을 것입니다. 고전주의 시대에, 여하튼 18세기 말에, 언어작용이 빚어낸 모든 작품은 작품이 복원해야만 하는 어떤 말없는 원초적 언어작용과 관련하여 존재했습니다. 이 말없는 언어작용은 말하자면 최초의 자본, 그 위에서 모든 작품이 분리되며 그 안에서 작품이 거주하게 되는 절대적 자본이었습니다. 이 말없는 언어작용, 언어작용들에 앞서는 이 언어작용은 당시 '신'의 말씀, 진리, 전범典範이었으며 ── 성서의 단어 자체에 절대적 의미, 곧 공통의 의미를 부여해 주는 ── 성서, '고대인'이었습니다. 당시에는, 말하자면 모든 것의 이전에 존재하는, 진리이자, 자연이자, '신'의 말씀이면서, 자신 안에 모든 진리를 숨기는 동시에 진리를 말하는, 한 권의 책이 있었습니다.

그리고 이 절대적이며 절제된 언어작용은, 한편으로, 모든 다른 언어작용, 모든 인간의 언어작용이 ── 만약 스스로 작품이 되고자 한다면 ── 단순히 다시금 번역하고, 다시 옮겨 쓰고, 다시 되풀이하고, 다시 복원해야만 하는 그런 언어작용이었습니다. 그러나 또 다른 한편으로, '신'의 이 언어작용, 또는 자연의 이 언어작용, 또는 진리의 이 언어작용은, 그럼에도 불구하고, 숨겨져 있었습니다. 이 언어작용은 모든 드러냄의 기초였지만, 그럼에도 불구하고, 그 자신은 감추어진 것이었으며, 직접적으로 옮겨 쓸 수 있는 것이 아니었습니다. 이로부터, 단어의 이 비틀림, 이 미끄러짐, 우리가 정확히 수사학이라 부르고 있는 이 모든 체계의 필요성이 나타납니다. 결국, 은유, 환유, 제유 등은, 자신에게 숨겨진 동시에 애매한 단어들을 가지고, 열림의 놀이, 장애물의 놀이를 통해, 작품이 복원하고 회복시켜야만 할 임무와 의미를 지닌, 이 말없는 언어작용을 다시금 발견하고자 하는 노력이 아니었다면, 도대체 무엇이었을까요?

달리 말하면, 아무것도 말하지 않는 수다스러운 하나의 언어작용과 모든 것을 말하지만 아무것도 보여 주지 않는 하나의 절대적 언어작용 사이에는 수다스러운 언어작용으로부터 자연의 언어작용, '신'의 언어작용으로 우리를 이끌어 주는 하나의 매개 언어작용, 곧 다름 아닌 문학적 언어작용이 존재해야만 할 것입니다. 만약 우리가, 버클리George Berkeley, 1685~1753 그리고 18세기의 철학자들과 함께, 기호signes를 자연 또는 '신'에 의해 말해진 것 자체라고 부른다면, 단순히 이렇게 말할 수 있을 것입니다. 고전주의 시대의 작품은 그것이 — 수사학이라는 형상을 갖는 — 형상의 놀이에 의해 언어작용의 애매함, 불투명성, 두께를 기호의 투명성, 빛남 자체로 이끌어 간다는 사실에 의해 특징지어진다고 말입니다.

반대로, 문학은, 서양세계에서, 서양세계의 일부에서, 수천 년 동안 전제되고 지각되고 또 경청되기를 그친 적이 없었던 이 언어작용이 침묵했을 때 시작되었습니다. 19세기 이후로, 우리는 이 첫 번째 말씀을 경청하기를 그쳤으며, 이제는, 그 자리에, 이미 말해진 말의 덩어리, 중얼거림의 무한함이 울려 퍼지도록 하였습니다. 이런 조건이 설정되자, 작품은 이제 더 이상 절대적인 말없는 언어 기호의 가치를 갖는 수사학의 형상 안에서 자신의 구체적 형태를 갖지 않게 되었습니다. 작품은 이제 오직 이미 말해진 것을 되풀이하고, 이런 되풀이의 힘에 의해, 이미 말해진 모든 것을 소거하는 동시에, 문학의 본질을 다시금 포착하기 위해, 그것을 자기에게 가장 가까이 가져오는 하나의 언어작용으로서만 말하게 되었습니다.

우리는, 이를테면, 이렇게 말할 수 있습니다. 문학은 수사학의 공간이 우리가 책의 부피volume du livre라 부를 수 있을 무엇인가에 의해 대체되었던 순간 시작되었다고 말입니다. 우선, 책이 아주 최근에 와서야 문학의 존재 안에서 하나의 사건이 되었다는 확언은 매우 기이한 말입니다. 책이 문학 안에서 지위를 갖게 된 것은 책이 실제로, 기술적으로, 물질적으로 발명된 지 사 세기 후의 일입니다. 그리고 말라르메Stéphane Mallarmé, 1842~1898의 책은 문학의 첫 번째 책입니다. 말라르메의 책, 근본적으로는 실패한 이 기획, 실패하지 않을 수 없었던 기획은, 이를테면, 문학에 대한 구텐베르크Johannes Gutenberg, 1398~1468의 성공이 낳은 파급효과입니다. 다른 모든 책들을 되풀이하는 동시에 무화無化하고 싶어 하는 말라르메의 책은, 자신의 흰빛 [공백]blancheur 안에서, 문학으로부터 결정적으로 도피한 존재를 스치는 한 권의 책, 고전주의의 작품들이 복제하고 재현하려 했던 이 기호로 가득 찬 동시에 말이 없는 거대한 책에 응답하는 한 권의 책입니다. 말라르메의 책은 이 거대한 책에 응답하지만, 동시에 스스로 이 책을 대체합니다. 말라르메의 책은 이 사라짐의 확언입니다.

우리는 이제 왜 고전주의 시대의 작품이, 한편으로는, 자신의 위엄을 통해, 그리고 단지 위엄만이 아니라, 자신의 본질을 통해서도, 그리고 또 다른 한편으로는, 다만 재-현再-現, re-présentation 이외의 다른 것이 아닌지를 이해합니다. 그것은 고전주의 시대의 작품이 이미 만들어진 하나의 언어작용을 재-현하는 것을 임무로 하고 있었기 때문이며, 바로 이것이, 근본적으로, 우리가 ― 셰익스피어가 되었든 라신이 되었든 ― 연극에서 고전주의적 작품의 본질 자체를 찾을 수 있는 이유입니다. 이는 이때 우리가 재현의 세계 안에 존재하기 때문입니다. 그리고, 역으로, 그 용어의 강한 의미에서 문학의 본질은 19세기 이후, 더 이상 연극에서가 아니라, 책 속에서 찾아집니다.

그리고, 결국, 문학이 자신의 존재를 발견하고 또 기초짓는 것은 이 책, 다른 모든 책들의 살해자이면서도, 또한 동시에 문학을 수행하고자 하는, 언제나 실패하고야 마는, 기획을 자신 안에 수용하는 이 책 안에서입니다. 설령 책이 존재했다 해도, 몇 세기 전부터, 매우 압축된 현실과 함께, 이렇게 문학이 발명되기 전에는, 책이 실제로는 문학의 장소가 아니었습니다. 그 이전에 책은 단순히 언어적인 것이 지나갈 수 있는 하나의 물질적 계기에 불과했습니다. 이에 대한 가장 훌륭한 증거는 『운명론자 자크』가, 우리가 이미 말한 바 있는 뒤쪽으로의 도약을 통해, 끊임없이 모험의 책들이 보여 주는 마술로부터 벗어났다는, 또는 벗어나고자 했다는 사실입니다. 이런 점은 『돈키호테』와 세르반테스에 대해서도 마찬가지입니다.

그러나, 사실, 만약 문학이 책 속에서 자신의 본질을 완성한다면, 문학은 책의 본질을 평온하게 맞아들일 수 없을 것입니다. 우선 책은, 실제로, 본질을 갖지 않습니다. 책은 자신의 내용 이외에 또 다른 본질을 갖지 않습니다. 이것이 바로 문학이 언제나 책의 시뮬라크르로 남게 될 이유입니다. 문학은 마치 자신이 한 권의 책인 것처럼 굴면서, 자신이 마치 책들로 이루어진 하나의 계열인 양 행동합니다. 이는 또한 문학이 다른 모든 책들에 대한 공격과 폭력에 의해서만, 더 나아가 책의 여성적인, 하찮은, 변형 가능한 본질에 대한 공격과 폭력에 의해서만, 스스로를 완성할 수 있는 이유이기도 합니다. 문학은 위반이며, 문학은 책의 여성성féminité du livre에 대항하는 언어작용의 남성성virilité du langage입니다. 그러나, 아마도, 결국, 문학은, 도서관의 선형적 공간 속에 있는 다른 모든 책들 사이에 존재하는 한 권의 책, 다른 모든 책들 곁에 존재하는 한 권의 책이 아닐까요? 아마도 문학은, 정확히, 언어작용이 자신의 사후에 남겨 놓은 하나의 덧없는 실존이 아닐까요? 이제, 이것이 바로 이 문학이, 자신의 모든 본질을 오직 책 속에서만 가질 수 있는 이유, 또한, 문학이 결국 무덤 너머에서만 존재할 수 있는 이유입니다.

이렇게 해서, 책의 열려 있는 동시에 닫혀 있는, 이 유일한 두께 안에, 백지로 남아 있는 동시에 기호로 가득 차 있는 이 페이지들 안에, 그리고 —— 모든 책들이 서로 닮아 있기 때문에 책들은 모두 서로 비슷하고, 또 모든 책은 다 유일하기 때문에 —— 이 유일한 부피 안에 축적되는 것은 문학의 존재 자체와도 같은 무엇인가입니다. 인간의 언어작용으로도, '신'의 말씀으로도, 자연의 언어작용으로도, 침묵 혹은 심장의 언어작용으로도 이해되어서는 안 되는, 문학은 하나의 위반하는 언어작용langage transgressif이자, 죽을 수밖에 없는, 되풀이하는, 다시금 이중화되는 하나의 언어작용langage mortel, répétitif, redoublée, 책 자체의 언어작용입니다. 문학에는 오직 하나의 말하는 주체만이 존재합니다. 이 말하는 하나는 바로 책입니다. 잘 기억하시는 것처럼, 세르반테스가 그렇게도 불태워 버리려 했던 이 책이라는 물건, 『운명론자 자크』에서 디드로가 그렇게도 자주 도망치려 했던 이 책이라는 물건, 잘 아시는 것처럼, 사드가 스스로를 가두어 버렸고, 그리고 또 다른 우리, 우리 역시 그 안에 갇혀 있는, 이 책이라는 사물 말입니다.

두 번째 세션

어제, 나는 문학에 대해, 곧 책 속에서 자신의 구체적 형태를 갖게 되는 시뮬라크르의, 부정négation의 존재에 대해 몇 가지 설명을 드리고자 했습니다. 오늘 저녁에는, 한 걸음 뒤로 물러나서 나 자신이 어제 문학에 대해 제시했던 의견들에 관련된 몇 가지 사항에 대한 윤곽을 그려 보고자 합니다. 왜냐하면, 결국, 우리가 문학에 대해 말할 수 있다는 것이 정말 그렇게도 분명하고, 그렇게도 명백하며, 또 그렇게도 직접적인 것일까요? 왜냐하면, 결국, 우리가 문학에 대해서 말할 때, 우리는 무엇을 우리의 지평, 토대로 갖는 것일까요? 물론, 그것은 다른 어떤 것도 아닌, 문학의 주변에 문학에 의해 남겨진 이 비어 있음, 그럼에도 불구하고 아마도 유일하며 또 고유한 것일 하나의 사물을 허용하는 이 비어 있음, 그것은 다름 아닌 문학, 곧 무한히 자기 자신에 대해 말하게 만드는 하나의 무한한 언어작용입니다.

문학에 대한 언어작용에 의한 문학의 이 영원한 중복어법 reduplication이란 도대체 무엇일까요? 문학에 다름 아닌 이 언어작용, 또한 이 주해, 이 주석, 이 재이중화redoublements를 무한히 허용하는 이 언어작용은 도대체 무엇일까요? 나의 생각에, 이 문제는 그다지 분명하지 않습니다. 이 문제는 그 자체로 분명하지 않으며, 내게는, 그 어느 때보다 오늘 더 분명치 않은 것으로 보입니다.

이 문제가 오늘 그 어느 때보다 더 분명치 않은 데에는 여러 가지 이유가 있습니다. 아마도 그 첫 번째 이유는 다음과 같은 것이 될 것입니다. 우선, 최근 우리가 비평[비판]critique[14]이라 부르는 것에 일정한 변화가 있었습니다. 이에 대해 우리는 이렇게 말할 수 있을 것입니다. 오늘날 비평적 언어작용은 그 어느 때보다 더 두꺼운 지층地層,couche을 갖습니다. 우리는 오늘 그 어느 때보다 비평 언어라 불리는 이 이차적 언어작용langage second을 더 자주 사용합니다. 마찬가지로, 상호적인 일이지만, 오직 자신에 대해서만 말하며 또 자신의 고유한 이름 안에 존재하는, 절대적으로 일차적인 언어작용langage absolument premier이 비례적으로 보아 오늘보다 더 얇았던mince 적은 없습니다.

---

14 [옮긴이] 원문의 프랑스어 critique는 메이지 시대의 일본인들에 의해 사상·철학의 영역에서는 비판(批判)으로, 문학·예술의 영역에서는 비평(批評)으로 번역되었으나, 원어인 프랑스어는 당연히 양자의 의미를 모두 갖는다. 그러나 푸코가 이해하는 critique의 개념은 근본적으로 푸코가 이른바 '근대적' 사유의 철학적 대변자로 간주하는 칸트의 인간학(Anthropologie) 및 그 비판(Kritik) 개념에 의거한 것이다. 따라서 원래는 **비판**으로 옮겨야 마땅할 이 용어를 이 자리에서는 현대 한국어의 관례에 의거하여 **비평**으로 통일하여 옮겼지만, 이 용어가 그것의 칸트적 연원에 입각한 근대적 의미, 곧 인간학적 의미를 가지고 있음이 반드시 기억되어야 한다. 이는 특히 아래에 나오는 **비평적** 인간, 곧 **비판적** 인간과 같은 표현에서 잘 나타난다.

그런데, 비평적 행위의 이러한 증식multiplication, 이러한 두껍게 만들기épaississement는 거의 모순적인 현상이라 할 하나의 현상을 동반합니다. 나의 생각으로, 이 현상은 다음과 같은 것입니다. 라 아르프Jean-François de La Harpe와 생트 뵈브[15] 사이 19세기의 어느 때인가 발명된 이 비평적 인물, **비판적 인간**homo criticus은 비평의 행위가 증식되고 있는 바로 이 순간에 사라지고 있는 중입니다. 다시 말해, 비평적 행위는 증가되고 분산되면서 흩어지고 있으며, 말하자면, 더 이상 비평 행위에 맡겨진 텍스트의 내부가 아니라, 소설, 시, 성찰, 결국에는 철학의 내부에 거주하게 될 것입니다. 참다운 비평 행위는 오늘날, 작가의 이름 아래 비평적 행위의 존재로서 명시적으로 운명지어진 언어작용의 이런저런 조각들 안에서보다는, 오히려 샤르René Char, 1907~1988의 시 안에서, 또는 블랑쇼Maurice Blanchot, 1907~2003의 단편 안에서, 퐁주Francis Ponge, 1899~1988의 텍스트 안에서 찾아져야만 합니다. 이제 우리는 이렇게 말할 수 있을 것입니다. 비평은 언어작용 일반의 일반적 기능이 되었지만, 그것은 이제 어떤 유기체도 어떤 고유한 주체도 갖지 않게 되었다고 말입니다.

그런데, 여기에서, 오늘날의 문학비평이란 무엇인가를 이해하기 어렵게 만드는 아마도 세 번째 현상, 하나의 새로운 현상이 나타

---

15 생트 뵈브(Charles Augustin Sainte Beuve, 1804~1869)는 형식화된 방식을 통하여 작가의 전기적 사실이라는 프리즘으로 문학 작품에 접근하는 방법론으로 유명해진 [프랑스의] 문학비평가이다. 프루스트는 자신의 『생트 뵈브에 반대하여』(Contre Sainte-Beuve, 1954)에서 바로 이러한 방법론에 반기를 들었다. 프루스트는 ── 만약 그러한 조명 방식이라는 것이 존재한다면 ── 작가의 삶을 알기 위해서 작품을 보아야 하며, 그 반대가 아니라고 보았다.

나는데, 그것은 다음과 같습니다. 우리는 언어작용에서 언어작용으로 이어지는 하나의 관계, 정확히 비평적 관계는 아닌 하나의 관계, 여하튼 우리가 전통적으로 비평 행위로부터, 판단을 내리며 위계질서를 부여하는 이 제도, 창조적 작가 또는 창조적 언어작용과 단순히 소비자에 불과할 대중의 사이를 매개해 주는 이 제도를 만들어 낼 때, 그것에 부여해 온 관념에 부합되지 않는 하나의 관계가 확립되는 것을 봅니다. 오늘날에는, 우리가 일차적 언어작용 또는 우리가 그저 단순히 문학이라 부르는 언어작용과 이차적 언어작용 또는 우리가 보통 비평이라 부르는 언어작용 사이에 매우 다른 관계가 형성됩니다. 사실, 비평은 오늘날 비평과 문학 사이에 확립되는 두 가지 새로운 관계 형식에 의해 불려 나오게 됩니다.

나는 오늘날의 비평이, 문학 및 일차 언어작용과 관련되는, 일종의 객관적, 담론적, 각 지점에서 정당화 가능하며 또 증명 가능한 그물망의 확립을 목표로 한다고 믿습니다. 이 그물망은 일차적인 것, 구성적인 것이 비평적 취향, 다소간 비밀스러운 혹은 다소간 명백한 취향은 아닌 그러한 관계이며, 이 관계의 본질적인 것은 오히려 필연적으로 명시적인 하나의 방법, 하나의 분석 방법 안에 존재할 그러한 관계입니다. 이 방법은 아마도 정신분석적, 언어학적, 주제적, 형식적인 — 원하신다면, 무어라 해도 좋습니다 — 하나의 방법일 것입니다. 따라서, 이를테면, 비평은 실증성positivité의 또는 과학의 질서 안에서 자신의 기초에 관한 질문을 스스로에게 던지고 있는 중입니다.

그리고 다른 한편, 이제 비평은 이전에 자신이 맡았던 역할, 곧 글쓰기와 문학 사이의 매개라는 역할과는 전혀 다른 역할, 전혀 새로운 하나의 역할을 수행하게 됩니다. 생트 뵈브의 시대에, 그리고 아직도 여전히, 결국, 비평을 한다는 것은 무엇이었을까요? 그것은 일종의 일차적, 특권적 독해, 다른 누구보다 더 이른 독해를 한다는 것이었으며, 이런 과정을 통해 작가의 필연적으로 조금은 애매하며 불투명하고 때로는 비의秘儀적인 글쓰기를 이차 지대에 존재하는 독자들, 곧 우리 모두일 독자들, 비평을 통해 우리가 지금 읽고 있는 것이 무엇인가를 이해할 필요가 있는 우리 독자들에게 접근 가능한 것으로 만들어 주는 독해를 가능케 하는 것이었습니다. 달리 말하면, 비평은 독해의 일차적, 절대적, 특권적 형식이었습니다.

그런데, 나는 오늘의 비평에서 중요한 점은 그것이 지금 글쓰기 écriture의 곁을 통과하는 중이라는 사실이라고 생각합니다. 그리고 이는 두 가지 방식으로 그러합니다. 우선, 그것은 비평이, 더 이상 작품의 창조라는 심리학적 순간이 아니라, 자신만의 형식과 배치를 갖는 글쓰기에, 작가의 글쓰기라는 두께 자체에 점차로 관심을 갖게 되었기 때문입니다. 그리고 또한 이는 비평이 보다 더 나은 또는 보다 더 이른, 또는 더 잘 무장한 하나의 독해가 되고자 욕망하기를 멈추었기 때문입니다. 비평은 이제 그 자체로 하나의 글쓰기 행위가 되고 있는 중입니다. 이는 다른 글쓰기에 대해서는 의심의 여지 없이 이차적인 하나의 글쓰기, 그러나 그럼에도 불구하고 다른 모든 글쓰기와 함께 점과 선을 잇는 하나의 얽힘, 하나의 그물망, 하나의 망을 형성하는 하나의 글쓰기입니다. 글쓰기 일반의 이 점과 선은 서로 교차하고, 서로를 되풀이하고, 서로 겹치며, 서로로부터 빠져나가고, 결국, 완전한 중립성neutralité 안에서, 우리가 문학의 그리고 비평의 전체le total de la critique et de la littérature라 부를 수 있을 어떤 것, 다시 말해 글쓰기 일반의 부유하는 현동現動적 상형문자l'actuel hiéroglyphe flottant de l'écriture en général를 형성합니다.

이제 여러분은 이차 언어작용이라 불리는 것, 문학의 일차 언어작용에 막 덧붙여진 것, 동시에 이 일차 언어작용에 대하여 하나의 절대적으로 실증적이고 명시적인 담론, 전적으로 담론적이고 논증 가능한 담론을 유지하고자 하는 것, 그리고 동시에 문학과 같은 하나의 글쓰기 행위가 되고자 시도하는 것을 사유하고자 할 때, 우리가 어느 정도의 애매함에 직면하게 되는지 이해하셨으리라 생각합니다. 어떻게 해야 이 역설을 사유할 수 있을까요? 어떻게 해야 비평이 이 이차 언어작용인 동시에, 하나의 일차 언어작용이기도 한 지점에 도달할 수 있을까요? 바로 이것이, 간단히 말하면 비평이란 무엇인가를 알아내기 위해, 내가 여러분과 함께 밝혀 보고자 하는 점입니다.

여러분은, 아주 최근에, 더도 아니고 아마 겨우 몇십 년 전에, 비평이란 무엇인가를 설명하기 위해 야콥슨[16]이라는 언어학자가 논리학자들로부터 빌려 온 하나의 관념, 메타언어작용métalangage이라

---

16 로만 야콥슨(Roman Jakobson, 1896~1982)은 러시아의 언어학자로, 언어학적 연구의 극대화를 통해 구조주의의 모태를 제공한 페르디낭 드 소쉬르(Ferdinand de Saussure, 1857~1913)를 집중적으로 연구했다.

는 관념을 도입했던 것을 잘 알고 계시리라 생각합니다. 그리고 야
콥슨은 결국 비평을 —— 문법, 문체론, 언어학 일반과 같은 —— 하나
의 메타언어작용으로서 제시했습니다. 이는 분명 매우 유혹적인 하
나의 관념, 여하튼 첫눈에는, 완벽히 부합되는 것처럼 보이는 하나
의 관념입니다. 그 이유는 메타언어작용의 관념이 우리에게 비평의
정의에 근본적으로 본질적인 두 가지 특성을 드러내 보여 주기 때
문입니다. 우선, 메타언어작용은 주어진 한 언어작용의 특성들, 한
언어작용의 형식들, 코드들, 한 언어작용의 법칙들을 또 다른 하나
의 언어작용을 통해 정의할 수 있는 가능성입니다. 그리고, 다음으
로, 메타언어작용의 두 번째 특성은 우리가 그것을 통해 일차 언어
작용의 형식, 법칙, 코드를 정의할 수 있는 이 이차 언어작용이 일차
언어작용과 그 본성상 필연적으로 다른 것은 아니라는 점에서 나옵
니다. 왜냐하면 결국 우리는 프랑스어 안에서 프랑스어의 메타언어
작용을 만들어 낼 수도 있으며, 이것은 물론 독일어, 영어, 그리고 어
떤 언어작용을 통해서도 마찬가지입니다. 마찬가지로 우리는 이러
한 결과를 산출하기 위해 발명된 어떤 상징 언어를 통해서도 이러
한 작업을 수행할 수 있습니다. 그 결과, 우리는 일차 언어작용에 대
한 이 절대적 후퇴의 가능성 안에 존재하는 하나의 가능성, 그 위에
서 전적으로 담론적인 하나의 담론을 유지하는 동시에 그럼에도 불
구하고 전적으로 그와 동일한 평면 위에 존재할 수 있는 하나의 가
능성을 갖게 됩니다.

　　나는 그럼에도 불구하고 비평이 거주할 수 있을 하나의 논리
적 장소를, 적어도 추상적으로는, 정의해 주는 것처럼 보이는 이 메

타언어작용의 관념이 비평의 정의를 위해 반드시 유지되어야 하는 지에 대해서는 확신을 갖지 못하고 있습니다. 사실, 우리가 메타언어작용의 관념과 관련된 이러한 유보를 설명하기 위해서는 아마도 문학과 관련하여 어제 우리가 이야기했던 바로 그 부분으로 잠깐은 되돌아가 보아야 할 듯싶습니다. 여러분은 책이 우리에게 문학의 장소로서, 달리 말해 작품이 위반과 죽음이 동시에 문제되었던 거울과 비현실irréalité의 놀이 안에서 스스로를 문학의 시뮬라크르로서 제공하는 공간으로서 나타났던 것을 기억하실 것입니다. 만약 우리가 언어 전문가의 어휘 자체를 통해 같은 것을 표현하고자 한다면, 아마도 우리는 다음과 같은 무엇인가를 말할 수 있을 것입니다. 문학은, 물론, 인간에 의해 실제로 발화된 파롤의 무수한 현상들 중 하나라고 말입니다. 다른 모든 파롤의 현상과 마찬가지로, 문학은 오직 이 파롤들이 랑그, 주어진 한 랑그의 코드를 구성하는 이 일반적 지평과 혼동되는 한에서만 가능합니다. 따라서, 파롤 행위로서의 모든 문학은 오직 이 랑그와의 관계, 곧 랑그의 각 단어를 실제로 발화되게 해주고 투명하게 만들어 주면서 결국 이해되도록 만들어 주는 이 코드 구조들과의 관계 안에서만 가능합니다. 만약 문장이 하나의 의미를 갖는다면, 그것은 각각의 파롤 현상이 랑그의 잠재적이지만 절대적으로 강제적인 지평 안에 거주하는 것으로 드러남에 의해서입니다. 이 모든 것은 물론 잘 알려진 관념들입니다.

그러나 이렇게 말할 수는 없는 것일까요? 문학이란, 그 극한에서는à la limite, 하나의 특이한 파롤 현상, 아마도 파롤의 다른 모든 현상과는 구분되는 하나의 파롤 현상이라고 말할 수는 없는 것일까요? 사실, 문학은, 근본적으로, 아마도 자신이 놓여 있는 코드에 복종하는 하나의 파롤, 그러나 동시에 —— 그것이 시작되는 순간, 그것이 발화하는 단어들 각각에 있어서조차도 —— 자신이 놓여 있고 또 그 안에 포함되어[17] 있음을 알게 되는 코드에 연루된 하나의 파롤입니다. 다시 말해, 누군가가 무엇인가를 쓰기 위해 펜을 들 때마다, —— 말하자면, 단어의 글쓰기를 구성하는 행위 자체 안에서 코드의 강제성이 중단되어 버리는 한에서, 그 극한에서는, 이 단어가 랑그의 코드에 물론 복종하지 않을 수도 있음으로 인해 중단되어 버리는 한에서 —— 그것은 문학이 됩니다. 만약 한 명의 문학가에 의해 쓰인 각 단어가 실제로 랑그의 코드에 복종하지 않으며, 또 절대적으로 이해되지 않는 것일 수 있다면, 그것은 하나의 절대적인 광기의 파롤일 것입니다. 그리고 우리는 여기에서 오늘날 광기와 문학의 본질적인 [상호] 귀속歸屬, appartenance의 이유를 이해하게 됩니다. 그러나 이는 또 다른 하나의 질문입니다. 우리는 단지 이렇게 말할 수 있을 뿐입니다. 그것은 문학, 곧 문학의 매 단어에 의해 늘 긍정되고 늘 포착되는 위험, 결국은 이 단어, 이 문장, 그리고 나머지 모든 것이 코드에 복종하지 않을 수 있다는 위험이라고 말입니다. 다음의 두 문장을 보십시오. "나는 오랫동안 일찍 잠자리에 들었다." 그리고 다른 문장은 다음입니다. "나는 오랫동안 일찍 잠자리에 들었다." 첫 번

---

17 [옮긴이] '포함되어'의 원어인 과거분사형 comprise에는 '이해되어'라는 의미도 존재한다. 이하에 등장하는 '포함' 혹은 '이해'라는 용어도 모두 마찬가지의 양의(兩意)적 의미를 가진다.

째 문장은 내가 말한 문장이고, 두 번째는 프루스트의 책에서 내가 읽은 문장입니다. 이 두 문장은 발음상으로는 동일한 두 개의 문장입니다. 그러나 이 두 문장은 실제로는 근본적으로 다른 두 개의 문장들입니다. 프루스트에 의해 『잃어버린 시간을 찾아서』의 모두冒頭에 쓰인 순간부터, 그 극한에서는, 이 문장의 어떤 단어도 우리가 부여하는 의미, 우리가 일상적으로 그 단어를 발화할 때 그 단어에 우리가 부여하는 의미를 갖지 않는다고 말할 수 있습니다. 우리는 파롤이 자신을 끌어왔던 코드를 중단시켰다고 문제없이 말할 수 있습니다.[18]

이를테면, 모든 문학 안에는 언제나 소거 불가능한, 언제나 근본적이고도 본질적인 하나의 위험이 존재하는데, 이 위험은 구조적 비의秘義, ésotérisme의 위험이기도 합니다. 코드가 존중받지 못하는 것은 얼마든지 가능한 일입니다. 여하튼, 문학적 파롤은 언제나 코드를 중단시킬 절대권을 갖습니다. 그리고 아마도 모든 문학 작품의 위대성과 위험성을 구성하는 것은, 설령 그것이 실제로 실행되지 않는다 하더라도, 이 절대권의 현존일 것입니다. 이런 의미에서, 나는 메타언어작용이 문학적 비평을 위한 방법론으로서 실제로 적용 가능하다거나, 또는 비평이란 무엇인가 하는 것을 자리매김해 줄 수

---

18 다음은 이 부분에 대한 푸코의 수고이다. "어떤 하나의 파롤('나는 오랫동안 일찍 잠자리에 들었다.')과 이 문장('나는 오랫동안 일찍 잠자리에 들었다.')의 차이는 두 번째가 더 아름답고 더 화려하다는 점에 있지 않다. 차이는 이 문장이 발화되었을 때, (모든 가시적 외양의 아래에서) 암암리에 어떤 위험, 이렇게 시작하는 문장은 아마도 언어학적 코드에 복종하지 않을 수도 있으리라는 위험이 감수되었다는 사실 안에 놓여 있다."

있는 논리적 지평으로서 제시될 수 있다고 생각하지 않습니다. 이는 메타언어작용이 정확히 우리가 랑그를 위해 확립된 코드로부터 출발하여 실제로 발화된 모든 파롤의 이론을 만들어 낼 수 있다는 주장을 함축하기 때문입니다. 만약 코드가 파롤에 포함된 것으로 밝혀진다면, 또, 그 극한에서, 코드가 절대적 가치를 갖는 것이 아니라면, 이때, 하나의 같은 파롤로부터 메타언어작용을 만드는 것은 불가능할 것이며, 우리는 다른 어떤 것에 구원을 요청해야만 할 것입니다. 결론적으로, 메타언어작용의 관념이 아니라면, 우리는 문학을 정의하기 위해서 도대체 무엇에 구원을 요청해야 하는 것일까요?

아마도 우리는 메타언어작용이라는 이 논리를 뒤흔드는 단어를 경솔하게 밀고 나가는 대신, 보다 겸손해야 할 것입니다. 우리는 거의 지각 불가능하지만 내게는 결정적인 것으로 보이는 이 명증성, 아마도 언어작용이 이 세계에 실존하는 유일한 존재, 절대적으로 되풀이 가능한 유일한 존재라는 이 명증성을 확증하는 것에 단순히 만족할 수는 없는 것일까요?

물론, 되풀이 가능한 다른 존재들도 이 세계에 존재합니다. 우리는 같은 동물을 두 번 발견하고, 또 우리는 같은 식물을 두 번 발견합니다. 그러나 자연의 질서 안에서 되풀이répétition는, 실제로는, 무엇보다도 담론적 방식으로 분석 가능한 하나의 부분적 동일성에 불과합니다. 나는 엄격한 의미의 되풀이는 언어작용의 질서 안에서만 존재한다고 믿습니다. 그리고 의심의 여지 없이 언젠가는 언어작용 안에 존재하는 가능한 모든 되풀이의 형식에 대한 분석을 행해야 할 것입니다. 그리고 우리는 이러한 되풀이 형식의 분석을 통해 대략 언어작용의 존재론ontologie du langage이라 부를 수 있을 무엇인가의 밑그림을 그려 볼 수 있을 것입니다. 이제 아주 단순한 방식으로 단순히 이렇게 말해 봅시다. 언어작용은 스스로를 되풀이하기를 그치지 않는다.

얼마나 적은 수의 음소만으로도 한 랑그의 전체 어휘를 구성할 수 있는가를 보여 주었던 언어학자들은 이러한 사실을 잘 알고 있습니다. 이 동일한 언어학자들, 그리고 동일한 사전의 편찬자들은 우리가 얼마나 적은 수의 단어들만으로도 가능한, 무한한, 필연적으로 개방된 양量을 갖는, 모든 언표言表들énoncés, 우리가 매일매일 발음하는 언표들을 구성해 낼 수 있는가를 잘 알고 있습니다. 우리는 끊임없이 단어의 음성학적 되풀이, 의미론적 되풀이와 같은 되풀이의 어떤 특정 구조를 발음합니다. 그리고 우리는 발성élocution의 순간과 목소리에 맞추어 언어작용이 되풀이 가능하다는 것을 잘 알고 있습니다. 우리는 동일한 문장을 말할 수도 있고, 우리는 같은 것을 다른 단어들을 사용해 말할 수도 있습니다. 그리고 이는 정확히 주해, 주석 등을 구성하는 것입니다. 우리는 심지어 한 언어작용의 의미를 전적으로 중단시키는 형식으로 되풀이를 행할 수도 있습니다. 이는 언어 이론가들이 궁극적으로 하나의 언어작용을 그것의 문법적 구조 또는 형태론적 구조 안에서 되풀이할 때 행하고 있는 것입니다.

여러분은 이제 결국 언어작용이, 말하자면, 아마도 그 안에서 되풀이와 같은 어떤 것이 가능하게 되는, 존재의 유일한 장소라는 것을 잘 이해하실 것입니다. 그런데 언어작용 안에서의 이러한 되풀이 현상은 물론 언어작용의 구성적 속성이지만, 이 속성은 결코 글쓰기 행위와 관련하여 중립적이거나 또는 무기력한 것으로 남아 있지 않습니다. 글을 쓴다는 것은 언어작용의 필연적인 되풀이를 우회하지 않습니다. 나는 문학적 의미의 글쓰기란 작품의 중심 자체에 되풀이를 설정하는 것이라고 믿습니다. 그리고 아마도 이렇게 말할 수 있을 것입니다. 문학, 물론 서양 문학은 —— 왜냐하면 나는 다른 곳의 문학은 알지 못하고, 그것에 대해 무슨 말을 해야 할지 모르기 때문입니다 —— 호메로스의 곁에서 시작되었을 것입니다. 호메로스는 『오디세이아』에서 아주 놀라운 되풀이 작용répétition을 사용했던 바로 그 사람입니다. 『오디세이아』의 8권이 기억나십니까? 8권에서 율리시스가 파이아케스인들hoi Phaíakes의 땅에 도착했지만, 그들은 아직 자신들의 땅에 도착한 이 사람이 누구인지 모릅니다. 율리시스는 파이아케스인들의 연회에 초대받지만, 아무도 그가 누구인지 알아보지 못합니다. 바로 여기에 자신의 적들에 대한 율리시스의 승리, 자신이 영웅임을 밝혔으면서도 자신의 참다운 정체성identité을 배신하지 않았던 놀이의 힘이 있습니다. 율리시스는 거기에 있으면서도 숨겨져 있습니다. 그리고, 연회가 무르익은 가운데, 한 명의 음영시인吟詠詩人, aède이 도착합니다. 이 시인은 율리시스의 모험, 율리시스의 무훈武勳, 그러니까, 시인은, 율리시스가 바로 그 자리에 있기 때문에, 정확히 지금 자신의 눈앞에서 펼쳐지고 있는 바에 다름 아닌 율리시스의 모험과 무훈을 노래하러 왔습니다. 이미 완결된 것과는 거리가 먼 이 모험은 따라서 자기 자신의 이야기récit를 자신 안에 하나의 에피소드로서 담고 있습니다. 왜냐하면 이 에피소드 자체가 ― 주어진 한 순간에, 율리시스의 모험을 노래하는 시인의 노래를 율리시스가 듣는 ― 율리시스의 모험에 속하는 것이기 때문입니다. 그리고 이렇게 해서 『오디세이아』는 자신의 내부에서 스스로를 되풀이합니다. 『오디세이아』는 이런 식으로 자신의 본질적 운동에 속하는 자기 언어작용의 한가운데에 일종의 중심적 거울을 갖게 됩니다. 이제 이러한 방식으로 호메로스의 텍스트는 자기 자신 위에서 둥글게 말리면서 자기 중심의 주변을 감싸 안고 스스로를 펼쳐 내면서 다시금 이중화됩니다. 나는 다른 곳에서도 매우 자주 발견되곤 하는 ― 가령, 죽지 않기 위해 술탄에게 천 일 밤 동안 이야기를 하는 '세헤라자데'가 등장하는 이야기가 나오는 [6세기경의] 『천일야화』千一夜話, *Alf laylah wa laylah*가 바로 그렇습니다 ― 이 구조가 아마도 문학의 본질 자체, 혹은 일반적인 문학의, 적어도 서양 문학의 본질 자체를 구성하는 것이리라 믿습니다.

그런데, 이런 되풀이의 구조와 우리가 근대 문학의 내부에서 발견하는 내적 되풀이의 구조 사이에는, 의심의 여지 없이, 심지어는 틀림없이, 아주 중요한 하나의 구분이 존재합니다. 사실, 우리는 『오디세이아』에서 이를테면 율리시스를 뒤쫓으며 그를 따라잡으려는 시인의 끝없는 노래를 보았습니다. 그리고, 동시에, 우리는 언제나 이미 시작되어 있고, 율리시스를 막 만났으며, 자신의 고유한 전설 속에서 그를 환영하는, 그리고 이렇게 율리시스가 침묵하고 있는 바로 그 순간 그로 하여금 말하게 하는, 율리시스가 숨어 있는 바로 그 순간 그로 하여금 드러나게 하는 이 시인의 노래를 보았습니다. 반면, 근대 문학에서 보이는 자기 지시auto-référence의 경우는 호메로스에 의해 이야기된 이 기나긴 이탈행위déboîtement의 경우보다 훨씬 더 은밀히 이루어지는 듯싶습니다. 아마도 근대 문학이, 방금 말씀드린 코드와 파롤의 놀이를 통해, 스스로를 되풀이하는 것은 바로 자기 언어작용의 이러한 두께 안에서일 것입니다.

그리고 어떤 경우이든, 나는 다음과 같은 말씀 혹은 제안을 드리면서 메타언어작용과 되풀이 구조에 대한 나의 고찰을 마치고 싶습니다. 이제 우리가 비평을, 매우 소박한 방식으로, 하나의 메타언어작용이 아니라, 언어작용 안에 존재하는 되풀이 가능한 그 무엇인가의 되풀이répétition de ce qu'il y a de répétable dans le langage로서 정의할 수는 없는가라고 말입니다. 그리고 이런 측면에서, 문학비평은 아마도, 적어도 그리스 세계의 경우, 호메로스에 주석을 달았던 최초의 문법학자들로부터 시작되는 거대한 주해註解, exégétique의 전통 안에 기입될 수 있을 것입니다. 우리는 비평이란, 순수하고도 단순하게, 이중/분신들의 담론le discours des doubles, 곧 그 안에서 언어작용의 동일성이 서로 분할되는 차이와 거리에 대한 분석l'anaylse des distances et des différences dans lesquelles se répartissent les identités du langage이라고 말할 수는 없는 것일까요? 그리고 이 순간에 우리는 우선 전적으로 가능한 세 가지 형식의 비평을 보게 될 것입니다. 우선 첫 번째는, 이를테면, 형상들의 일람, 인식, 또는 학문science인데, 언어작용의 동일한 요소들이 되풀이되고 변형되며 결합되는 것은 바로 이러한 형식을 통해서입니다. 이는 우리가 어떻게 음성적 요소들, 의미론적 요소들, 통사론적 요소들을 변형시키고 결합시키고 되풀이하는가를 다룹니다. 간단히 말해서, 언어작용의 형식적 되풀이를 다루는 학문science des répétition formelle du langage으로 이해되는 이것은 하나의 이름을 갖고 있는데, 이미 오랫동안 지속되어 온 이것의 이름은 바로 수사학修辭學, rhétorique입니다. 그리고 다음으로 이중의 학문이 갖는 두 번째 형식은 언어작용의 다양성을 가로질러 의미, 변화와 변형 또는 동일성을 분석하는 것으로, 이는 우리가 어떻게 다른 단어들을 가지고 하나의 의미를 되풀이할 수 있는가라는 문제를 다룹니다. 그리고 여러분이 잘 아시다시피 이 두 번째 형식은 고전적인 의미에 있어서의, 생트 뵈브로부터 거의 ── 한 작품의 다원성을 가로질러 심리학적 혹은 역사적 의미작용의 동일성, 결국에는 어떤 주제성thématisme의 동일성을 되찾으려 시도하는 ── 우리들에게까지 이르는, 비평을 구성합니다. 이것은 우리가 전통적으로 비평이라 불러온 것입니다.

이제 나는 우리에게, 방금 호메로스와 관련하여 말씀드렸던 바와 같은, 되풀이의 두꺼운 구조를 통해 작품이 자기 자신에 대해 수행하는 이러한 자기 내포implication, 자기 지시의 해독déchiffrement으로 기능할 세 번째 형식의 공간은 존재할 수 없는지, 나타날 수 없는지 자문해 봅니다. 그것을 통해 작품이 자기 자신의 내부에서 스스로를 그려 나가고 또 스스로를 언어작용에 의한 언어작용의 되풀이로서 간주하게 되는 이러한 선분의 분석을 위한 공간은 존재할 수 없을까요? 나는 우리가 오늘날 문학적 분석analyse littéraire이라 부르는 다형적이고도 다양한 기획에 의미를 부여하는 것이 아마도 바로 이것, 곧 작품 자체의 이 [자기] 내포에 대한 분석, 작품이 자신의 내부에서 스스로를 그려 나가기를 멈추지 않는 이 기호의 분석이라고 봅니다.

그리고 나는 여러분에게, 바르트 혹은 스타로뱅스키[19] 등 누구를 막론하고, 이러한 문학적 분석의 관념이 어떻게 사용되고 적용되고 있는가, 이러한 문학적 분석이 어떻게 하나의 성찰을 기초 지으며, 나아가 개방되며 **거의** 철학적이라 할 하나의 성찰 위로 흘러들어 가게 되는가를 보여 드리고자 합니다. 왜냐하면 나는 더 이상 어제처럼 참다운 철학으로부터 참다운 문학을 만들어 낸다는 허세를 부리지 않고, 다만 이제 문학이 문학의 시뮬라크르 안에 존재한다는 철학의 시뮬라크르 안에 존재하게 될 것입니다. 따라서 나는 이 문학적 분석이 우리를 이끌어 가는 곳이 철학의 시뮬라크르를 향해서가 아닌지 알고 싶어집니다.

나는 이제까지 우리가 수행한 바와 같은 문학적 분석에 대한 묘사를, 이를테면, 두 가지 다른 방향으로 재분류할 수 있으리라 생각합니다. 하나는 그 안에서 작품이 자신의 내부에서 자신을 지시하는 기호들에 관련되는 것들이고, 다른 하나는 작품이 자신의 내부에서 취하게 되는 거리를 공간화하는 방식에 관련되는 것들입니다.

내가 여러분들께, 순전히 하나의 프로그램이라는 명목 아래, 말씀드리고자 하는 것은, 우선, 문학 작품이 어떻게 해서 자기 자신의

---

19 스타로뱅스키(Jean Starobinski, 1920~2019)는 스위스 제네바에서 출생한 문학사가이자 철학자이다. 많은 저술 활동을 했으며, 특히 그의 『장 자크 루소: 투명성과 장애물』(*Jean-Jacques Rousseau: La transparence et l'obstacle*, Paris, Plon, 1957)은 푸코가 본 강연을 행하던 당시 이미 출판되어 있었다. 또한 철자 바꾸기 놀이(anagramme)와 관련하여 소쉬르를 다룬 그의 연구서들은 문학적 분석과 구조주의적 분석 사이의 연결점을 강화시켰다.

내부에서 끊임없이 스스로를 가리키는가를 보여 드리기 위해 우리가 해왔던, 그리고 아마도 할 수 있을, 분석에 대해서입니다. 아시다시피, 문학 작품이 이념도, 아름다움도, 특히나 감정도 아닌, 단지 언어작용을 통해서, 따라서, 기호 체계를 통해서 만들어졌다는 사실을 알게 된 것은 역설적이리만치 최근의 발견입니다. 그러나 이 기호 체계는 고립된 것이 아니라, 많은 다른 기호들로 이루어진 그물망의 일부입니다. 이 그물망은 주어진 사회 안에서 순환하는 기호들, 단지 언어학적 기호들이 아닌, 경제학적, 재정적, 종교적, 사회적 등등일 수 있는 기호들입니다. 따라서, 우리가 하나의 문화 속에 존재하는 역사 속의 한 시점을 연구하고자 선택할 때마다, 우리는 그에 상응하는 기호의 특정한 상태, 기호 일반의 일반적 상태를 얻게 됩니다. 이는 달리 말하면, 시니피앙의 가치를 지지해 주는 요소들은 무엇인지, 시니피앙의 이러한 요소들이 따르고 있는 규칙은 어떤 것들인지를 우리가 확정해야 함을 의미합니다.

문학 작품이란 구어적 기호의 잘 조절된 조작이므로, 우리는 문학 작품이, 영역의 측면에서, 침묵하거나 수다스러움에 상관없이, 늘 반짝이고 있는 수평적 그물망, 주어진 문화와 역사의 각 시점마다 기호의 상태état des signes라 지칭할 수 있을 무엇인가를 형성시키는 수평적 그물망의 일부임을 확신할 수 있습니다. 따라서, 문학이 어떻게 스스로를 의미화시키는가를 알기 위해서는 문학이 어떻게 의미화되는지, 특정 사회의 기호 세계 안에서 어떤 위치를 차지하는지를 알아야 합니다. 이런 일은 현대 사회에 대해서는 실질적으로 한 번도 행해지지 않은 일, 우리 사회보다 훨씬 이전에 존재했던 사회들에 대해 행해진 하나의 작업(나는 지금 인도유로피언 사회들에 대해 행해진 조르주 뒤메질의 연구를 염두에 두고 있습니다[20])을 모델로 하여 수행되어야 할 일일 것입니다.[21]

여러분은 뒤메질이 어떻게 아일랜드의 전설, 스칸디나비아의 사가saga, 또는 티투스 리비우스Titus Livius Patavinus, B.C. 64 혹은 59~A.D. 17에 나타난 대로의 '로마인들'의 역사적 이야기, 아르메니아 전설이, 다시 말해, 우리가 ― 문학이란 단어를 피한다면 ― 언어작용이 빚어낸 작품œuvres de langage이라 부를 수 있을 이 모든 것들이 어떻게 실제로 훨씬 더 일반적인 기호 구조의 일부가 되었는지를 보여 주었는가를 잘 알고 계십니다. 그리고 이 전설들이 실제로 어떤 것이었는가에 대한 이해는 오직 우리가 이 전설들 사이의 ― 가령 우리가 다른 인도유로피언 사회에서 발견하는 이러저러한 종교적 혹은 사회적 의례의 경우처럼 ― 구조적 동질성을 다시금 확립해 낸다는

---

20 조르주 뒤메질(Georges Dumézil, 1898~1986)은 여러 언어에 능통했던 프랑스의 언어학자이다. 뒤메질은 특히 자신의 주저『신화와 서사시』(Mythe et Épopée, 1968)에서 공통적 서사 구조(structures narratives communes)의 방법론을 통해 인도유로피언 신화와 종교의 비교 연구에 큰 영향을 미쳤다.

21 [옮긴이] 이하에 묘사되는 '우리 시대의 기호 상태에 대한 서술'이 필요하다는 언급은 1966년에 출간되는『말과 사물. 인간과학의 고고학』의 작업을 지칭하는 표현으로 간주될 수 있다. 푸코 자신의 말을 따르면, 푸코는『말과 사물』의 초고를 1963~1964년 사이의 겨울에 완성한 것으로 알려져 있다(Michel Foucault, 'Foucault Répond'[1971], Dits et écrits I, Gallimard, 2001, pp. 1107~1108). 따라서 이와 거의 동시기라 할 1964년 12월에 발표된 본 강연에 들어 있는 이러한 언급은 당시 자신이 쓰고 있던『말과 사물』의 연구 내용과 방법을 포괄적으로 지칭하는 묘사로 간주될 수 있을 것이다. 푸코는『말과 사물』을 '기호에 대한 책'(livre sur les signes)이라 불렀다('Chronologie', Dits et écrits, p. 32).

조건 아래에서만 가능합니다. 그리고 이때, 우리는 이 사회들에서 문학이 마치 본질적으로 종교적이고 사회적인 하나의 기호처럼 작용했다는 사실, 문학이 존재하게 된 것, 문학이 창조된 동시에 소비되었던 것은 그것이 하나의 사회적 의례, 하나의 종교적 의례가 갖는 시니피앙적 기능을 취하는 한도 내에서였음을 이해하게 됩니다.

오늘날, 우리는 현재 우리 사회에 있어서의 기호들의 상태를 확립해야 합니다. 또 오늘날 문학이 스스로의 자리를 종교의 곁이 아닌, 이를테면, 경제와 소비의 기호 곁에 자리매김한다는 것은 매우 그럴 법한 일입니다. 그러나 결국 우리는 이에 대해 아무것도 알지 못하며, 우리가 수행해야 하는 것도 바로 이렇게 문학이 차지하고 있는 시니피앙의 영역을 고정시켜 주는 기호학의 첫 번째 층위입니다.

그러나 이 기호학적인 첫 번째 층위와 관련하여, 우리는 문학이 무기력하다inerte고 말할 수 있습니다. 물론 문학은 기능합니다. 그러나 문학이 그 안에서 기능하는 이 그물망 자체는 문학에 속하는 것도, 문학의 지배를 받는 것도 아닙니다. 따라서 우리는 이러한 기호학적 분석을 밀고 나가야, 혹은 차라리 —— 문학의 내부에 존재할 —— 또 다른 층위를 향해 펼쳐 나가야 할 것입니다. 다시 말해, 우리는, 주어진 특정 문화 속에서가 아니라, 한 작품 자체의 내부에서 기능하고 있는 기호 체계가 무엇인가를 확정해야만 할 것입니다. 그리고 여기에서도 마찬가지로 우리는 대강의 골격만을, 이를테면 예외적인 사례만을 알고 있습니다. 소쉬르는 자신이 라틴 문헌littérature에 있어서의 음성학적 혹은 의미론적 기호의 구조와 용법을 규정하려 시도했던 몇 권의 노트를 남겼습니다.[22] 이 텍스트들은 지금 스타로뱅스키에 의해 『메르쿠르 드 프랑스』 지誌에 실렸습니다.[23] 여러분들께 간략하게 설명을 드리면, 우리는 이 글에서 문학이 본질적으로 구어적 기호들로 이루어진 하나의 조합으로서 출현하는 분석에의 소묘를 발견합니다. 이런 분석을 쉽게 적용시켜 볼 수 있는 일군의 작가들이 존재하는데, 지금 내가 생각하고 있는 작가들은 샤를 페기Charles Péguy, 1873~1914, 그리고 물론 레몽 루셀Raymond Roussel, 1877~1933, 그리고 또 초현실주의자들입니다. 그리고 이러한 구어적 기호의 분석에는 두 번째 층위가 존재할 수 있을 텐데, 이는—문화적 기호론이 아닌, 언어학적 기호론으로 이해된—기호론적 sémiologique 분석이라는 층위입니다. 이 두 번째 층위가 규정하는 것은 다음과 같은 것들입니다. 어떤 선택이 이루어질 수 있는가, 이 선택이 따르는 구조들은 무엇이며, 왜 그러한 선택이 이루어졌는가, 체계의 각 시점마다 주어지는 잠재성latence의 정도는 어떠한가, 작품의 내적 구조가 의미하는 것은 무엇인가? 마찬가지로, 아마도 자기 자체 내에서 의미를 생성시키기 위해 문학에 의해 사용되는 기호의 세 번째 층위, 기호의 세 번째 그물망이 존재할 수 있을 것입니다. 이 기호들은 [첫날 강연에서 언급한 것처럼] 롤랑 바르트가 글

---

22 페르디낭 드 소쉬르(Ferdinand de Saussure, 1857~1913)는 근대 언어학을 창시한 스위스의 언어학자이다. 소쉬르의 [제자들에 의해 사후에 편집·발간된] 주저인 『일반언어학 강의』 (*Cours de linguistique générale*, 1916)는 향후 '구조주의'의 기초를 제공함으로써 이후의 언어학 및 (민족학, 철학, 문학적 분석 등) 다양한 인간과학 연구 전체에 커다란 영향을 미쳤다.

23 Jean Starobinski, 'Les anagrammes de Ferdinand de Saussure', *Mercure de France*, février 1964.

쓰기écriture라 부른 그런 기호들일 것입니다. 다시 말해, 이 기호들은 그것들을 통해, 즉각적 소통의 영역 바깥에서, 글쓰기라는 행위acte d'écriture가 의례화되는 그러한 기호들입니다.

이제 우리는 쓴다는 것écrire이 단순히 몇 가지 개인적 표현들을 뒤섞음으로써 한 시대의 관례적인 표현들을 사용하는 것이 아님을 이해하게 됩니다. 쓴다는 것은 일정량의 재능, 진부한 표현들, 천재성을 뒤섞는 것이 아닙니다. 쓴다는 것은, 특히, 글쓰기의 기호에 다름 아닌 이 기호의 사용을 함축합니다. 이 글쓰기의 기호는 아마도 몇 개의 단어들, 이른바 고상한 몇 개의 단어들이겠지만, 그보다는 무엇보다 먼저 몇 개의 언어학적 심층 구조들입니다. 가령, 프랑스어의 예를 든다면, 동사의 시제가 바로 그러한 것입니다. 아시다시피, 플로베르Gustave Flaubert, 1821~1880의 글쓰기는 본질적으로 이런 특정한 [시제들의] 배치配置, configuration, 곧 반과거半過去, imparfait, 단순과거單純過去, passé simple, 복합과거複合過去, passé composé, 대과거大過去, plus-que-parfait 사이의 특정한 관계로 이루어져 있습니다. 그리고 우리는 발자크Honoré de Balzac, 1799~1850에서 프루스트에 이르는 모든 고전적 이야기에 대해서도 같은 말을 할 수 있을 것입니다. 그리고 이런 [시제의 배치와 관련된] 성좌星座, constellation는 신문이나, 혹은 여러분과 내가 사용하는 언어작용 등 어떤 경우에도 결코 동일한 가치를 갖지 않는 그러한 배치입니다. 이 네 가지 시제의 배치는, 프랑스어로 된 이야기의 경우, 정확히 하나의 문학적 이야기récit littéraire에 관련된다는 사실을 구성하는 것입니다.

마지막으로, 훨씬 더 엄격하고 은밀한 네 번째의 기호학적 층위에 대해 말해 보아야 할 차례입니다. 이는 우리가 내포implication 혹은 자기-내포auto-implication[24]라 부를 수 있을 기호에 관한 연구가 될 것입니다. 이 기호는 그것을 통해 하나의 작품이 자기 자신의 내부에서 스스로를 지시하고, 어떤 특정한 형식 아래 자기 자신의 내부에서 특정한 얼굴을 통해 스스로를 재-현再-現하는 그러한 기호입니다. 나는 방금 율리시스가 자신의 모험을 노래하는 시인의 노래를 듣는『오디세이아』의 8권에 대해 말씀드렸습니다. 그런데, 매우 특징적인 것은 자신의 모험에 대한 시인의 노래를 듣는 율리시스가 — 여전히 파이아케스인들은 그가 누군지 모릅니다 — 고개를 숙여 얼굴을 가리고 울기 시작한다는 것입니다. 그리고 호메로스에 따르면, 이런 행동은 전쟁이 끝난 후 남편의 시체를 받아든 아내들이 보여 주는 행동입니다.

자기 자신에 의한 문학의 자기-내포라는 기호는, 보시는 것처럼, 고도의 의미를 갖는 것으로, 하나의 의례, 정확히 애도의 의례 rituel de deuil입니다. 다시 말해, 작품은 오직 죽음 안에서만, 오직 영웅의 죽음 안에서만, 스스로를 가리킬 수 있습니다. 작품은 작품 안에서는 살아 있는 영웅이, 그럼에도 불구하고, 이미 이야기된 이 이야기와 관련하여 이미 죽어 버린 경우에만 존재하는 것입니다.

만약 우리가 이러한 [호메로스의] 자기 내포 기호를 프루스트의 자기 내포 기호와 비교한다면, 우리는 둘 사이의 특별히 흥미롭

---

24 [옮긴이] 자기 함축, 자기 포함 등으로 옮길 수도 있다.

고도 특징적인 차이들을 발견하게 됩니다. 자기 자신에 의한 『잃어버린 시간을 찾아서』의 자기 내포는, 호메로스의 경우와는 반대로, 무늬를 넣은 손수건 한 장, 마들렌 과자 하나, 게르망트가※ 정원의 울퉁불퉁한 길 앞에서 — 그리고 이 게르망트 길의 울퉁불퉁함은 다시금 베니스 거리의 울퉁불퉁함을 불러일으키는데 — 갑자기 얻어진, 시간을 초월한 깨달음이라는 형식 아래 주어집니다. 작품의 시간을 초월하여 계시된, 절대적으로 행복한 현존과도 같은 무엇인가가, 정확히, 지금 쓰이고 있는 것 앞에 스스로를 드러냅니다. 그리고 이와 같이 시간을 초월한 깨달음과 전쟁에서 죽은 남편의 시체를 마주한 아내의 행동과도 같이 얼굴을 가리고 우는 율리시스의 행동 사이에는, 보시는 것처럼, 하나의 절대적 차이가 존재합니다. 그리고 작품의 자신 안에서의 이러한 자기 내포라는 기호에 대한 기호론sémiologie은 분명 우리에게 문학에 대하여 많은 것을 알려 줄 것입니다. 그러나 이 모든 것은 아직 완결되지 못한 향후의 프로그램일 뿐입니다. 그리고 내가 이런 다양한 기호론적 지층에 집중하는 이유는 문학과 관련된 기호론적 언어학적 방법론의 사용에 일정한 혼동이 존재하기 때문입니다. 아시는 것처럼, 몇몇 사람들은 지금, 흔히 말하는 표현을 쓰자면, 언어학의 방법론을 아무렇게나 사용하면서, 문학을 마치 언어작용이 갖는 하나의 '있는 그대로의 [거친] 사실'fait brut처럼 취급하고 있습니다.

문학이 언어작용에 속하는 것과 함께 만들어진다는 것은 사실입니다. 마치 건축물이, 결국은, 돌로 만들어지는 것과 같지요. 그러나 이러한 사실로부터 언어작용 일반에 타당한 법칙, 개념, 구조 들을 무차별적으로 문학에 적용할 수 있다는 결론을 이끌어 내서는 곤란합니다. 사실, 우리가 기호론적 방법론을 있는 그대로의 사실처럼 문학에 적용시킬 때, 우리는 두 가지 혼동의 희생양이 됩니다. 우선, 우리는 일반적으로 기호의 영역 안에 존재하는 특수한 시니피앙의 구조를 반복적으로 사용하게 됩니다. 다시 말해, 이때 우리는 근본적으로 언어작용이 ── 가령 방금 전 내가 말씀드린 종교적·사회적·경제적 기호들로 이루어진 ── 훨씬 일반적인 하나의 체계에 속하는 단 하나의 기호 체계에 불과하다는 사실을 잊습니다. 그리고, 다음으로, 있는 그대로라는 입장을 취하는 언어학적 분석을 문학에 적용할 때 우리는 문학이 언어작용 고유의 구조보다 훨씬 더 섬세한, 매우 특수한 시니피앙의 구조들을 사용한다는 사실을 잊습니다. 그리고 마찬가지로 우리는 이때, 특히, 내가 방금 말씀드린 이 자기-내포적인 기호들이 실상은 문학 안에서만 존재한다는 사실, 또 언어작용 일반 안에서는 결코 이러한 사례들을 찾을 수는 없으리라는 사실을 잊습니다.

달리 말하면, 의미하는 동시에 스스로 의미 지어지는 것으로서의 문학에 대한 분석은 언어작용의 영역 안에서 펼쳐지지 않습니다. 그것은 아직은 구어적 기호가 아닌 기호의 영역 속으로 진입합니다. 그렇지만 다른 한편으로, 그것은 구어적 기호들보다 훨씬 더 복잡한 다른 기호들을 향해 전개되고 상승하고 또 확장됩니다. 실상, 문학이란 오직 그것이 단순히 구어적 기호의 유일한 표면, 유일한 의미론적 표면에 한정되지 않는 한에서만 문학으로 존재하게 됩니다. 실제로, 문학은 기호의 다양한 두께를 가로질러 굳건히 서 있습니다. 이를테면, 문학은 근본적으로 다의미적인polysémantique 것이지만, 특정한 양식 위에서만 그러합니다. 이는 사람들이 말하는 것처럼 하나의 메시지가 여러 가지 의미작용을 가질 수 있다거나, 그 메시지가 애매하다는 말이 아니라, 실제로 그것이 다의미적이라는 말인데, 이 말은 — 단 한 가지만 이야기한다면, 혹은 아마도, 전혀 아무 말도 하지 않는다면 — 이런 의미입니다. 어떤 것도 문학이 무엇인가를 얘기해야만 한다는 것을 증명할 수는 없다. 여하튼 — 무엇인가를 얘기하기 위해 혹은 전혀 아무 말도 하지 않기 위해 — 문학은 일정한 기호론적 층위들을 늘 섭렵해야만 하는데, 이는 적어도 방금 내가 말씀드린 네 가지 층위에 관련되어 그렇습니다. 그리고 이 네 가지 층위 안에서 문학은 하나의 형상, 자기 자신의 의미작용을 속성으로 갖는 하나의 형상을 구성하는 재료들을 채취합니다. 다시 말해, 문학은 특정 사회, 특정 문화의 분리된 개별적 층위 안에 주어지는 기호들의, 특정의 수직적 형식으로 이루어진, 재배치reconfiguration에 다름 아닙니다. 다시 말해, 문학은 침묵으로부터 구성되는 것이 아니며, 어떤 침묵의 말할 수 없는 부분도 아닙니다. 문학은 절대로 말해질 수 없고 결코 다시는 스스로 말하지 못할 어떤 것의 토로가 아닙니다.

문학은, 사실, 우리가 끊임없이 말하는 한에서만, 우리가 끊임없이 기호들을 순환시키는 한에서만 존재합니다. 이는 문학의 주변에는 늘 기호들이 있기 때문이며, 또 마치 어떤 문학가littérateur와도 같은 무엇인가가 말할 수 있다고 그것이 말하기ça parle 때문입니다. 자, 이제, 우리는, 이를테면, 매우 도식적이고 대략적으로, 우리가 기호론적 분석을 어떤 방향으로 전개시켜 나갈 수 있을지를 이해합니다. 그리고 그 방향은 다름 아닌, 용어의 엄격한 의미에서, 기호론적인 것이라 말할 수 있습니다. 내게는 이 또 다른 길이, 더 이상 작품의 중요한 의미 구조가 아닌, 작품의 공간성spatialité에 관련된 길이리라는 생각이 듭니다.

여러분도 잘 아시다시피 오랫동안 우리는 언어작용이 시간과 깊은 연관 관계를 맺고 있다고 생각했습니다. 우리는 의심의 여지 없이 여러 가지 이유로 언어작용을 그렇게 바라보았습니다. 왜냐하면 언어작용은 본질적으로 하나의 이야기를 가능케 해주는 것, 또 동시에 […][25] 약속을 가능케 해주는 것이기 때문입니다. 언어작용은 본질적으로 시간을 '연결시켜' 주는 것입니다. 그리고 언어작용은 글쓰기이기 때문에, 언어작용은 자신 안에 시간을 축적합니다. 그리고, 글쓰기처럼, 언어작용도 시간 안에서 스스로를 유지할 것이고, 또 자신이 시간 안에서 말하는 것 역시 유지할 것입니다. 기호들로 뒤덮인 표면은 근본적으로 지속持續,durée의 공간적 책략일 뿐입니다. 따라서 시간이 스스로를 드러내는 것은 언어작용 안에서입니다. 마찬가지로, 시간이 스스로 자신을 역사/이야기histoire로서 의식하게 되는 것 역시 무엇보다도 언어작용 안에서입니다. 우리는, 말하자면, 헤르더에서 하이데거에 이르기까지,[26] 로고스로서의 언어작용

---

25 푸코의 수고와 컨퍼런스의 타이프원고 모두에서 해독 불가능한 부분.

이 늘 시간을 보존하고, 시간을 주시하며, 시간 안에서 스스로를 유지하고, 또 자신의 변함없는 주시를 통해 시간을 유지하는 것을 자신의 최고 기능으로 삼아 왔다고 말할 수 있을 것입니다.

그리고 나는 이제까지 아무도 언어작용을 결국 시간이 아닌 공간과 관련하여 사유하지 않았다고 생각합니다. 그러나 아무도, 내가 그리 좋아하지는 않지만 인정해야만 하는 한 사람을 제외하고는, 그렇게 생각하지 않았습니다. 그 사람은 베르그손Henri Bergson, 1859~1941입니다. 베르그손은 언어작용이, 결국, 시간이 아니라 공간에 관련된 것이라고 생각했습니다. 오직 권태만이 존재할 뿐이며, 베르그손은 이로부터 부정적인 결과를 이끌어 냈습니다. 베르그손은 이렇게 말했습니다. 만약 언어작용이 공간에 관한 것이고, 시간에 관한 것이 아니라면, 그렇다, 언어작용에게는 유감스러운 일이다. 물론 이는, 언어작용에 다름 아닌, 철학의 본질이 시간을 사유하는 것이었다는 사실로부터 베르그손은 다음과 같은 두 가지 부정적인 결론을 이끌어 냈습니다. 첫째, 철학은 시간을 더 잘 사유하기 위해서 공간 및 언어작용으로부터 거리를 취해야만 했습니다. 둘째, 시간을 사유하고 표현하기 위해서는, 이를테면, 언어작용을 따돌려

---

26 헤르더(Johann Gottfried von Herder, 1744~1803)는 독일의 시인이자 신학자, 철학자이다. 헤르더는 스스로 추상적이라 판단한 계몽주의의 휴머니즘에 반대하는 입장을 표명했다. '역사'(Histoire)에 관한 헤르더의 입장은 연속적(continuiste)인 것이며, 각각의 '민족-시대'(époque-nation)는 역사 앞에서만 충만한 것이 될 수 있다. 헤르더는 이런 관점에서 '역사' 속에서의 '이성'(Raison)의 전개를 가정함으로써 헤겔의 그것과는 매우 다른 철학을 전개했다.

야만 했습니다. 결국, 언어작용 안에 존재하는 저 부담스러운 공간적인 것으로부터 벗어나야만 했습니다. 그리고 언어작용의 이런 힘, 또는 이런 본성, 또는 이런 공간적 운명을 무력화하기 위해서는 언어작용을 자기 자신에 대해 작용하도록 만들고, 단어mots에 대하여, 다른 단어, 이를테면 암호contre-mots[27]를 사용해야만 했습니다. 단어들 각각의 공간성이 살해되는, 여하튼 흡수되고 무화되는, 여하튼 다른 단어들의 공간성에 의해 한계 지어지는 단어들 사이의 이러한 뒤엉킴entrelacs, 이러한 주름작용plissement, 이러한 충격 안에서, 용어의 엄격한 의미에 있어서의, 이러한 은유의 놀이 안에서 — 바로 여기에서 베르그손에 있어서의 은유의 중요성이 나옵니다 — 베르그손은 자기 자신에 대항하는 언어작용의 이 모든 놀이, 공간성을 무력화시키는 은유의 이 모든 놀이 덕분에 무엇인가가 태어난다고, 혹은 적어도 일어난다고 생각했습니다. 이 무엇인가는 다름 아닌 시간의 흐름 자체일 것입니다.

사실, 우리가 무엇보다도 경험적인 수많은 방식으로 지금 발견하고 있는 것은 언어작용이 공간이라는 것입니다. 언어작용은 공간이며, 우리는 그런 사실을 잊고 있었습니다. 그리고 우리가 그것을 잊었던 이유는 언어작용이 단순히 시간 안에서 기능하기 때문이고, 그것은 말해진 연쇄로서, 시간을 말하기 위해 기능하기 때문입니다. 그러나 언어작용의 기능은 언어작용의 존재가 아닙니다. 또 언어작

---

27 [옮긴이] 글자 그대로 번역하면 이는 '대항(對抗)-단어'이다.

용의 존재, 그러니까 만약 언어작용의 기능이 시간이라면, 언어작용의 존재는 공간입니다. 언어작용의 존재가 공간인 이유는, 언어작용의 개별 요소들이 특정한 공시성共時性, synchronie의 그물망 안에서만 의미를 갖기 때문입니다. 언어작용의 존재가 공간인 이유는, 개별 단어 혹은 표현의 의미론적 가치가 늘 특정 패러다임, 특정 표表의 절단découpage에 의해서 정의되기 때문입니다. 언어작용의 존재가 공간인 이유는, 요소들의 연속, 단어들의 질서, 굴절, 상이한 단어들 사이의 조화, 말해진 연쇄의 길이가 — 다소간의 자율성을 갖고 — 통사론syntaxe의 동시적이고도 건축학적인, 따라서 공간적인 요청에 따르기 때문입니다. 언어작용의 존재가 공간인 이유는, 마지막으로, 일반적으로 말해서, 하나의 시니피에와 함께 시니피앙 작용을 하는[의미를 부여하는] 기호가 존재할 수 있는 것은 오직 치환[대체] substitution의 법칙, 요소들의 결합combinaison 법칙에 의해서, 따라서 하나의 집합에 대해, 그러니까, 결국은 하나의 공간 안에서 규정된 조작opérations의 계열에 의해서이기 때문입니다.

그리고, 나의 생각으로는, 오랫동안, 사실상 오늘날까지도, 우리가 시간적 기능을 수행하는 기호의 예고·요약 기능fonctions annonciatrices et récapitulatrices과 기호로 하여금 기호가 될 수 있게 해주는 것을 혼동해 온 것으로 보입니다. 그리고 이처럼 하나의 기호가 기호가 될 수 있게 해주는 것은 시간이 아니라 공간입니다. 세상의 종말이라는 기호를 참으로 세상의 종말이라는 기호로 만들어 주는 '신'의 말씀, 이 말씀은 시간 속에서 탄생하는 것이 아닙니다. 이 말씀은 물론 시간 안에서 자기를 나타낼 수 있고, 영원하지만, 이 말씀은 무엇인가를 의미하는 기호들 각각과 관련하여 공시적입니다. 나는 문학적 분석은 오직 — 우리가 언어작용과 시간을 혼동했던 것과 마찬가지로 — 자신이 이제껏 사로잡혀 있었던 이 모든 시간적 도식을 망각한다는 조건 아래에서만 고유한 의미를 갖게 되리라고 믿습니다. 이러한 도식들 중에는, 특히, 창조의 도식이 있습니다. 만약 비평이란 것이 그렇게도 오랫동안 이 최초의 창조 순간, 작품이 태어나고 자라는 이 순간의 회복을 자신의 기능과 역할로 삼아 왔다면, 그것은 다만 비평이 언어작용의 시간적 신화를 따랐기 때문이었습니다. 이러한 비평의 향수, 필요성이 늘 존재해 왔습니다. 그것은 창조의 길을 다시금 되찾고, 우리의 생각에 분명 작품의 비밀을 간직하고 있음에 틀림없는 완성과 창조의 시간을 자신의 고유한 비평 담론 안에서 다시금 구축하는 것입니다. 언어작용의 개념 작용이 시간에 연결되어 있는 한, 언어작용이 시간적인 것으로 간주되는 한, 이를테면, 비평은 늘 창조론적créationniste이었습니다. 비평이 침묵을 믿었듯이, 비평은 창조를 믿었습니다.

나는 공간으로서의 이러한 작품 언어작용 분석이 시도될 가치가 있다고 믿고 있습니다. 진실을 말하자면, 그것은 이미 몇몇 사람들에 의해서 몇몇 방향으로 시도된 바가 있습니다. 나는 여전히 조금은 독단적인 자세를 취하여, 아직은 일련의 프로그램 혹은 소묘로서만 남아 있는 몇 가지 사항들을 도식화해 보고자 합니다. 나는 혹시 우리가 이렇게 말해 볼 수는 없는 것일까 자문해 보곤 합니다. 우선, 복합적인 문화의 배치 안에 구속되어 있는 공간적 가치들, 이 문화 안에서 나타난 모든 작품과 언어작용을 공간화시키는 공간적 가치들이 존재합니다. 나는 가령 15세기 말 이후 대략 17세기 초까지[28] 이어졌던 천구天球, sphère의 공간을 생각합니다. 이는 중세 말에서, 르네상스, 고전주의 시대 초까지를 모두 포괄합니다. 이 시기의 천구는, 문학 혹은 도상학에서, 다른 형상들 사이에 존재하는 그저 또 하나의 특권적인 형상이 아닙니다. 이 천구는, 실상, 참으로 공간화하는 형상이었으며, 르네상스적 문화, 곧 이른바 바로크 문화의 다른 모든 형상들이 자리하는 기원적인 장소, 혹은 절대적인 장소였습니다. 닫힌 곡선, 중심, 둥근 지붕, 빛나는 구체球體는 당시 사람들에 의해 그저 단순히 선택된 형식들이 아닙니다. 그것들은 이 문화에 모든 가능한 공간들, 그리고, 언어작용의 공간을 부여해 주었던 운동들입니다. 경험적으로는 물론 지구가 둥글다는 발견이 있었고, 그것이 바로 천구를 특권적인 무엇으로 만들어 주었습니다. 그것은 따라서 지구가 천구의, 둥근 천장의, 견고하고 어둡고 그 자신 위에 뭉쳐진 이미지라는 발견이었습니다. 이제, 인간 역시 에테르로 구성된 대우주의 내부에 존재하며 지구라는 우주 위에 자리 잡은 하나의 작은 소우주라는 관념이 생겨납니다.

---

28 [옮긴이] '15세기 말 이후 17세기 초까지'의 시기는 이후 1966년 발간된『말과 사물』에 의해 이른바 '유사성'(ressemblance)을 그 에피스테메로 갖는 '르네상스'의 시기로 지칭된다. 이하의 설명은 유사성, 곧 닮음에 기초하여 세상을 바라보았던 르네상스인들이 우주와 인간을 '대우주와 소우주'라는 서로 닮은꼴들로서 인식하게 되는 과정을 설명하고 있다. 푸코에 따르면, 이러한 닮음, 유사성의 인식이 깨어지고 17세기 중반에 등장하는 것이 '재현작용'(représentation)을 에피스테메로 갖는 '고전주의 시기'이다.

그렇다면 천구에 중요성을 부여한 것은 이런 발견들, 관념들이었을까요? 아마 이런 질문을 던지는 것은 그리 큰 의미가 없는 것인지도 모릅니다. 우리가 분석해야만 할 확실한 사실은, 15세기 말부터 17세기 초에 이르는 시기 동안, 가장 넓은 의미로 이해된 재현, 이미지, 외관, 진리, 유비가 천구라는 근본적인 공간 안에서 이해되어 왔다는 점입니다. 확실한 사실은 가령, 콰트로첸토Quattrocento[29] 시기 그림에서 보이는 회화적 입방체가, 15세기 말 그리고 특히 16세기부터, 회화의 인물들이 위치하고 또 이동되는 움푹한 반구半球, demi-sphère에 의해 대치된다는 점입니다. 확실한 사실은 언어작용이 순환적 형식을 발명해 내고 자신의 출발점으로 회귀하기 위해 자신을 향해 휘어지기 시작했다는 것입니다. 예를 들어, 올림피아, 테살리아, 이집트, 리비아, 그리고 — 라블레에 따르면 — 유대 바다 위에 존재하는 '북극'Hyperborée 섬을 연상시키는 감미로운 땅을 가로지르는 긴 여정의 끝에 다시금 자신의 출발점에 이르게 되는 [라블레François Rabelais, 1483~1553의] 『팡타그뤼엘』Pantagruel, 1532~1564을 생각해보십시오. 그런데, 섬들의 끝에 있는, 우리가 가로지르는 이 땅, 우리가 여행의 가장 먼 곳에 다다랐을 때, 우리가 완전히 길을 잃었을 때,

---

29 [옮긴이] 400을 뜻하는 이탈리아어로, 통상 미술사의 시대 구분에서는 1400년대, 즉 15세기를 지칭한다. 특히 중부와 북부 이탈리아를 중심으로 한 초기 르네상스의 양식과 개념을 나타내기 위한 용어로 쓰인다. 푸코는 1971년 튀니스에서 행한 마네 강의에서도 '콰트로첸토'에 대해 간략히 언급한다. 다음을 참조하라. 허경, 「푸코의 미술론(마네) — 현대 회화의 물질적 조건을 선취한 화가」, 서동욱 엮음, 『미술은 철학의 눈이다 — 하이데거에서 랑시에르까지, 현대철학자들의 미술론』, 문학과지성사, 2014.

자, 바로 그때, 이 나라는, 라블레는 이렇게 말합니다, '투렌'Touraine만큼이나 관대한 이 땅은, 의심의 여지 없이, 일행이 섬에 도착하기 위해 여행을 떠났던 바로 그 출발점, 정확히 같은 나라입니다. 이렇게 보면, 그들은 늘 거기에 있었으므로 사실은 자기 나라로 돌아가기 위해서 그렇게 먼 여행을 할 필요도 없었던 것입니다. 또는, 그들이 이 나라를 다시 떠나기 위해 닻을 올리는 순간, 새로운 여행을 시작하려는 바로 그 순간, 그들은 이미 '투렌' 땅에 있었던 것입니다. 여하튼, 어떤 경우이든, 순환은 무한히 다시 시작됩니다.

17세기 중반, 스스로로부터 분리되면서, 글자 그대로 폭발하면서, 스스로의 위로 뒤틀리면서, 수직 방향으로 상승하면서 육체의 주위를 나선처럼 감싸던 이 장엄한 의상, 엮음술bulle irisée, 천구, 무지갯빛 구슬, 거울이라는 바로크의 멋진 형상들을 낳은 것은 아마도 이 다시 태어나는 재현작용의 천구sphère de la représentation renaissante일 것입니다. 우리는 작품 일반의 공간성의 관점에서 이러한 유형의 분석을 수행해 볼 수도 있을 것입니다. 그리고 우리는 우선 가령 풀레Georges Poulet, 1902~1991[30]의 분석에서 이에 대한 단순한 소묘 이상의 밑그림을 찾을 수 있을 것입니다.

물론 언어작용 일반의 이러한 문화적 공간성은, 엄격히 말해

---

30 조르주 풀레는 장피에르 리샤르(Jean-Pierre Richard, 1922~2019), 장 스타로뱅스키와 장 루세(Jean Rousset, 1910~2002) 등을 포함하는 제네바 그룹에 속하는 벨기에의 문학비평가이다. 동시대 비평의 형식주의적 접근을 거부했던 풀레는 특히 『인간적 시간의 연구』(*Étude sur le temps humain*, 1949) 그리고 푸코가 이 자리에서 언급하고 있는 『원(圓)의 변용』(*Métamorphoses du cercle*, 1961)의 저자이다.

서, 작품을 외부로부터만 포착할 수 있을지도 모릅니다. 사실, 작품 자체의 내부에 존재하는 공간성도 존재합니다. 이 내적 공간성은 작곡composition, 정확히는 우리가 전통적으로 리듬rythme 혹은 템포mouvement라 부르는 것이 아닙니다. 그것은, 이를테면, 작품의 형상들이 탄생하고 순환하는 심층 공간입니다. 그리고, 사실, 우리가 수행한 분석의 대부분은 스타로뱅스키의 『루소』[31], 혹은 루세의 『형식과 의미작용』[32]에서 이미 이루어졌던 것들입니다. 나는 이제, 아주 정확히, 몇몇 문장을 직접적으로 인용해 보고자 합니다. 내가 생각하고 있는 것은 루세가 코르네유의 원환과 나선에 대해서 수행했던 아주 아름다운 분석입니다. 루세는 『팔레 상가』La Galerie du Palais, 1631~1632에서 『르 시드』Le Cid, 1637에 이르는 코르네유의 연극이 어떻게 원환의 공간성을 따르고 있는가, 달리 말해 연극이 시작하기 전에 만났던 두 명의 등장인물이 주어지는가를 보여 주었습니다. 연극은 오직 두 사람이 헤어지는 한에서만 시작됩니다. 그리고 연극이 진행되면서 두 사람은 다시 만나게 되지만, 그들은 단지 스쳐 지나갈 뿐이고, 화해는 불가능하거나 혹은 이루어지지 않습니다. 이것이 과거의 일 때문에 결코 만날 수 없는 두 인물, 다시 헤어지고야 마는 두 인물, 그리고 극의 마지막에 가서야 다시 만나게 되는 두

---

31 앞서 언급한 『장 자크 루소: 투명성과 장애물』(Jean-Jacques Rousseau: La transparence et l'obstacle, Paris, Plon, 1957)을 말한다.
32 장 루세는 바로크 시대의 문학 및 시 전문가로 활동한 스위스의 문학비평가이다. 인용된 서적의 정확한 서명은 다음이다. Forme et Signification. Essai sur les structures littéraires, de Corneille à Claudel, Paris, José Corti, 1962.

인물, 로드리그Rodrigue와 쉬멘Chimène의 이야기입니다.[33] 이것이 코르네유 초기 작품에서 보이는 공간성을 특징짓는 원환의 형식, 8자 ♀의 형식, 말하자면, 무한한 기호의 형식입니다. 그리고 『폴리왹트』 Polyeucte, 1643[34]는, 이를테면, 코르네유의 이전 작품들에는 존재하지 않았던 상승 운동의 분출을 표상합니다. 이 작품에서 우리는 이 형상, 8자 형상, 곧 극이 시작되기 이전에 만났지만 곧 헤어지고 다시 만나고 또 헤어지며 결국에는 다시 만나게 되는 두 인물, 폴리왹트와 폴린Pauline을 봅니다. 그러나 헤어짐의 놀이는 인물들 자신과 동일한 평면에 존재하는 사건들 때문에 생긴 일이 아닙니다. 그것은 본질적으로 폴리왹트의 개종에 의해 촉발된 상승 운동에 기인하는 것입니다. 말하자면, 헤어짐과 재회의 요인은 신 안에서 정점에 달하

---

33 [옮긴이] 로드리그와 쉬멘은 『르 시드』에 등장하는 두 남녀 주인공이다. 두 사람은 서로 사랑하는 사이이지만, 로드리그의 아버지가 로드리그에게 쉬멘의 아버지에게 입은 모욕을 갚아 달라고 부탁함으로써 로드리그는 사랑과 명예 사이에서 갈등하게 된다. 결국 로드리그는 명예를 선택하여 쉬멘의 아버지를 죽이고, 쉬멘은 다시 아버지의 복수를 위하여 로드리그를 벌하고자 한다. 그러나 두 사람은 우여곡절을 거쳐 극의 마지막에서 결혼을 약속하는 사이가 된다.

34 [옮긴이] 폴리왹트는 아르메니아의 순교자 성 폴리에욱토(Saint Polyeuctus, Polyeuctes, Polyeuktos)를 지칭하는 것으로, 오늘날 터키 동(東)아나톨리아의 말라티아(Malatya) 지역에 해당되는 멜리테네(melitene)의 실존인물이다. 사후 가톨릭의 성인으로 인정된 폴리에욱토는 259년 1월 10일 순교한 것으로 알려져 있다. 코르네유의 희곡 『폴리왹트』에서 폴리왹트는 아르메니아의 영주로서 확고한 사회적 지위를 가진 인물이었으며 당시 아르메니아 주재 로마총독 펠릭스의 딸인 폴린과 결혼한다. 그러나 폴리왹트는 그리스도교로 개종하면서 사랑하는 아내 폴린(파울리나, Paulina)과 그리스도교적 신앙의 의무 사이에서 갈등하게 되지만 결국 신앙을 선택하여 순교하고 만다. 자신의 신앙과 사랑하는 아내 사이에서 갈등하는 『폴리왹트』의 내용은 이 경우의 신앙과 사랑처럼 등장인물이 양립 불가능한 두 가치 사이에서 갈등하는 이른바 '몰리에르적 딜레마'의 전형을 보여 준다.

는 하나의 수직 구조라는 것입니다. 이 순간부터, 폴리왹트는 신을 영접하기 위해 폴린과 스스로 헤어지고, 이 나선 운동, 『폴리왹트』와 코르네유의 작품들이 따르게 될 나선 운동이 나타나게 됩니다. 그리고 이 나선 운동, 이 상승하는 주름은 아마도 동시대의 바로크 조각에서 우리가 발견하곤 하는 것과 동일한 바로 그 상승 운동, 주름일 것입니다.

마지막으로, 우리는 작품의 공간성을 분석하는 세 번째 가능성을 발견할 수 있을 것입니다. 이 세 번째 방식은, 더 이상 이전과 같이 작품 일반의 공간성을 연구하는 것이 아니라, 작품 안에 존재하는 언어작용 자체의 공간성을 탐구합니다. 다시 말해, 문화의 공간, 작품의 공간이 아닌, 언어작용 자체의 공간을 조명하는 것입니다. 이 언어작용은 백지 위에 놓인 언어작용, 자신의 고유한 본성을 따라, 하나의 특정한 공간, 때로는 매우 복잡한 하나의 공간을 구성하고 열어젖히는 언어작용입니다. 또 이 공간은, 근본적으로, 말라르메의 작품 자체 안에서 느껴질 수 있었던 그러한 공간, 곧 순백과 순결성과 순수의 이 공간, 새가 갇혀 있는 얼음과 눈과 추위의 공간인 유리의 공간이자, 팽팽한 동시에 매끄럽고, 자기 자신의 위로 되접히는 동시에 닫힌 공간입니다.[35] 이 공간은 자신이 허용하는 모든 방

---

35 푸코의 수고는 다음처럼 계속된다. "그것은 날개 혹은 부채라 할 특별히 말라르메적인 이러한 사물들이 만들어 내는 공간입니다. 열려 있는 이 사물들은 삶으로부터 가려져 있고, 숨겨져 있으며, 기대를 벗어나고 거리를 갖는 것이지만, 동시에, 다른 의미에서는, 자신의 보물이 갖는 풍부함을 펼쳐 내어 드러내고 보여 주는 것들입니다."

향으로 열립니다. 이 공간은 자신을 관통하는 시선의 절대적 침투를 향해 열립니다. 그러나 시선은 근본적으로 이 공간의 표면만을 훑을 수 있을 뿐이며, 이 열린 공간은 동시에 하나의 완전히 닫힌 공간이고, 우리가 관통할 수 있는 이 공간은 얼어붙은, 전적으로 닫혀 있는 하나의 공간입니다. 이 말라르메적 사물의 공간, 이 말라르메적 호수의 공간은 동시에 그러한 단어들의 공간입니다. 가령, 우리는 장피에르 리샤르가 탁월하게 분석한 가치,[36] 곧 말라르메에 있어서의 부채와 날개라는 가치의 예를 들어 볼 수 있을 것입니다. 부채와 날개는, 그것이 열렸을 때, 시선으로부터 무엇인가를 가려 주는 속성이 있습니다. 날개를 펼쳤을 때 새는, 폭이 넓어지는 만큼, 시선으로부터 가려지고, 부채는 얼굴을 숨겨 줍니다. 날개와 부채는 시선으로부터 무엇인가를 가려 주는 것, 숨기는 것, 기대에서 벗어나 거리를 취하게 만들어 주는 것이지만, 동시에, 날개와 부채는 펼쳐지는 한에서만, 곧 날개의 알록달록한 풍부함, 혹은 부채의 그림 자체를 펼쳐 내는 한에서만, 무엇인가를 가립니다. 하지만, 날개와 부

---

36 장피에르 리샤르는 작가이자 비평가이다. 19세기와 20세기의 전문가로서 리샤르는 감각적 세계에 대한 내밀한 관계와 랑그 사이의 관계를 드러내고자 노력한다. 이 강연에서 푸코가 언급하는 것은 리샤르의 말라르메 연구서 『말라르메의 상상적 우주』(*L'univers imaginaire de Mallarmé*, Paris, Seuil, 1961)의 내용이다. 푸코는 [본 강연과 같은 해인 1964년] 이 책에 대한 서평 「J.-P. 리샤르의 말라르메론」(*Le Mallarmé de J.-P. Richard*, DEQ I, texte no. 28, pp. 455~465)을 발표했다.
[옮긴이] 우리말 번역은 다음이다. 미셸 푸코, 심재중 옮김, 「J.-P. 리샤르의 말라르메론」, 김현 편, 『미셸 푸코의 문학비평』, 문학과지성사, 1989, 162~174쪽. DEQ= *Dits et écrits*, 1954-1988, Collection Quarto, 2 vols, Gallimard, 2001.

채가 닫히게 되면, 정반대로, 날개는 새를, 부채는 얼굴을 보여 줍니다. 따라서 날개와 부채는 우리에게 접근을 허용케 해주는 것, 곧, 손혹은 시선의 포착에 따라, 방금까지 자신이 열려 있었을 때는 스스로 감추고 있던 것을 제공해 주는 것입니다. 그러나, 부채와 날개가 되접히는 순간에조차, 그것들은 숨기는 것, 정확히, 열려 있던 순간에조차 펼쳐져 있던 모든 것을 감추는 것이 됩니다. 따라서 부채와 날개는 드러내기dévoilement의, 모호하지만 그럼에도 불구하고 수수께끼 같은, 순간을 형성합니다. 부채와 날개는 보여야 할 것의 위에 드리워진 장막의 순간을 형성하는 동시에 절대적 전시展示, parade의 순간을 형성합니다.

드러내는 동시에 감추는 이러한 말라르메적 사물은 아마도 말라르메의 단어들이 만들어 내는 공간 자체, 단어 자체의 공간일 것입니다. 말라르메의 단어는 감쌈, 곧 이러한 전시 아래 자신이 말하고 있는 것을 집어넣어 버림으로써, 자신의 전시를 펼칩니다. 말라르메의 단어는 자신이 말하는 것을 숨기면서 백지 위에 되접히는 동시에, 자기 자신 위로 되접히는 이 움직임 자체를 통해, 거리를 통해, 환원 불가능한 방식으로 부재하는 무엇인가를 솟아오르게 만듭니다. 그리고 아마도 이것이 말라르메의 모든 언어작용이 보여주는 움직임, 여하튼 말라르메의 책이 보여 주는 움직임일 것입니다. 이 책은 가장 엄격한 의미에서 언어작용의 자리를 차지해야 하는 동시에, 가장 정확한 의미에서 말라르메의 이러한 기획을 취해야 하는 그런 책입니다. 말라르메의 기획이란 그것을 통해 글자 그대로 궁극적으로 자신의 실존을 상실하는 것입니다. 이 책이 보여 주는 움직임은 따라서 부채처럼 열리면서 보여 주는 동시에 감추는 것이자, 부채처럼 닫히면서 스스로의 언어작용을 통해 이름 붙이기를 그치지 않는 빔vide이 드러나도록 하는 것입니다. 이것이 바로 책이 책의 불가능성 자체이자, 책이 펼쳐질 때, 오히려 봉합하는 흰빛blancheur이 되는 이유입니다. 마찬가지로 책이 되접힐 때, 책은 드러내 주는 흰빛이 됩니다. 말라르메의 책은, 자신의 완고한 불가능성을 통해, 언어작용의 비가시적 공간을 거의 가시적인 것으로 만들어 주는 것입니다. 그리고 언어작용의 이러한 비가시적 공간이야말로, 비단 말라르메만이 아니라 우리가 다다르고자 하는 모든 작가들 안에서, 우리가 분석해야만 하는 것입니다.

이미 여기저기에서 부분적으로 소묘된 이러한 가능한 분석에 대해 여러분은 그것이 분산分散된 질서를 통해 작품에 접근하는 경향이 있다고 말하실지도 모르겠습니다. 한쪽에는 기호론적 층위에 대한 해독이 있고, 다른 한쪽에는 공간화spatialisation의 형식들에 대한 분석이 있습니다. 이 두 움직임, 기호론적 층위에 대한 분석과 공간화의 형식에 대한 분석은 서로 평행을 이루어야만 하는 것일까요? 혹은 수렴되는 것일까요? 또 혹은, 작품이 자신의 먼 거리 안에서 거의 보이지 않게 되는 곳에서만, 그러니까, 무한에 이르러서만, 수렴되는 것일까요? 우리는 어느 날엔가 새로운 기호론적 가치와 그것들이 공간화되는 공간을 동시에 출현시켜 줄 어떤 독특한 언어작용이 나타나리라고 기대해도 좋은 것일까요?

우리가 여전히 그런 담론으로부터 너무나 멀리 있다는 것은 의

심의 여지가 없는 사실입니다. 그리고 방금 내가 여러분들께 말씀
드린 제안의 분산된 특성이 이런 점을 증명하고 있습니다.

　　그런데, 그럼에도 불구하고, 혹은 차라리, 이것이야말로 우리
가 해야 할 일입니다. 이제, 문학적 분석의 임무, 그리고 아마도, 철학
의 임무, 현존하는 모든 언어작용과 모든 사유의 임무는 모든 언어
작용의 공간이 도래하도록, 그 안에서 단어, 음소, 음성, 표기된 약호
sigle가 일반적으로 기호가 될 수 있는 공간이 언어작용에 도래할 수
있도록 하는 일일 것입니다. 언어작용의 억제를 통해 의미를 해방
시키는 이 틀grille이 어느 날엔가는 나타나야 할 겁니다. 그러나 어떤
언어작용이 힘 혹은 저장 능력을 가질까요? 어떤 언어작용이 스스
로 공간을 언어작용으로 구성시키는 공간을 출현시키고 명명하기
에 충분한 폭력 혹은 중립성을 가질까요? 우리는 알지 못합니다. 그
것은 우리의 언어작용보다 훨씬 더 집적된 언어작용일까요? 더 이
상 현재와 같은 문학, 비평, 철학의 분리를 알지 못하는 어떤 언어작
용일까요? 말하자면, '환기'rappel라는 단어의 엄격한 의미에서, 그리
스 사유에 존재했던 최초의 언어작용일 무엇인가를 환기시키는 태
초의 어떤 언어작용일까요? 또는, 우리는 달리 이렇게는 말해 볼 수
없을까요? 만약 문학이 지금 어떤 의미를 갖는다면, 그리고 방금 말
씀드린 문학적 분석이 오늘 어떤 의미를 갖는다면, 그것은 아마도
그것들이 언어작용에 다름 아닌 무엇인가를 예고하는 것이기 때문
이라고, 그것들이 지금 이 언어작용이 탄생시키고 있는 기호들이기
때문이라고 말입니다. 결국, 문학이란 무엇일까요? 어제 말씀드린
것처럼, 문학은 왜 19세기에 출현했으며, 또 책이라는 이 기묘한 공

간에 연결되어 있는 것일까요? 그것은 아마도 정확히 문학이란 것이, 이제 이백 년 남짓 된, 최근의 발명품이며, 근본적으로 지금 구성되고 있는 관계, 언어작용과 공간의, 이제야 어렴풋이 가시적이 되어 가고 있지만 여전히 사유할 수는 없는 하나의 관계이기 때문일 겁니다.

언어작용이 수천 년 전부터 자신의 오랜 사명이었던 것, 곧 망각되어서는 안 되는 것을 모아 놓는 작업을 포기한 순간, 언어작용이 자신이, 위반과 죽음에 의해, 조작하기는 너무도 쉽지만 사유하기는 너무도 어려운, 이 공간의 파편, 달리 말해 책에 연결되어 있다는 사실을 발견한 순간, 문학과도 같은 무엇인가가 탄생하고 있었습니다. 문학의 탄생은 여전히 우리에게 아주 가까운 것이지만, 그럼에도 불구하고, 이미, 스스로를 파고 들어가면서, 문학이란 무엇인가라는 질문을 던집니다. 그것은 문학이 너무도 오래된 한 언어작용 안에 존재하는 여전히 극도로 새로운 어떤 것이기 때문입니다. 문학은, 수천 년 전 이래, 여하튼 그리스 사유의 여명기 이래, 시간에 바쳐졌던 하나의 언어작용 안에서 출현했습니다. 문학은 따라서, 요람기 혹은 아마도 여전히 지속되고 있는 아주 오랜 언어작용의 첫 번째 요람기라 해야 할 하나의 언어작용, 곧 시간에 바쳐진 하나의 언어작용 안에서 출현했으며, 이 언어작용은 이제, 그 끝에 이르러, 공간에 바쳐질 것입니다. 책은 19세기까지 보조적인 액세서리에 불과했으며, 공간적 물질성을 갖는 책은 기억과 회귀에 관심을 갖는 하나의 파롤에 대한 보조적 액세서리에 지나지 않았습니다. 그리고, 이제, 책은, 바로 이것, 문학이 되었습니다. 자, 이제, 책은 대략 사드의 시대부터 언어작용의 본질적 장소, 언제나 되풀이 가능하지만 결정적으로 어떤 기억도 품지 않는, 언어작용의 기원이 되었습니다.

비평에 대해 말하자면, 생트 뵈브에서 다른 이들에 이르는 동안 비평은 무엇이었을까요? 비평이란 것이, 정확히, 사유하려는 노력, 절망적인 노력, 곧 계승, 창조, 연관관계를 시간적 용어들 아래 사유하려는 실패할 수밖에 없는 노력이 아니었다면 무엇이었을까요? 비평이란 것이 시간과는 전혀 상관없는 것, 공간에 바쳐진 것, 다시 말해 문학을 시간적 용어 아래 사유하려는 노력이 아니었다면 무엇이었을까요? 그리고 오늘날 이렇게도 많은 사람들이 수행하고 있는 이러한 문학적 분석은 어떤 메타언어작용 안에 존재하는 비평의 증진이 아니며, 이 모든 참을성 있는 자질구레한 몸짓과 상당한 노동을 수반하는 이 모든 것들의 축적을 통해, 드디어 실증적인 것이 되어 버린 비평조차도 아닙니다. 문학적 분석이란 것이 만약 어떤 의미를 갖는다면, 그것은 비평의 가능성을 소거해 버리는 것 이외의 어떤 것이 아닙니다. 문학적 분석은 언어작용이 점차로 덜 역사적이며 덜 연속적인 것이 되어 가고 있다는 것을, 여전히 안개 속에 서이긴 하지만, 조금씩 드러내 줍니다. 이러한 문학적 분석은 언어작용이 점점 더 자기 자신으로부터 멀어져 가고 있다는 것, 언어작용이 하나의 그물망처럼 자기 자신으로부터 점점 더 거리를 갖는다는 것, 언어작용의 분산이, 시간의 연속 혹은 저녁의 즐거움이 아닌, 정오의 움직이지 않는 태풍, 광채, 섬광에 기인한 것이라는 점을 보여 줍니다. 내가 여러분들께 보여 드리려 했던, 용어의 엄격하고도 엄밀한 의미의 문학은 이 밝혀진, 움직이지 않는, 갈라진 언어작용

langage illuminé, immobilie et fracturé, 다시 말해, 지금, 오늘 우리가 사유해야 할 이것 자체 이외의 다른 것이 아닐 것입니다.

III. 사드에 대한 강의

1970년 3월, 미국 버팔로

프랑스어판 편집자의 말

미셸 푸코는 1970년 3월 미국 버팔로 뉴욕주립대학교의 프랑스문학과로부터 두 개의 강연을 위한 초청을 받았다. 첫 번째는 플로베르Gustave Flaubert, 1821~1880의『부바르와 페퀴셰』Bouvard et Pécuchet, 1881에 대한 것, 두 번째는 사드Marquis de Sade, 1740~1814에 대한 것, 혹은 차라리, 이 철학자[푸코]에게는, 전적으로 진실vérité의 기호 아래에서 쓰인 책으로서의『새로운 쥐스틴』La nouvelle Justine에 대한 것이었다.

이 두 번째 강연은 하나의 타이프본本, 그리고 우리가 아는 한, 세 개의 다른 수고본手稿本이 존재한다. 첫 번째 수고는「버팔로 1970」Buffalo 1970이란 제목이 달린 14쪽의 수고로『쥐스틴』Justine, 1799을 분석하고 있다. 두 번째는「몬트리올 1971년 봄」Montréal printemps 1971이란 제목이 달린 47쪽의 수고, 세 번째는「72년 10월」oct. 72이란 제명을 가진 22쪽의 수고이다. 이러한 수고들의 존재는 푸코가 사드에 대한 자신의 강연을 두 부분으로 나누어 생각했음을 알려 준다. 첫 번째 강연은 사드에 있어서의 진실과 욕망의 관계라는 문제를 다룬다. 두 번째 강연은 이후 1970년 11월의『담론의 질서『L'Ordre du discours』에서 나타나게 될 기본적 문제설정problématisation을 보여 준다. 이런 점은 특히 모든 언표言表,énoncés가 ── 주어진 하나의 시대 안에서 지식의 일반적 조직화 및 범주화가 기초해 있는 수용 가능성 및 동일화의 기준을 준수하거나, 혹은 반대로, 위반하는 ── 하나의 논리를 따른다는 관념에서 잘 드러난다.

『광기의 역사』Histoire de la folie, 1961 이래, 불명예스러운 판결과 검열을 겪었던 위반자, 진실과 정치적인 것의 사상가, '앙시앵 레짐'Ancien Régime의 정의를 부정한 자로서의 사드라는 인물은 푸코의 흥미를 사로잡았다. 이 신성한 후작은, 무엇보다도, 1960년대 몇몇 문학비평가들의 사유 안에서 특히 자주 언급되었는데, 푸코가 사드와 횔덜린, 말라르메와 카프카, 로트레아몽과 아르토를 동시에 연결시킨 것 역시 우연한 일은 아니었을 것이다. 1960년대에, 사드는, 이를테면, 대항[반]-근대성contre-modernité을 지지하는 이들의 특권적 대상 혹은 장소 같은 것이었다.

한편, 이 자리에 실린 53쪽의 버팔로 타이프본은 무엇보다 먼저 푸코의 분석 내부에서 작용하는 담론의 복합적 경제라는 관념을 담고 있다. 그러나 사드의 '활용'은 여기에서 그치지 않는데, 이는 푸코가 사드를 '성의 경찰관'sergent du sexe, 곧 특정한 도구적 합리성의 전개를 동반하는 하나의 규율적 에로티즘의 촉진자promoteur d'un érotisme disciplinaire accompagnant le déploiement d'une rationalité instrumentale로 바라보기 때문이다.[1]

강연의 타이프 전사본轉寫本은, 세 편의 수고본과 마찬가지로, 본성nature, 글쓰기écriture, 영혼âme, 법loi과 같은 단어들의 첫 글자가 때로는 대문자로, 또 때로는 소문자로 표기되어 있다. 다음의 본문에서는 우리는 이 단어 모두에 대하여 일관적으로 소문자로 표기하기로 결정하였으나, 푸코의 본문에서 일관적으로 첫 글자가 대문자로 표기된 '신'Dieu의 경우는 제외하였다.[2]

---

1 Michel Foucault, 'Sade, sergent du sexe' (1976), in DEQ I, texte no. 164.
   [옮긴이] 이는 영화 잡지 『시네마토그라프』(Cinématographe)의 1975년 겨울/1976년 봄 호에 실린 푸코의 사드 관련 대담이다.
2 [옮긴이] 프랑스어의 첫 글자가 대문자로 표기된 Dieu를 우리말 번역에서는 일관적으로 '신'으로 표기하였다. 이는 인명, 지명 등 고유명사를 제외한 다른 프랑스 단어 번역의 경우에도 마찬가지이다.

첫 번째 강연

나는 본질적으로 사드 말년의 텍스트들 중 하나인 『새로운 쥐스틴 또는 미덕의 불운』La nouvelle Justine ou les Malheurs de la vertu이라 불리는 작품, 곧 『쥐스틴 이야기』Histoire de Justine와 그에 부가된 『쥘리에트 이야기 또는 악덕의 번영』L'Histoire de Juliette, ou les Prosperités du vice으로 구성되어 있으며 아주 상세한 주석이 붙어 있는 10권으로 된 최근의 판본에 기초하여 말씀을 드리고자 합니다. 이 텍스트는 1797년에 출간되었고, 내게는, 사드의 사유와 상상력이 형성되어 가는 과정을 가장 극단적이고 가장 완정한 형식 아래 드러내 주는 일종의 보고서와도 같은 텍스트로 생각됩니다.[3] 따라서, 내가 분석의 핵심에 위치

---

3 [옮긴이] 사드는 바스티유 감옥에 갇혀 있던 1787년 쥐스틴을 주인공으로 하는 소설 『미덕의 불운』(Les infortunes de la vertu)을 탈고한다. 원래 사드는 이 작품을 단편으로 기획하여 상당히 절제된 양식으로 '18세기 이야기들과 우화들'이라는 작품집에 수록하려 하였으나, 일화들의 성격이나 전반적인 구성상 단편이라는 범주로 분류할 수 없었던지 작품을 탈고한 직후 사드 자신이 그것을 장편으로 간주하게 되었다. 그리고 1789년 '대혁명' 직후 주인공 쥐스틴이 겪는 시련들을 더 확대하여 구체적이고 상세하게 묘사하며 사유를 세밀하고

시키려는 것은 『규방철학』, 또는 『소돔의 120일, 또는 리베르티나주의 학교』Les Cent Vingt Journées de Sodome, ou l'École du libertinage보다는 방금 말씀드린 이 텍스트입니다.

우선 의심의 여지 없이 분명한 몇 가지 사실들을 지적해 두기위해, 이를테면, 서론 격으로 몇 말씀을 먼저 드려 보겠습니다. 『새로운 쥐스틴』의 이 모든 이야기들, 그리고 이어지는 언니 쥘리에트의 이야기, 이 10권의 책들은 모두 완전히 전적으로 진실vérité의 기호 아래 놓여 있습니다.

사드는 맨 첫 줄부터, 자신이 이야기하려는 바와 관련하여 그가 겪은 역겨움과 공포에 대해, 문인文人, homme de lettre[4]이 진실을 말하기위해서는 충분히 철학적이어야 한다는 점에 대해 설명합니다. 그리고, 사드는 말하기를, 범죄crime를 있는 그대로, 범죄를 실제 있는 그대로, 즉 다시 말해, 의기양양하고도 숭고한 것으로서 보여 주겠노라고 말합니다.

그리고 10권의 마지막에서, 진실과 관련하여 사드가 언급하는

강렬하게 펼쳐 1791년 『쥐스틴 또는 미덕의 불운』(Justine ou les Malheurs de la vertu)이라는 제목 아래 익명으로 출간하였는데, 소설의 분량이 배로 늘었다. 다시 1797년 『새로운 쥐스틴 또는 미덕의 불운』(La nouvelle Justine ou les Malheurs de la vertu)이라는 제목으로 출간하면서 분량이 최초의 1787년 작품보다 6~7배로 늘었다. 또한 사드는 동시에 『쥘리에트 이야기 또는 악덕의 번영』(L'Histoire de Juliette, ou les Prosperités du vice) 역시 속편으로 출간하였다. 이상의 내용은 1787년의 『미덕의 불운』을 옮긴 다음의 「역자 해설」 부분을 정리한 것이다. 이형식, 「역자 해설. 보라, 그대의 대견스러운 작품의 꼴을!」, 싸드, 『미덕의 불운』, 열린책들, 2011, 225~226쪽.
4 [옮긴이] 이 경우 '교양인'(敎養人)으로 새길 수도 있다.

다른 암시와 참조에 대해서는 말하지 않겠습니다만, 여하튼 10권의 맨 마지막 몇 줄에서, 사드는 다시 한 번 자기 소설이 갖는 절대적 진실성이라는 성격을 강조합니다. 아마도 가장 환영에 가깝다 할 마지막 에피소드들 중의 하나에서 등장인물은 이렇게 말합니다. "있을 법하지 않은 이야기이고 이것이 만약 소설에 등장하는 이야기였다면 사람들은 믿으려 하지 않았을 거야. 하지만 이것은 소설이 아니고 진실이니까 여러분은 나를 믿어야만 하지." 그리고, 갑자기, 마지막에서, 마지막 문장에서, 사드는 이제 이 소설의 주인공들인 쥐스틴과 쥘리에트가 죽었으며, 그리고 그들은 사드가 방금 우리에게 전달해 준 이 이야기 이외에 자신들의 모험에 대한 어떤 다른 이야기도 남기지 않았고, 따라서 만약 어떤 새로운 작가가 쥘리에트와 쥐스틴의 모험 이후의 이야기를 들려준다고 주장한다면, 이 작가는 사기꾼이고 거짓말밖에 이야기하지 못할 것인데, 이는 쥘리에트와 쥐스틴이 죽었고, 그들이 사드에게 모든 것을 말해 주었으며, 사드는 다만 엄청난 정확성으로 이 이야기, 그들의 진실한 삶에 대한 이야기를 다시 적었을 뿐이기 때문이라고 설명합니다.

이런 잘 알려진 이야기를 말씀드려서 미안합니다. 여하튼 이는 모든 18세기 소설에서 나타나는, 이를테면 이야기 자체를 말하자면 진실, 있음직함vraisemblance의 원칙 위에 고정시켰던 하나의 전통적 사실입니다. 그리고 18세기의 작가들은 이런 종류의 있음직함-진실vérité-vraisemblance을 확보하기 위한 특정 절차들procédés을 기꺼이 사용했습니다. 사드는 이미 관용적인 특정한 수사학적 절차들을 다시 취합니다. 가령 이렇게 말하는 것입니다. 내가 여러분들에게 이야기 하려고 하는 것, 또는 내가 방금 여러분들에게 이야기한 것은 내 머 릿속에서 나온 것이 아니다. 내가 한 일은 다만 내가 발견한 어떤 수 고手稿, 내가 전달받은 편지, 내가 전해 들은 또는 내가 간파한 또는 믿을 만한 사람의 말 속에, 이미 쓰인 것 또는 이미 말해졌던 것을 다 시 옮겨 적은 것밖에 없다. 말하는 것은 내가 아니라, 다른 사람이며, 내가 무대에 올리는 것은 바로 이 다른 사람이다. 따라서, 나의 말은 이 사람의 존재만큼이나 진실이다. 또 다른 절차는 작가의 직접적 개입으로 이루어집니다. 작가 자신이 어느 순간 자기 자신의 이름 으로 말하기 시작합니다. 가령, 다음과 같은 식입니다. 이 이야기가 여러분에게는 있을 법하지 않은 걸로 보일 수 있다, 그런데 여러분 은 무엇을 바라는가? … 이것은 소설에서라면 있을 법하지 않은 이 야기이겠지만, 여기서는 그렇지 않다, 왜냐하면 나는 여러분들에게 지금 진실을 이야기하고 있는 중이기 때문에.

사드는, 18세기에 크게 유행했고 또, 잘 아시다시피, 디드로Denis Diderot, 1713~1784와 스턴Laurence Sterne, 1713~1768이 천재적 재능을 통 해 사용했던 이런 종류의 절차, 기법을 이견의 여지 없이 서투른 어 색함과 가벼움으로 다시 이용했습니다. 사드는 『알린과 발쿠르』 *Aline et Valcour*[5]에서 자신이 다만 그 자체로 책 한 권의 분량이 되는 어 떤 편지 하나를 옮겨 쓰고 있을 뿐이라고 말하면서, 이 편지가 대략 350쪽으로 분명 편지를 쓴 사람은 알지 못했을 일련의 사건들에 대 해 이야기하고 있다고 말합니다. 자세한 부분은 생략하겠지만, 이것 이야말로 있을 수 없는 일 그 자체입니다! 마찬가지로 사드가 『쥐스틴』의 주석 부분에서 스스로 직접 개입하여 다음과 같이 말하는 것을 들어 보십시오. "이거, 이 이야기는 진실입니다." 사드가 말하고 있는 이 무엇에 대해 살펴보아야 합니다. 일반적으로, 학살은 등장 인물이 성적인 흥분의 가치에 대해 경탄하고 있을 때 촉발될 수 있습니다. 그런데, 여기서, 사드는 더 이상 참지 못하고, 책 하단에 주석을 달아 이렇게 적습니다. "맹세하건대, 이 이야기는 진실입니다. 나를 믿으세요, 엄청난 정확성으로 옮겨 적은 이야기입니다!" 18세기의 저자들이 진실성의 절차로서 사용했던 이 모든 방식들은 실상 사드의 텍스트 안에서는 오직 이를테면 글쓰기의 자극점, 재이중화, 과부하에 불과하고, 사실은 어떤 경우에도 소설을 있을 법함의 내부에 기입시키는 실제적 기능을 수행하지 못합니다. 그런데, 다시 말씀드리지만, 사드는 자신의 소설들 내내 자신이 이야기하려는 것은 진실이라고 끊임없이 말합니다. 그러나, 이 진실이란 무엇일까요? 만약 우리가 사건의 전개를 따라가 본다면, 사드의 텍스트가 단 한 순간도 있음직함을 떠올리게 만들지 않는다는 점은 분명합니다. 무한히 새로워지는 성적 향락jouissances[6]을 얻은 후에 리베르탱들이 끊임없이 학살하는 수많은 사람들, 남녀 수천 명의 죽음과 학살, 로마에서 단번에 24개의 병원과 그곳에 있던 1만 5천 명의 사람들을 단

---

5 『알린과 발쿠르, 또는 철학소설』(*Aline et Valcour, ou le Roman philosophique*)은 1793년 출간된 서한(書翰) 소설이다.
6 라캉에 대한 암시가 분명한 이 용어는 우리말에서 때로 '주이상스'로 옮겨지기도 한다. 어느 경우이든 '성적인 강렬한 쾌락, 희열'을 의미하는 라캉의 용어이다.

번에 파괴해 버리는 사람, 화산의 분출을 불러일으키는 사람을 생각해 보십시오. 이 모든 것은 사드 텍스트에 늘 등장하는 이야기들이고, 사드는 다시 한 번 이렇게 말합니다. "내가 여러분들에게 이야기하는 것은 진실입니다."

그렇다면, 이 진실은 무엇일까요? 따라서 18세기 소설가들의 있음직함-진실과는 전혀 닮지 않은 이 진실, 우리가 이야기의 내용 자체를 살펴볼 때, 결코 글자 그대로는 이해될 수 없는 이 진실 말입니다. 이 진실은 무엇일까요? 그렇습니다! 나는 여기서도 사태가 단순하다고 봅니다. 사드가 말하고 있는 진실이란 실상 자신이 말하는 것의 진실이 아니라, 추론推論,raisonnement의 진실입니다. 18세기 소설가의 문제는 감동을 줄 수 있는 하나의 허구를 있음직함이라는 형식 아래 확립하는 것이었지만, 사드의 문제는 하나의 진실을 분해하는 것, 한 명의 철학자로서 하나의 진실을 분해하는 것이었습니다. 그리고 이는 결코 욕망의 실현에 절대적으로 관련되는 어떤 진실을 분해하는 것이 아니었습니다.

『쥐스틴』이라는 소설의 관건은 살인, 야만성, 지배의 수행 및 욕망의 수행을 통해, 하나의 진실일 무엇인가가 드러나게 만드는 것입니다. 달리 말하면, 등장인물들이 자신의 행위를 완수하는 순간, 또는 그 직전 혹은 직후에, 스스로가 자신의 행위를 설명하거나 정당화하기 위해 말하는 것, 바로 그것이 진실이어야만 하는 무엇입니다. 다시 말해, 진실이어야 하는 것은 추론이자, 욕망의 수행을 지탱해 주는 혹은 욕망의 수행에 의해 촉진되는 합리성rationalité의 이런 형식입니다. 바로 이것이 사드가 자신의 텍스트 내내 우리에게 문제는 진실 자체라고 끊임없이 말했던 바의 의미입니다. 자, 말하자면, 이것이 우리가 사드에 있어서의 욕망과 진실의 관계라는 문제를 올바로 다루기 위해 물어야 했던 출발점이 됩니다.

이제, 이 욕망-진실vérité-désir 관계들은 어떻게 해서, 어떤 형식과 어떤 수준에서 나타날 수 있었던 것일까요? 나는 우리가 이 문제를 두 가지 방식, 두 가지 수준에서 분석할 수 있다고 믿습니다. 첫 번째는 책이라는 존재 자체의 수준이고, 두 번째는 등장인물들에 의해 유지되는 추론의 내용이라는 수준입니다.

오늘 저녁 나는 첫 번째 질문, 곧 책의 존재existence du livre라는 문제를 다루어 보고자 합니다. 문제는 단순합니다. 사드는 왜 글을 썼는가? 사드에 있어 글쓰기écriture 작업은 무엇을 의미할 수 있는가? 우리는 일련의 전기적 사실들을 통해 사드가 우리에게 보존되어 전해진 수보다 훨씬 더 많은 양의 — 이미 그것만으로도 엄청난 양이지만 — 수천 쪽에 이르는 글을 썼다는 사실을 알고 있습니다. 감옥에 있던 사드는 자신에게 주어진 종이의 귀퉁이에만 글을 쓸 수 있었기 때문에 여러 차례 감옥을 옮기면서 사드가 쓴 글의 상당수가 유실되어 버렸습니다. 이렇게 해서, 사드에게 주어졌으며 사드가 바스티유 감옥에서 『소돔의 120일』을 썼던(내 생각에는 아마도 1788~1789년경에 완성한 것 같습니다) 종이는 [민중들의] 바스티유 점령 과정에서 분실되었습니다. 『소돔의 120일』 원고의 분실은 물론 바스티유 점령이 빚어낸 불행한 결과였다고 말할 수 있을 것입니다. 다행스럽게도, 우리는 원고를 되찾았지만, 그것은 사드가 죽은 다음의 일입니다. 원고를 되찾을 것이라는 사실을 알 수 없었던 사드는 "피눈물"을 흘릴 수밖에 없었습니다. 사드는 이 원고를 잃어 버렸기 때문에 피눈물을 흘렸습니다. 이 모든 것, 곧 사드가 글쓰기 에서 보여 준 끈질김, 사드가 자신의 텍스트를 잃어버렸을 때 피눈물을 흘렸다는 사실에 더하여, 사드가 무엇인가를 출판할 때마다 투옥되었다는 사실(물론 정확히 매번은 아닙니다, 출판 후 여러 차례에 걸쳐서입니다)은 사드가 글쓰기에 상당한 중요성을 부여했음을 증명해 줍니다. 글쓰기라는 말은 단순히 쓴다écrire는 사실 이상의 무엇인가, 곧 출판한다publier는 사실을 포함합니다. 왜냐하면 사드는 자신의 텍스트들을 출판했으며, 만약 사드가 운이 좋아 감옥 바깥에 있었다고 하더라도, 사드는 텍스트의 출판으로 인하여 즉시 다시 투옥되었을 것이기 때문입니다.

사드에 있어서의 글쓰기는 진지합니다. 왜 그럴까요? 나는 먼저 사드의 글쓰기가 갖는 중요성이 다음과 같은 것에서 기인한다고 생각합니다. 우선, 그리고 사드 자신이 『쥐스틴과 쥘리에트』에서 이를 여러 번 되풀이해서 말하고 있습니다. 사드는 독자들에게 자신의 소설이 독자들에게 불러일으킬 수 있는 즐거움 때문이 아니라 자신의 소설 안에 존재하는 불쾌함에도 불구하고 그러하다고 말합니다. 사드는 말합니다. "이렇게 끔찍한 이야기를 듣는 것이 즐겁지는 않을 겁니다. 미덕이 언제나 벌을 받고, 악덕은 늘 보상을 받으며, 아이들이 살해당하고, 젊은 남녀가 조각으로 잘려 나가고, 임신한 여인이 목을 매달리고, 병원 전체가 불에 타는 이런 이야기를 듣는 것은 정말 유쾌한 일은 아니지요. 여러분의 감수성이 반발할 테고, 여러분의 마음도 감당을 못 하겠지만, 내가 말을 건네는 대상은 여러분의 감수성도 마음도 아닌, 여러분의 이성, 오직 이성입니다. 나는 여러분에게 하나의 근본적인 진실, 악덕이 늘 보상을 받고 미덕은 늘 벌을 받는다는 진실을 증명하고 싶어요." 그런데 다음과 같은 문제가 제기됩니다. 우리가 사드의 소설을 따라갈 때, 우리는 그 안에 악덕의 보상과 미덕의 처벌에 관련되는 어떤 일관된 논리도 존재하지 않는다는 사실을 알아차리게 됩니다. 사실, 미덕을 지닌 쥐스틴이 불행을 겪게 되는 것은 그녀가 추론상의 오류를 저질렀거나, 그런 일을 예상하지 못했거나, 혹은 그러한 현실을 보지 못했기 때문이 아닙니다. 사실, 쥐스틴은 완벽하게 계산을 했지만, 늘 자의성과 우연의 질서에 의해 어떤 끔찍한 불행이 일어나게 되고, 그 결과 쥐스틴이 불행을 겪게 됩니다. 쥐스틴이 누군가를 막 구해 준 순간, 또 다른 누군가가 그 곁을 지나가면서 방금 쥐스틴이 생명을 구한 그 사람을 죽이고 쥐스틴을 도둑떼의 은신처 혹은 위조지폐범들의 소굴로 끌고 가는 식입니다. 쥐스틴의 불행은 결국 늘 우연에 의해서 발생한 것이지 결코 쥐스틴이 행한 어떤 행동의 논리적인 결과가 아닙니다.

또 다른 면에서, 『쥘리에트 이야기 또는 악덕의 번영』에서도 사정은 마찬가지입니다. 착한 쥘리에트는 너무나도 끔찍한 범죄를 저지르게 됩니다. 자, 결국 쥘리에트 자신이 그녀보다 훨씬 더 끔찍해 보이는 범죄자의 손에 떨어지게 됩니다. 이 범죄자는 '무쇠팔'鐵腕, Bras-de-Fer이라는 이름을 가진 무서운 이탈리아 악한입니다. 이탈리아인의 이름이 '무쇠팔'일 수 있다면 말입니다! 쥘리에트는 사형에 처해지게 되는데, 무엇이 그녀의 죽음을 막아 줄 수 있을까요? 그녀의 정확한 계산? 그녀의 정신? 그녀의 명석함? 전혀 아닙니다. 쥘리에트의 목숨을 살리는 것은 단순히 '무쇠팔'이 그녀가 이전에 알고 지냈던 친한 친구 클레르빌의 남매인 동시에 남편이라는 사실에 의해서입니다. 따라서 모든 일이 정리되고, 쥘리에트는 사형을 면하게 됩니다. 이 경우 악덕의 번영은 쥘리에트의 행동에 따르는 논리적 결과가 전혀 아니며, 다만 우연에 의해 그렇게 될 뿐입니다. 따라서 자의적인 사건들과 조우로 이루어진 하나의 체계를 조종하는 것은 사드 자신입니다. 사드 자신이 악덕은 보상받고 미덕은 벌을 받는 바로 그러한 방식으로 자신의 이야기를 조종해 나가는 자입니다. 그러나 설령 우리가 사건들을 다른 방식으로 배치한다 해도, 우리는 동일한 결과를 얻게 될 것입니다. 따라서 지금 문제가 되고 있는 것은 미덕 혹은 악덕의 합리성 자체가 아닙니다. 마찬가지로 사드가 우리에게 '나는 여러분의 마음이 아니라 이성에게 말을 건넨다'고 말할 때, 사드는 분명 우리를 속이고 있으며, 진정으로 진지한 것이 아닙니다.

자, 이제, 사드가 자신은 우리의 이성에 말을 건네는 것이라고 말할 때, 또 자신은 이러한 증명을 수행하고 있는 것이라고 말할 때, 그러나 사실은 전혀 다른 일을 하고 있는 것일 때, 사드는 무엇을 하고자 했던 걸까요? 나는 사드에 있어서의 글쓰기의 기능을 우리가 정확히 파악하기 위해서는 다음의 텍스트를 살펴보아야 한다고 생각합니다. 그 텍스트는 나의 견해로는 글쓰기 행위에 관련된 사드의 유일한 텍스트인 『쥐스틴과 쥘리에트』입니다. 이 소설에서는 쥘리에트가 한 인물, 곧 자신의 친구들 중 한 여성, 이미 상당히 타락했지만 아직 충분히 타락하지는 않은 한 여성에게 이야기를 합니다. 쥘리에트는 이 친구에게 마지막 가르침, 곧 타락의 마지막 관문을 넘어서는 것에 대해서 이야기를 합니다. 쥘리에트는 다음처럼 친구에게 조언을 해줍니다.[7]

"우선 보름 동안 음탕한 짓을 하지 말아 봐요. 즐거운 일도 하고 재밌는 일도 하지만, 여하튼 보름이 될 때까지는 음탕한 생각은 아예 하지도 말아 봐요. 그리고 보름이 지나면 혼자 자 봐요, 조용하게, 침묵 속에서, 그리고 가장 깊은 어둠 속에서 말이에요. 그리고 이제 당신이 이 보름 동안 물리쳤던 것들에 대해 생각해 봐요. 그 다음엔, 점차로 강도를 높여 가면서, 당신의 상상력에 다양한 종류의 일탈 행위들을 허락하는 자유를 주세요. 이런 상상들을 아주 세세한 부분까지 자세하게 그려 봐요. 그리고 이것들을 연속적으로 계속해서 되새겨 봐요. 이 세상 전체가 당신 것이고, 이 세상의 모든 존재들을 당신 마음대로 바꾸고 잘라 내고 파괴하고 뒤엎을 수 있는 권리가 당신에게 있다고 믿어 봐요. 걱정할 건 아무것도 없어요. 당신 마음에 드는 걸 마음대로 골라요. 어떤 예외도 없이, 어떤 것도 억제하지 말고요. 그게 누구든 전혀 신경 쓰지 말고요. 스스로를 어떤 구속도 어떤 속

---

7 Marquis de Sade, *Œuvres complètes*, Paris, Jean-Jacques Pauvert, 1947~1972, vol. 4, pp. 56~57.

박도 없는 상태가 되도록 해 봐요. 상상력이 어떤 제한도 없이 흘러가게 내버려 두어야 하고, 특히, 서두르지 말아야 해요. 당신의 손이 관능적 욕구가 아닌 온전히 당신의 머리를 따르도록 해 봐요. 자기도 모르는 사이에, 당신은 당신 앞을 스쳐 지나가는 이미지들 중 어떤 하나가 다른 어떤 것들보다 더 강력하게 당신을 흥분시킨다는 사실을 알아차리게 될 거예요. 그리고 당신은 그 힘이 너무도 강력해서 당신이 그것으로부터 멀어지거나 다른 것으로 대체할 수 없다는 사실을 알게 될 거예요. 내가 지금 당신에게 가르쳐 준 이 방식에 의해 얻어진 생각이 당신을 지배하고 사로잡게 될 거예요. 광적인 흥분이 당신의 감각을 사로잡고, 이미 절정에 다다른 당신은 '음탕한 년'une Messaline처럼 오르가즘을 느끼게 될 거예요. 일단 이렇게 되면, 다시 촛불을 켜고 방금 전까지 당신을 불태웠던 일탈을, 세세한 부분을 알려 줄 어떤 상황도 빼놓지 않도록 유의하면서 탁자 위에서 세세히 옮겨 적어 봐요. 그리고 이 일을 하다가 잠드는 거예요. 다음 날 일어나서 그 글을 다시 읽어 봐요. 그리고 이미 당신의 정액을 흘리게 만든 그 생각에 대해 약간은 무감각해진 당신의 상상력을 다시 자극시킬 수 있는 모든 걸 덧붙여 보면서, 당신의 작업을 다시 시작해 봐요. 그리고 이제 이 생각을 구체화해 보면서, 당신의 머리가 이끄는 대로 여러 가지 에피소드들을 마음대로 모두 덧붙여 봐요. 일단 직접 해 보면, 당신은 어떤 방식이 자기에게 가장 잘 맞는 거리두기의 방식인지를 알게 될 거예요."

자, 결국, 이 텍스트는 우리에게 글쓰기의 활용을 명료하게 보여 주는 텍스트입니다. 우리는 이제 이 텍스트가 글쓰기의 완벽하고도 명료한 활용을 보여 주는 텍스트라는 것을 이해하게 됩니다. 이 텍스트의 관건은 자위를 하는 하나의 전형적인 절차procédé를 보여 주는 것입니다. 우리는 상상력에 완전한 자유를 부여함으로써 시작하여, 첫 번째 희열jouissance을 느끼고, 글을 쓰고, 잠이 들고, 그리고 그것을 다시 읽고, 상상력을 새롭게 발동시키고, 글쓰기를 통해, 그리고, 사드가 말하듯이, 마치 요리법recette과도 같은 방식을 따라, 그것을 세련되게 만들어 봅니다. "일단 직접 해 보면…" 내 생각에는, 이 텍스트와 관련하여 다음의 세 가지 사항을 지적해 두어야 할 것 같습니다. 첫째, 보시다시피, 이 글에서 글쓰기는 다른 곳에서 사드가 말하고 있는 ── 가령 사드가 "내가 글을 쓰는 이유는 당신의 감각이나 상상력 혹은 마음을 향해서가 아니라, 오직 당신의 머리를 향해서 말하기 위해서, 그러니까 당신을 설득하기 위해서입니다"라고 말할 때처럼 말이지요 ── 합리적 의사소통의 도구가 전혀 아닙니다. 보시다시피, 글쓰기는 보편적 합리성의 도구가 전혀 아니며, 개인적 몽상rêverie의 도구, 보조물, 순수하고도 단순한 수단으로 드러납니다. 글쓰기는 에로틱한 꿈을 성적 실천과 이어 주는 하나의 특정한 방식입니다. 그리고 이 텍스트는 각자가 자신에게 가장 잘 맞는 방식을 찾아야 한다는 말로서 이것이 순수하게 개인적인 방식의 문제라는 것을 잘 말해 주고 있습니다. 글쓰기는 따라서 몽환fantasmagorie의 구축, 성적 실천의 구축 안에 존재하는 하나의 단계, 몽상으로부터 실행으로 나아가는 순수하고도 단순한 하나의 단계입니다.

우리가 지적해 볼 수 있는 두 번째 사실은 이 몽환적 글쓰기의 방식, 이 순수하게 에로틱한 글쓰기의 방식, 이 모든 것이 사드 자신이 겪은 일이라는 것은 매우 있음직한 일인데, 사드는 실제로 바로 이러한 있음직함을 따라 자신의 소설을 썼으리라는 것입니다. 쥘리에트가 방금 설명한 부분은 틀림없이 사드가 자신이 갇혀 있던 40년의 시간 동안 매일 아침저녁으로, 아마도 대부분 실제로, 행했던 일들일 것입니다. 사드가 이곳에서 묘사하고 있는 이러한 글쓰기는 다름 아닌 자기 책의 글쓰기이자, 자신의 고독한 광기의 글쓰기입니다.

세 번째로 지적되어야 할 것은 우리가 글쓰기의 역할에 대한 사드의 이러한 묘사를, 다시 쓰긴 했지만 원래의 주장에 거의 충실한 형태로, 다시금 발견하게 되는 것이, 어떤 금지된 텍스트가 아닌, 전적으로 공적인 텍스트, 곧 『소설에 대한 생각들』*Les Idées sur le roman*[8] 안에서라는 사실입니다. 사드는 이 텍스트에서 말합니다(그리고 사드는 여기서 이렇게 이 텍스트와 자신의 글쓰기 실천에 대한 권위를 동시에 부여합니다). 사드는 소설가romancier가 반드시 다음과 같은 식으로 소설을 써야 한다고 말합니다. 우선, 좋은 소설가는 마치 자기 어머니의 연인인 양, 어머니의 품속으로 뛰어들 듯, 자연nature[9] 속

---

8 [옮긴이] 사드는 바스티유에 감금되어 있던 1787~1788년 사이에 쓴 11편의 소설을 모아 1800년 『사랑의 죄악』(*Les Crimes de l'Amour*)이라는 소설집을 내면서 책의 앞부분에 『소설에 대한 생각들』(*Idée sur les romans*)이라는 짧은 논평을 함께 싣는다. 이 강연에서 푸코는 글의 제명을 약간 달리 인용하고 있다.

으로 스스로를 던져야 합니다. 소설가는 어머니 자연과 근친상간을 행하는 아들입니다. 소설가는, 여기서 우리가 보는 것처럼, 마치 한 인물이 자신의 상상력에 몸을 맡기듯이, 자신의 자연-어머니mère-nature에 몸을 맡겨야 합니다. 다음으로, 일단 자연의 품속에[10] 잠겨 버린 소설가는 글을 쓰게 될 것인데, 사드의 말에 따르면, 소설가는 이때 자신에게 주어진 가슴을 열어젖히며 글을 쓰게 되리라고 합니다. 보시다시피, 여기서도 역시, 성적 이미지가 명백히 드러납니다. 이 순간, 사드는 말합니다, 어머니의 가슴을 뚫고 열어젖힌 소설가는 어떤 방해물에 의해서도 제한되거나 억제되어서는 안 되며, 사드에 따르면, 스스로에게 이렇게 말합니다. "이런 재갈을 부수어 버리는 것이 네가 우리에게 준비하여 보여 주는 즐거움plaisir에 필수적인 것이라면, 이야기의 모든 지엽말단을 파괴할 수 있는 너의 권리를 마음껏 사용하기를." 결과적으로, 자연은 진실들을, 하나의 이야기를 제공해 줍니다. 자연은, 자신의 자식에게 즐거움을 주는 어머니 안에서, 여러 요소들을 제공해 주지만, 소설가는 반드시 이 요소들을 체계적으로 다양하게 만들고, 변형시키며, 정확히 마치 내가 방

9　[옮긴이] 이때의 nature는 자연 대신, 본성 혹은 본질로 번역할 수도 있다. 사드에 있어서의 '자연' 개념은 그의 사유에서 결정적 중요성을 갖는 것으로, 다음 가라타니 고진(柄谷行人)의 글이 짧지만 참고할 만하다. 가라타니 고진, 조영일 옮김, 「사드의 자연 개념에 관한 노트」, 사드, 『규방철학』, 이충훈 옮김, 도서출판b, 2005, 294~299쪽.

10　[옮긴이] '자연의 품속에'의 프랑스어 원문은 au sein de la nature로서 숙어로서 글자 그대로 직역하면 '자연의 가슴속에'이다. 바로 다음 문장에서 푸코는 사드가 이를 글자 그대로 가슴(乳房)으로 읽는다고 지적한다.

금 여러분들께 읽어 드린 묘사에 등장하는 것처럼, 처음부터 주어져 있는 모성적이고 근친상간적인 일반적 상상력으로부터 출발하여, 자연 안에서 절대적 주인을 느껴야만 합니다. 리베르탱은 이미지들을 다양화·복수화하기 위하여 자신의 상상력을 사용합니다. 텍스트『소설에 대한 생각들』은 다음처럼 이어집니다. 이제, 너는 어떤 하나의 일정한 밑그림에 이르게 될 것인데, 이 밑그림이 일단 한번 종이 위에 옮겨지고 나면, 스스로 맹렬히 확장될 것이고, 특히나 이제는 너를 얽매고 너의 계획을 넘어서 있다고 너 스스로 생각했던 어떤 한계도 없이 그렇게 될 것이므로, 너는 그것을 마음대로 바꾸어라, 증식시켜라. 보시다시피,『소설에 대한 생각들』에 등장하는 이 구절은 성적 몽환 속에서 일어나는 일에 상응하는 것입니다. 왜냐하면, 이 부분의 관건은, 일단 일정한 밑그림이 그려졌을 때, 그것을 다시 취하고, 그것에 대해 작업을 수행하고, 이러한 글쓰기에 대해 상상력을 발동시켜야 한다는 점이기 때문입니다. 그리고 이는 마치 몽환을 체험한 다음 날 아침 우리가 밤에 쓴 텍스트를 다시 들고 다시 읽으며, 우리의 상상력에 제공되는 모든 세부적 사항을 덧붙이며, 다시 써 내려가는 일과 완전히 동일한 것입니다. 마침내『소설에 대한 생각들』이라는 텍스트는 이렇게 끝납니다. "내가 너에게 요구하는 것은 단 하나, 너의 관심intérêt[11]을 마지막 페이지까지 밀고 나가라는 것이다."

---

11 [옮긴이] 물론 이 용어는 이익, 이해, 흥미, 호기심 등으로 옮길 수도 있다.

여러분이 여기서 보시다시피, 마지막 페이지는 내가 여러분들께 말씀드렸던 텍스트 안에서 현실이 수행했던 바로 그 역할을 수행합니다. 다시 말하면, 글쓰기에 대한 두 가지 묘사들, 곧 우리가 여기서 보는 바와 같은 몽환적 글쓰기의 묘사와 사드가『소설에 대한 생각들』에서 말하는 바와 같은 글쓰기에 대한 조언은 전적으로 대칭을 이루고 있습니다. 우선, 절차가 동일합니다. 다만, 양자는 다음 두 요소에서만 다릅니다. 첫 부분에서, 쥘리에트의 몽환에서는 상상력의 자유가 주어지고,『소설에 대한 생각들』에서는 자연이 주어집니다. 마지막 부분에서 다양화되는 요소를 살펴보면, 쥘리에트의 몽환에서는 현실이 관련되고(사드는 "일단 직접 해 보면"이라고 말합니다),『소설에 대한 생각들』에서 사드는 이렇게 해서 우리가 마지막 페이지까지 이르게 된다고 말합니다. 그러나 우리가 잠시 후 다시 보게 될 이 두 요소를 제외하면, 두 과정은 동일한 과정이고, 사드가 소설은 이렇게 써야 한다고 말하는 방식과 사드가 아마도 실제로 자신의 소설을 쓴 방식은 사드가 여기서 성적 몽환을 위해 글쓰기를 이용해야 한다고 권유하는 방식과 일치합니다. 내 생각에는, 결과적으로, 환영illusion을 만들 필요는 없습니다. 사드에 있어서의 글쓰기가 그의 소설에서 말하는 바와 전혀 같지 않다는 점, 사드의 글쓰기가 이성으로부터 출발하여 듣는 자의 이성에 호소하는 합리적인 무엇인가가 전혀 아니라는 점은 명백합니다. 실상, 사드의 글쓰기는 전혀 다른 무엇인가에 관련되어 있습니다. 사드의 글쓰기는 성적 몽환이며, 그것이 성적 몽환인 한, 우리는 다음과 같은 질문을 다시 만나게 될 것입니다. 그렇다면 사드의 글쓰기는 진실과 어떤 관련을 가질 수 있는가? 우리가 다만 순수하고도 단순한 성적 몽환을 종이 위에 다시금 옮겨 적고 있는 것에 불과하다면, 우리는 어떻게 진실을 말하고 있다고 주장할 수 있는가? 사드가 우리를 속이고 있는 것이 아닌가? 사드가, 실제로는 자신의 상상을 즐기듯이 글쓰기를 즐기거나, 혹은 차라리 자신의 상상을 더 잘 활용하기 위하여 글쓰기를 하면서, 우리에게는 진실을 말하고 있다는 식의 비양심적인 뻔뻔스러움을 보여 줄 때, 사드는 그저 순수하고도 단순하게 우리를 이용하고 있는 것은 아닌가?

나는 우리가 방금 읽은 이 텍스트를 조금은 엄밀한 방식으로 연구해 보아야 한다고 생각합니다. 사실, 이 텍스트에서 글쓰기는 정확히 어떻게 작용하고 있는 것일까요?

첫 번째로, 이 텍스트에서 글쓰기는 상상적인 것l'imaginaire과 현실적인 것le réel을 이어 주는 매개적intermédiaire 역할을 수행합니다.[12] 사드, 혹은 여하튼 이 자리에서 문제가 되고 있는 이 인물은 처음부터 가능한 상상적 세계 전체를 스스로에게 부여합니다. 그는 이 상상적 세계를 다양하게 변화시키고, 그 한계를 지나치고, 그 경계를 뒤흔들고, 심지어 스스로가 이미 모든 것을 다 상상했다고 믿을 때에는 그것을 넘어서기도 합니다. 그리고 그가 여러 차례 다시 쓰게

---

12 [옮긴이] 상상적인 것(l'imaginaire)과 현실적인 것(le réel)이라는 용어는 물론 라캉(Jacques Lacan, 1901~1981)의 용어이며, 따라서 이를 상상계와 실재계로 옮길 수도 있다.

될 것이 바로 이것입니다. 그는 이것을 한 번, 오직 한 번만 옮겨 쓸 것입니다. 그리고 그는 오직 한 번만 현실, 저 유명한 '일단 직접 해 보면'에 도달할 것입니다. 마치 이미 우리가 수만 명의 아이들을 학살했고 수백 개의 병원들을 불태웠으며 화산을 폭발시킨 다음이라면, 이런 직접 해 보기는 아무것도 아니라는 듯이 말입니다. 글쓰기는, 따라서, 우리를 현실로 이끌어 주지만 동시에, 사실을 말하자면, 현실을 비존재inexistence라는 한계까지 밀어붙이는 이러한 절차, 이러한 계기입니다. 글쓰기는 상상력을 확장시키는 것, 상상력을 배가시키는 것, 경계를 뛰어넘게 해주는 것, 그리하여 현실을, 텍스트에서는 '직접 해 보면'이라는 형식 아래 잘 나타나 있듯이, 이 거의 아무것도 없음ce presque rien으로 환원시키는 것입니다. 글쓰기는 말하자면 현실원칙principe de réalité을 상상력의 경계 너머 가장 먼 곳까지 밀어붙일 수 있게 해주는 것입니다.[13] 또는 차라리 글쓰기는 상상력을 넘어 인식의 순간을 밀어붙이도록, 늘 빠져나가도록 강요하는 것입니다. 또 글쓰기는 상상력이 작동하도록 강요하는 것, 현실의 계기에 일정한 유예猶豫, délai를 가져오는 것이며, 궁극적으로는 현실원칙을 대체하게 되는 것입니다. 글쓰기 덕분에, 상상력은 이제까지 자신에게 절대적으로 필요 불가결한 것이었던 한 걸음, 곧 현실이라는 한 걸음을 옮기지 않을 수 있게 되었습니다. 글쓰기는 현실을 상상력

---

13 [옮긴이] 이 문장의 현실원칙(Realitätsprinzip)과 다음 부분의 쾌락원칙(Lustprinzip)은 물론 프로이트(Sigmund Freud, 1856~1939)의 용어들이다.

자체만큼이나 비현실적인irréel 존재에 이르기까지 밀어붙입니다. 글쓰기는 현실원칙의 장소를 지탱해 주는 것이자, 상상력이 결코 현실에 도달하지 못하도록 만드는 것이기도 합니다.

글쓰기의 첫 번째 기능은 따라서 현실과 상상력의 경계를 철폐하는 것입니다. 글쓰기는 현실을 제거하는 것, 그리하여, 상상적인 것 자체의 모든 한계를 무화시키고 소거하는 것입니다. 이제, 글쓰기의 덕분으로, 우리는 — 프로이트의 용어를 사용한다면 — 쾌락원칙principe de plaisir에 의해 전적으로 지배되면서 결코 현실원칙과 만나지 않는 하나의 세계를 갖게 될 것입니다.

두 번째로, 계속해서 이 텍스트에 대해 말해 보자면, 우리는 이 글쓰기가 매우 정확히 성적 향락jouissance의 두 순간 사이에 위치하고 있는 것을 알게 됩니다. 사실, 상상력의 운동이 면밀하게 점차적으로 첫 번째 성적 향락으로 인도되어야 하며, 우리가 글을 쓰게 되는 것은 오직 그 이후라는 점은 텍스트에 잘 설명되어 있습니다. 그다음 우리는 얌전하게 잠을 자고, 다음 날 아침 우리는 이 글을 다시 읽습니다. 사드는 우리에게 우리가 이 모든 것을 다시금 되풀이할 수 있다고 말해 줍니다. 성적 몽환의 내부에서 되풀이의 원칙principe de répétition을 작동시키는 글쓰기, 다시 말해, 우선, 우리가 꿈꾼 것으로 되돌아가고, 상상 속에서 그것을 되풀이하고, 우리가 그것을 반복되는 상상 속에서 되풀이하면서 이미 지나간 것, 곧 향락을 되풀이하여 얻을 수 있는 것은 이러한 글쓰기, 이 글로 쓰인 것 덕분입니다.

글쓰기는 되풀이된 향락의 원리le principe de la jouissance répétée입니다. 글쓰기는 다시 즐기는re-jouit 것,[14] 또는 다시 하도록 해주는 것입니다. 글쓰기의 쾌락주의, 다시-향락하기re-jouissance로서의 글쓰기는 이렇게 해서 자신의 특성을 부여받게 됩니다. 그리고 사드는 사실상, 전통적으로 18세기 고전주의 문학 이론에서, 글쓰기의 점증하는 관심이라는 원리principe de l'intérêt croissant de l'écriture, 다시 말해 우리는 관심이 끝까지 유지되는 방식으로 사실들을 이야기하고자 했다는 사실을 특징짓는 모든 것에 대해 가장 급진적인 동시에 가장 뻔뻔스러운 성적 근원과 원리, 곧 성적 향락의 영속적 재再시작이라는 원리로서의 글쓰기écriture comme principe de recommencement perpétuel de la jouissance sexuelle를 제공하고 있는 것입니다. 글쓰기는 따라서 이제 시간적 제약의 소거에, 피로, 피곤, 노령과 죽음의 소거에 봉사하게 될 것입니다. 글쓰기로부터 출발하여, 모든 것이 영속적으로 무한히 다시 시작할 수 있게 됩니다. 어떤 피곤, 어떤 피로, 어떤 죽음도 이 글쓰기의 세계 안에서는 자라나지 못할 것입니다. 방금 우리가 본 것처럼, 글쓰기는 쾌락원리와 현실원리 사이의 차이를 소거하는 것입니다. 글쓰기의 두 번째 기능은 따라서 시간적 한계를 소거하고, 자기 자신을 위하여 되풀이를 해방시키는 것입니다. 우리는 되풀이의 세계 자체 안에 존재하게 될 것이며, 이것이 우리가 사드의 소설들에서 내내 같은 이야기, 또한 같은 몸짓, 같은 행동, 같은 인물과 같은

---

14 [옮긴이] '성적으로 즐긴다'는 의미의 동사 jouir에 '다시'라는 의미를 부가한 rejouir 동사는 '기쁘게 하다, 기뻐하다'는 뜻을 갖는데, 푸코는 이를 re-jouir 동사의 형태로 표현하여 '다시, 되풀이하여'라는 의미를 분명히 하였다. 한편, 본문에서 '향락'으로 번역된 프랑스어 jouissance가 바로 이 jouir 동사의 명사형이다. 마찬가지로 '다시-향락하기'로 번역한 re-jouissance는 re-jouir 동사의 명사형으로 볼 수 있다.

담론이 되풀이되는 것을 보게 되는 이유입니다. 그리고 같은 추론 역시 마찬가지인데, 이는 정확히 이러한 글쓰기의 세계에는 더 이상 어떤 시간적 한계도 존재하지 않기 때문입니다. 쥘리에트 이야기의 끝, 마지막 권은 다음과 같은 말로 끝납니다. "우리의 주인공들은 방금 여러분이 읽은 것과 꼭 닮은 모험을 10년을 더 겪었다." 그리고 쥘리에트는 세계에서 사라져 버렸는데, 우리는 우선 그녀가 어떻게 사라졌는지 알지 못합니다. 사실 쥘리에트는 사라져야만 할 이유도 없는데, 왜냐하면 우리는 결국 되풀이의 세계 안에 존재하고 있기 때문입니다. 모든 것은 무한히 되풀이되어야만 하고, 따라서 근본적으로 쥘리에트는 참으로 죽을 수 없습니다.

글쓰기의 세 번째 기능은, 여전히 이 텍스트를 중심으로 말해본다면, 단순히 향락의 무한정한 되풀이를 도입하는 것에 그치지 않으며, 상상력으로 하여금 자신의 고유한 한계들을 넘어서게 만들어주는 것입니다. "다시 촛불을 켜고 방금 전까지 당신을 불태웠던 일탈을 세세한 부분을 알려 줄 어떤 상황도 빼놓지 않도록 유의하면서 탁자 위에서 세세히 옮겨 적어 봐요. 그리고 이 일을 하다가 잠드는 거예요. 다음 날 일어나서 그 글을 다시 읽어 봐요. 그리고 이미 당신의 정액을 흘리게 만든 그 생각에 대해 약간은 무감각해진 당신의 상상력을 다시 자극시킬 수 있는 모든 걸 덧붙여 보면서, 당신의 작업을 다시 시작해 봐요."

그리고 결과적으로 되풀이되는 글쓰기는 또한 증식시키는 글쓰기, 악화시키는 글쓰기, 무한정하게 증가하면서 증식되는 글쓰기이기도 합니다. 이 '다시쓰기'réécriture, 이 쓰기-읽기-다시쓰기-다시 읽기écriture-lecture-réécriture-relecture 등은 상상력을 무한정하게, 언제나 더 멀리, 다시 시작할 수 있게 해줍니다. 매번 글을 쓸 때마다, 우리는 새로운 한계들을 넘어서게 됩니다. 글쓰기는 스스로를 열어젖히는 동시에, 이미지, 쾌락, 과잉이 어떤 한계도 없이 확장되는 하나의 무한한 공간이 자신의 앞에서 열리는 것을 봅니다. 결과적으로, 현실과 관련하여서는 쾌락의 탈脫한계화illimitation 작업이면서, 시간과 관련하여서는 되풀이의 탈한계화 작업이라 할 글쓰기는 동시에 이미지 자체의 탈한계화 작업입니다. 글쓰기는 한계 자체에 대한 탈한계화illimitation de la limite elle-même 작업인데, 이는 글쓰기가 모든 한계를 하나씩하나씩 다 넘어서 버리기 때문입니다. 결코 어떤 이미지도 결정적으로 안정화되지 않으며, 결코 어떤 욕망도 특정한 환상fantasme에 의해 포획되지 않습니다. 하나의 환상 뒤에는 늘 또 다른 환상이 존재할 수밖에 없는데, 따라서 이는 글쓰기가 우리에게 보장해 주는 환상의 한계들 자체에 대한 소거 작업이 되고 맙니다.

글쓰기의 네 번째 기능은 텍스트 자체 안에 잘 이야기되어 있습니다. "일단 직접 해 보면, 당신은 어떤 방식이 자기에게 가장 잘 맞는 거리두기의 방식인지를 알게 될 거예요." 다시 말해서, 환상들의 탈한계화 및 시간 안에서의 되풀이의 탈한계화를 가능케 해주는 이 절차 덕분에, 이 글쓰기는 개인이 ——다른 모든 개인들과 달리, 행위의 모든 규범과 관습을 넘어, 모든 법을 넘어, 모든 금지된 것과 허용된 것을 넘어서—— 가능한 최대의 거리, 틈새를 획득할 수 있게 해줍니다. 다시 말해서, 이렇게 상상되고, 글쓰기에 의한 작업을 거쳐, 극단까지 밀어붙여진, 이 극단의 한계 너머 자체에까지 밀어붙여진 행위, 이 행위는—— 글쓰기가 적절한 구분을 파기해 버렸기 때문에 이 행위가 실제로 행해졌는가 아닌가는 더 이상 중요하지 않습니다 ——, 이 행위는 개인을 다음과 같은 불가능의 지점point de l'impossible에 위치시킵니다. 개인은 이제 특이성 자체의 가장 일탈적 지점point le plus déviant de toute singularité에 존재하게 되고, 가능한 가장 커다란 틈새偏差, écart에 위치하게 되면서, 더 이상 어떤 누구와도 공통점을 갖지 않게 됩니다. 글쓰기는 따라서, 이러한 운동의 동인動因으로서의, 과잉과 극단의 원칙principe de l'excès et de l'extrême입니다. 글쓰기는 개인을 단순히 특이성 안에 위치시키는 것에 그치지 않고, 개인을 치유 불가능한 고독 속으로 몰고 갑니다. 이 순간 이후, 사드는 이러한 주장을 다른 텍스트들 안에서 연이어 펼칩니다. 주체, 개인이 이러한 행위를 절대적으로 가증스러운 것, 절대적으로 불가능한 것으로 생각했다 해도, 일단 그가 그것을 실제로 행한 이후에는, 결코 뒤로 되돌아갈 수 없습니다. 어떤 후회, 어떤 회한, 어떤 되돌림도 이제는 더 이상 가능하지 않습니다. 이 행위를 행한 이후로, 개인은 이제 절대적이고도 전적으로 범죄적인 존재가 됩니다. 어떤 것도 이 범죄crime가 존재했다는 사실을 소거할 수 없으며, 어떤 것도 범죄로서의 개인을 소거하지 못합니다. 글쓰기는 따라서 그것으로부터 범죄자를 범죄자로서 확립시키는, 여하튼 확립시키게 될, 원리입니다. 글쓰기는 최후의 과잉에 기초를 놓습니다. 그런데, 이 순간 이후, 글쓰기가 개인을 이러한 극단에 위치시킨 이러한 순간 이후에도, 여전히 우리가 범죄에 대해 말하는 것이 실제로 가능할까요? 후회가 없다면, 개인이 이미 벌어진 범죄를 어떤 경우에도 이전으로 되돌릴 수 없다면, 어떤 처벌도 실제로 범죄에 도달할 수 없다면, 개인의 의식이 그 행위를 범죄로 인식하지 않는다면, 이제, 범죄 자체가 소거되면서, 자신과 타인의 눈앞에, 법을 위반하는 범죄가 전혀 아니라, 단지 절대적으로 특이한 존재로서의 개인이 나타납니다. 솟아오릅니다. 이제 범죄는 사드에 있어서 핵심적인 하나의 관념을 위해 사라져 버립니다. 그 관념은 불규칙성irrégularité의 관념입니다.

이렇게 해서, 이미 상당한 한계들을 소거시켜 버렸던 글쓰기는 이제 범죄와 범죄 아닌 것, 허용된 것과 그렇지 않은 것 사이의 이 마지막 경계마저도 소거해 버립니다. 글쓰기는 무한정한 세계에 불규칙성을 도입합니다. 이렇게 해서, 이제 우리는 사드가 '나는 진실을 말하기 위해서 쓴다'고 말했을 때, 그가 의미했던 바를 보다 잘 이해하게 됩니다. 사실, 사드에 있어서의 진실을 말하기란 우리가 이미 살펴보았던 18세기 소설가들의 방식과 닮은 무엇인가를 말하는 것이 전혀 아닙니다. 진실을 말하기란, 사드에게 있어, 욕망, 환상, 상상력을 진실과의 어떤 관계 안에 확립하는 것입니다. 이 진실과의 관계란 더 이상 욕망에 반대되거나, 욕망에 대해 안 된다고 말하거나, 욕망에게 '네가 건드려서는 안 되는 것이 있어'라고 말하거나, 혹은 욕망에게 '넌 착각하고 있는 거야, 넌 그저 환상이고 상상일 뿐이야'라고 말할 수 있는 현실원리가 존재하지 않게 될 그러한 관계입니다. 전적으로 욕망에 복종하면서 욕망을 작동시키고 증식시키는 글쓰기가 현실원리를 단번에 몰아낸 순간 이후로, 환상의 검증은 더 이상 불가능합니다. 다시 말해서, 모든 환상이 진실한 것이 되고, 상상력 자체가 자신의 증명이 됩니다. 혹은 차라리, 가능한 유일한 증명은 하나의 환상을 넘어서 그것으로부터 또 다른 환상을 찾아낸다는 사실입니다.

두 번째로, 글쓰기는 욕망을 진실의 질서 안으로 진입시키는데, 이는 글쓰기가 시간의 모든 한계를 소거하고, 따라서 욕망을 되풀이의 영원한 세계 안에 도입시키는 것이기 때문입니다. 욕망은 어떤 주어진 순간에만 존재하고 사라져 버리는 것이 아닙니다. 욕망은, 글쓰기의 덕분으로, 더 이상 어떤 한 순간에 존재하는 진실된 것이었지만 이제는 거짓된 것이 되어 버리고, 삶의 끝에서 그리고 죽음의 순간에, 공상적인 것으로 드러나는 어떤 것이 아닙니다. 왜냐하면 삶의 끝도 죽음의 순간도 더 이상 존재하지 않으며, 우리가 영속적인 되풀이 안에 있기 때문입니다. 그리하여, 갑자기, 이런 시간적 장벽의 폐지, 되풀이되는 세계의 설립은 욕망을 언제나 진실된 것, 결코 그 가치가 무화될 수 없는 것으로 만들어 줍니다.

세 번째로, 글쓰기는 욕망을 진실의 세계 안으로 도입하는데, 이는 글쓰기가 욕망을 위해 합법적인 것과 비합법적인 것, 허용된 것과 허용되지 않은 것, 도덕적인 것과 비도덕적인 것의 모든 경계와 한계를 소거하기 때문입니다. 다시 말해, 글쓰기는 욕망을 언제나 한계가 없으며 무한히 가능한 가능성의 공간 안으로 도입합니다. 글쓰기는 상상력과 욕망으로 하여금 자기 자신의 고유하고도 특이한 개체성만을 조우하도록 만듭니다. 글쓰기는 욕망으로 하여금, 말하자면, 결코 절대로 스스로를 억누르거나 가로막지 않도록, 늘 자기 자신의 고유한 불규칙성의 절정에 머무르도록 해줍니다.

욕망은 늘 자기 자신의 고유한 진실과 발맞추어 걷습니다. 따라서, 글쓰기라는 사실로부터 산출되는 이 모든 무제한성의 결과로서, 욕망은 자신 안에 자신의 고유한 진실, 고유한 되풀이, 고유한 무한성, 고유한 검증의 심급을 모두 소유하는 하나의 절대적 주권자가 될 것입니다. 이제 더 이상 어떤 것도 욕망에게 '너는 거짓'이라고, 더 이상 어떤 것도 욕망에게 '너는 전체성이 아니'라고, 더 이상 어떤 것도 욕망에게 '네가 꿈꾸는 것이 있지만, 네게 반대되는 것도 있다'고 말할 수 없습니다. 이제 더 이상 어떤 것도 욕망에게 이렇게 말할 수 없습니다. "너는 이렇게 살지, 하지만 현실은 네게 다른 것을 보여 준단 말이야." 글쓰기의 덕분으로, 욕망은 어떤 외부로부터의 반박도 불가능한, 무한정하고도 절대적인 전체로서의 진실의 세계 안으로 진입합니다.

이런 의미에서, 여러분은 이제 사드의 글쓰기가 어떤 의미에서도 누군가에게 다른 누군가의 감정 혹은 생각을 소통 혹은 이해시키려 하거나 제안하는 등의 특성을 갖지 않는다는 것을 이해하셨을 것입니다. 사드의 글쓰기는 외적인 진실을 통한 타인의 설득과는 전혀 무관합니다. 사드의 글쓰기는 실제로는 아무에게도 말을 걸지 않는 글쓰기입니다. 사드의 글쓰기가 아무에게도 말을 걸지 않는 글쓰기인 까닭은 그것이 사드가 자신의 머릿속에 품고 있을 수도 있는 진실, 혹은 사드가 인정하는 진실, 독자와 마찬가지로 저자 자신도 설득되고 마는 진실을 통하여 누군가를 설득하려는 의도를 조금도 갖지 않기 때문입니다. 사드의 글쓰기는 어떤 의미에서든 아무도 이해할 수 없으며, 마찬가지로 아무도 설득시킬 수 없다는 점에서, 절대적으로 고독한 글쓰기입니다. 그러나, 그럼에도 불구하고, 사드에게는 이러한 일이 절대적으로 필요한 일입니다. 그 이유는 사드에게는 이 모든 환상이 글쓰기를 통해서, 글쓰기가 물질성을 부여받고, 글쓰기가 견고함을 부여받는 글쓰기 행위를 통하여 이루어지는 것이었기 때문입니다. 우리가 쥘리에트에 관한 텍스트에서 말했던 것처럼, 우리가 읽고 교정하고 다시 취할 수 있고, 또 이러한 과정을 무한히 되풀이할 수 있는 것은 이 글쓰기, 이 물질적 글쓰기, 한 장의 종이 위에 배치된 기호들로 이루어진 이 글쓰기 덕분입니다. 그리고 욕망을 모든 외부, 시간, 상상력의 한계, 방어막, 허가가 완벽히 그리고 결정적으로 철폐된 하나의 공간, 어떤 한계도 없는 하나의 공간 안에 위치시키는 것이 바로 이 글쓰기입니다. 글쓰기는, 따라서, 극히 단순히 말하자면, 어떤 한계도 없는 지점에 결국 도달하고야 만 욕망입니다. 글쓰기는 진실이 되어 버린 욕망, 욕망의 형식을 지닌 진실입니다. 글쓰기는 되풀이되는 욕망, 한정이 없는 욕망, 어떤 [금지의] 법도 갖지 않는 욕망, 어떤 억제도 모르는 욕망, 외부가 없는 욕망이라는 형식을 갖는 진실입니다. 글쓰기는 욕망과 관련된 외부성extériorité의 철폐입니다. 그리고, 의심의 여지 없이, 이것이 사드의 작품에서 보이는 글쓰기가 실제로 성취한 바이자, 사드가 글을 쓰는 이유입니다.

두 번째 강연

우리는 사드가 몽상을 사용하여 글을 쓴 이유, 사드의 글쓰기라는 층위에서 욕망, 환상, 몽상, 에로틱한 몽환의 관계를 살펴보았습니다. 이제 우리는 분석의 지점을 약간 이동해서, 이론적 담론에 대해서라기보다는 사드의 텍스트에서 규칙적으로 발견되곤 하는 에로틱한 장면과 이론적 담론 사이의 교차 작용에 대해 알아보려 합니다(나는 사드가 자기 소설의 등장인물들 및 파트너들이 서로를 맡기는 모든 성적 결합에 대해 설명하고 묘사하는 부분을 '장면'scène으로, 에로틱한 장면들과, 거의 균형 잡힌 정확성으로, 번갈아 가며 규칙적으로 등장하는 긴 이론적 부분을 '담론'discours으로 부르고자 합니다). 그러니까, 나는 나의 분석을 이 문제로부터, 여하튼, 담론과 장면의 교차 작용이라는 이 문제로부터 출발시키고자 합니다. 우선, 이 교차 작용은 단순히 가시적인 데 그치지 않고, 끊임없이 뇌리를 괴롭히는 것인데, 이는 각각의 장면이 기계적인 규칙성을 따라——그 역시 하나의 장면에 이어지는——이론적 담론에 뒤이어 나타나기 때문입니다. 이는 총 10권으로 된 『쥐스틴』과 『쥘리에트』 모두에서 내내 관찰되는 바입니다. 그런데 『소돔의 120일』에서는 이러한 기계적 규칙성이 사전에 조직되어 있습니다. 이렇게 말할 수 있는 이유는 하루의 몇 시간은 매우 의도적으로 담론에 할애되어 있는 반면, 또 다른 하루의 몇 시간은 에로티즘의 장면에 할애되어 있기 때문입니다. 이러한 교차의 원리는 무엇을 의미하는 것일까요? 내가 이번 강연에서 검토해 보려는 것은 이런 문제입니다.

처음으로 떠오르는 생각 혹은 설명은 물론 매우 단순한 것입니다. 결국, 에로틱한 장면과 교차하는 이 담론은 이 에로틱한 장면의 진실을 말하기 위해 그곳에 놓여 있는 것이 아닐까요? 장면은 사태, 행위를 재현할 것이고, 연기는 희곡dramaturgie과 연극 안에 나타나는 섹슈얼리티sexualité를 재현할 것입니다. 그리하여 담론은, 결국에는 혹은 이미 사전에, 무슨 일이 일어났는지를 설명하기 위해, 진실을 말하기 위해, 이전 혹은 다음의 문장에서 장면으로 연출된 것을 보여 주고 정당화하기 위해 존재하는 것이 됩니다. 그런데, 그럼에도 불구하고, 우리가 이 담론을 조금이라도 자세히 들여다보게 될 때 충격적인 것은 사드가 섹슈얼리티가 무엇인지를 전혀 설명하려고 시도하지 않는다는 점입니다. 예를 들면, 어떻게 해서 우리가 자신의 어머니를 욕망하게 되는지, 혹은 어떻게 해서 우리가 동성애자가 되는지, 혹은 왜 우리가 어린아이들을 죽이게 되는지에 대해서 말입니다. 결국, 우리는, 심리학적 혹은 생리학적 차원에서 혹은 그저 단순히 자연주의적 설명의 차원에서, 실제로 이야기되고 있는 것을 설명해 줄 어떤 것, 장면의 형식 아래 실현되고 있는 것을 설명적 용어로 다시 옮겨 쓸 수 있게 해줄 수 있는 어떤 것을 사드의 담론 안에서 결코 발견하지 못합니다. 사드의 담론은 욕망에 대해 말하지 않습니다. 사드의 담론은 섹슈얼리티에 대해 말하지 않습니다. 섹슈얼리티와 욕망은 담론의 대상이 아닙니다. 사드 담론의 대상은 따로 있습니다. 사드 담론의 대상은 신과 법, 사회계약, 그리고 범죄 일반이란 무엇인가라는 문제, 자연이란 무엇인가라는 문제입니다. 사드의 담론은 자연, 영혼, 불멸, 영원이란 무엇인가라는 문제를 다룹니다. 이러한 것들이 사드의 담론에 등장하는 주제들입니다. 욕망은 사드 담론의 대상으로 등장하지 않습니다. 그런데, 다른 한편, 우리가 방금 살펴본 첫 번째 생각의 곁에는, 우리가 출발점으로 삼을 수 있을 두 번째 생각이 존재합니다. 담론의 대상으로 등장하지 않는 욕망과 담론 자체의 사이에는 하나의 장소, 명백하고도 거의 심리학적인 하나의 장소가 여전히 존재하는데, 이는 사드의 담론이 장면의 앞 혹은 뒤에 자리 잡고 있기 때문입니다. 장면의 앞에 담론이 자리 잡은 경우, 담론은 이를테면 장면이 펼쳐질 무대의 구축에 봉사합니다. 가령,『쥘리에트』의 마지막에는 쥘리에트에게 맡겨진 어린 소녀 퐁당주Fondange 양의 강간에 대한 이야기가 등장합니다. 쥘리에트는 자신에게 맡겨진 퐁당주 양의 재산을 갈취하고, 옷을 훔치고, 강간하고, 살육해 버립니다. 이 장면에 앞서, 사드는 사회 계약론, 개인들 사이에 존재할 수 있는 의무 관계, 개인들의 사이를 연결해 주는 의무가 갖는 다소간은 강제적인 성격에 대한 긴 담론을 펼칩니다. 이는 말하자면 그 위에서 장면이 펼쳐지게 될 일종의 이론적 무대입니다. 왜냐하면 어린 퐁당주는 그녀의 어머니에 의해 쥘리에트에게 맡겨지고, 쥘리에트는 퐁당주의 어머니에게 그녀를 보살피고, 재산을 보호해 주며, 결혼시켜 주겠다고 약속하지만, 물론 쥘리에트는 이 약속을 지키지 않기 때문입니다. 그런데, 앞으로 일어날 일들, 앞으로 펼쳐질 연극에 대한 이론적 무대 연출이라 할, 이 긴 담론의 마지막 부분에서, 무슨 일이 일어날까요? 여전히 의무 일반, 상호적 책무, 계약, 입법, 범죄성 등만을 주제로 삼는 담론이 존재한다는 사실 그 자체에 의해, 순수하게 이론적인 담론의 이름 아래, 대화를 나누던 두 사람은 너무나도 엄청난 성적 절정에 이르게 됩니다. 오직 이 이론적인 담론을 나누고 있다는 사실에 의해서 말입니다. 그들은 우리가 지금 보고 있는 바의 일을 자연스럽게 행하고 있으며(그럼에도 불구하고 그들은, 가령 법에 대한 담론과 같이, 완전히 추상화된 것에 대해서만 이야기하고 있기 때문에, 담론 안에서는 그런 일을 꿈꾸지 않습니다), 이것만으로도 그들의 성적 쾌감이 최고의 절정에 이르기에 충분합니다.

또 다른 에피소드들의 경우, 담론은 장면에 앞서지 않습니다. 담론이 장면의 뒤를 잇습니다. 어떤 일이 일어나고(브레삭Bressac이 자신의 어머니를 강간합니다), 이어서, 가령 왜 그리고 어떻게 해서 가족 관계가 진지하게 받아들여져서는 안 되는가를 설명하는 담론이 등장합니다. 이어서 가족에 관한 긴 고찰이 등장하는데, 그 마지막에 이르러, 사람들은, 다시금 그리고 오직 이런 이론적인 담론을 행하고 있다는 사실 자체에 의해서, 방금 그들이 했던 것을 또다시 시작하지 않을 수 없을 만큼 강렬한 성적 흥분상태의 정점으로 이끌려집니다. 그리고 우리는 담론이, 욕망과 관련하여, 욕망의 동력이자 원리로서 기능한다는 사실을 이해하게 됩니다. 담론은 이를테면 욕망의 메커니즘의 수준 자체에서 욕망과 연결되어 있습니다. 담론의 메커니즘은 욕망의 메커니즘과 사슬처럼 연결되어 있고, 욕망의 메커니즘이 그 끝에 다다르게 되면, 담론이 말을 이어받아, 이를테면, 욕망을 다시 작동시킵니다. 따라서 욕망과 담론은 자신의 내적 메커니즘이라는 수준에서 서로서로 연결되어 있으며, 바로 이런 이유로 욕망이 담론에 직접적으로 등장하지는 않는 것입니다. 사드의 담론은 따라서 욕망에 관한 어떤 담론이 아닙니다. 그것은 욕망과 함께 하는 담론, 욕망에 이어지는 담론, 욕망의 앞 혹은 뒤에 오는 담론, 욕망이 나타나기 전에 혹은 욕망이 사라진 후에 욕망을 대신하는 하나의 담론, 담론-욕망의 인접 지역입니다. 담론과 욕망은 따라서 같은 장소를 갖고 있으며, 결과적으로, 서로서로 사슬처럼 엮여 있습니다. 담론이 욕망의 진실을 말하기 위해 욕망의 상위에 위치하는 것이 아닙니다. 바로 이 주제, 다시 말해, 담론이 욕망에 관한 진실을 말하는 것이 아니라, 담론과 욕망이 서로서로 사슬처럼 연결되어 있으며, 진실과 욕망 또한 어떤 특정한 메커니즘에 의해 서로서로 연결되어 있다는 사실이 내가 전개해 보고 싶은 주제입니다.

따라서 첫 번째 질문은 다음과 같은 것입니다. 우리는 이 담론 안에서 무엇을 발견하는가? 이 담론들은 무엇을 말하고 있는가? 이 담론은 근본적으로 늘 같은 것을 말하고 있습니다…. 사드의 담론은, 정확히 말하자면, 같은 것이 아니라, 네 가지 같은 것들에 대해 말하고 있습니다. 사드의 담론은, 『쥐스틴』과 『쥘리에트』로 이루어진

10권 모두를 일관하여, 그리고 『소돔의 120일』은 물론, 사드의 모든 다른 작품들도 역시 마찬가지로, 다음의 네 가지 같은 것들에 대해 말하고 있습니다. 이는 마치 등장인물들에 의해 영속적으로 다시 던져지고, 때로는 앞면으로 때로는 또 다른 면으로 떨어지는, 혹은 실상은 한 담론을 내내 가로질러 연이어서 네 면으로, 결정하기 쉬운 네 면으로 구르는, 사면체四面體와도 같습니다. 각각의 면들은 각기 하나의 비존재 확증constat d'inexistence을 담고 있습니다.

　모든 다면체의 기초를 이루는 첫 번째 면은 물론 다음과 같은 것입니다. 신Dieu은 존재하지 않습니다, 그리고 신이 존재하지 않는다는 증거는 신이 전적으로 모순되는 관념이기 때문입니다. 우리는 신이 전능하다고tout-puissant 말하지만, 도대체 어떻게 매 순간 신의 의지가 인간의 의지에 의해 균형이 맞추어질 수 있다는 말입니까? 따라서 신은 무능합니다. 우리는 신이 자유롭다고 말하지만, 사실 인간은 신이 원하는 것을 하지 않을 자유가 있습니다. 따라서 신은 자유롭지 못합니다! 우리는 신이 선하다고 말하지만, 신이 선하지 않으며 악독한 존재라는 것을 이해하기 위해서는 이 세계가 어떻게 굴러가는가를 살펴보기만 하면 됩니다. 이제, 따라서, 신은 모순적이기 때문에 존재하지 않는다는 첫 번째 확증이 성립됩니다.
　두 번째 확증은 영혼âme이 존재하지 않는다는 것입니다. 영혼 역시 모순적이기 때문에 존재하지 않습니다. 실상, 만약 영혼이 육체와 연결되어 육체에 종속되어 있는 것이며, 감정 혹은 욕망에 의해 침범당할 수 있는 것이라면, 영혼은 당연히 물질적인 것입니다.

만약 영혼이 육체와 함께 태어나고 육체와 동시에 세상에 나타난다면, 영혼은 당연히 물질적인 것입니다. 만약 영혼이 육체와 함께 태어나고 육체와 동시에 세상에 나타난다면, 영혼은 사람들이 말하듯 영원한 것이 아니라 사멸하는 것입니다. 만약 영혼이 어떤 죄를 지었고 또 영혼이 그것에 책임이 있는 존재라면, 도대체 어떻게 어느 훗날 영혼이 죄를 용서받고 다시금 무고한 존재가 될 수 있다는 말입니까? 반면, 영혼이 어떤 것을 행하도록 이미 결정되어 있다면, 도대체 어떻게 영혼이 심판을 받을 수 있다는 말입니까? 이런 방식으로 논증이 전개되어, 결국 다음의 결론에 도달합니다. 이 모든 역설의 계열은 영혼이 그 자체로 모순되며 결국 영혼이 존재할 수 없다는 것을 확증해 줍니다.

세 번째 비존재의 확증은 범죄crime가 존재하지 않는다는 것입니다. 사실, 죄는 오직 어떤 법loi에 의해서만 존재하게 됩니다.[15] 법이 없는 곳에는 죄가 존재하지 않습니다. 법이 어떤 특정한 일을 금지하지 않는 경우, 이 일은 죄로서 존재할 수 없습니다. 그런데, 법이란 어떤 특정 개인들이 오직 자신들의 이익을 위해서 정한 것이 아니라면 무엇일까요? 법이란 어떤 몇몇 개인들이 자신들의 고유한 이익을 위해 맺은 공모共謀, conjuration의 표현이 아니라면 무엇일까요? 따라서, 죄라는 것이 단지 몇몇 사람들의 의지와 기껏해야 그들의

---

15 [옮긴이] 여기서의 '죄'는 종교적·윤리적 개념의 '죄'와 사법적 개념의 '범죄' 모두를 포괄하는 개념이다. 마찬가지로 '법'의 경우도 도덕적 '법칙' 및 종교적 '율법'과 실정법적인 '(사)법'의 개념을 모두 포괄하는 폭넓은 개념이다.

위선에 반하는 것에 불과하다면, 우리가 어떻게 죄를 악이라고 말할 수 있을까요?

네 번째 비존재 확증은 다음입니다. 자연nature은 존재하지 않습니다. 혹은 차라리, 자연은 존재하지만, 만약 자연이 존재한다면, 그것은 오직 자기 자신의 파괴destruction 양식, 따라서 철폐suppression 양식 위에서만 존재한다는 것입니다. 사실, 자연이란 무엇일까요? 자연이란 생명체들을 생산하는 것입니다. 그런데, 생명체들의 특성이란 정확히 말해서 죽는 것이 아니라면 무엇일까요? 죽음에 의해서, 그리고 생명체들이 늙어 간다는 그들의 자연적 운명에 의해서 확실해지는 것은 자연이 스스로 자신을 파괴하지 않을 수 없다는 것, 혹은 죽음이 각자의 폭력, 악의, 취향, 식인 취향 등과 함께 자연에 의해 창조된 다른 개체들에 의한 폭력으로부터 온다는 것입니다. 그리하여, 결국, 스스로를 파괴하는 것은 또다시 자연입니다. 그러므로 자연은 늘 자기 자신의 파괴이지만, 그럼에도 불구하고, 각 개체의 본성은 스스로 자신을 보존하고자 하는 방향으로 이끌립니다.[16] 자연은 모든 개체 안에 이러한 보존의 욕구를 새겨 놓았습니다. 그런데, 만약 각 존재가 자신을 보존하는 것이 자연의 법칙이라면, 어떻게 개체의 죽음, 곧 자신과 타인의 행동에 의한 개체의 죽음이 자연의 법칙이 될 수 있는 것일까요? 결론적으로, 우리는 모든 존재가 스스로를 보존하고자 하는 욕구를 갖고 있음에도 불구하고 결국은 죽음

---

16 [옮긴이] 이 문장에 등장하는 '자연' 및 '본성'의 원어는 모두 nature이다.

이라는 운명을 피할 수 없다는 사실로부터 무엇인가를, 곧 자연의 중심 자체에 존재하면서 자연은 스스로 사라져 버린다는 하나의 모순을 드러내 주는 무엇인가를 깨닫게 됩니다.

따라서, 네 가지 비존재의 테마가 존재합니다. 신은 존재하지 않는다. 영혼은 존재하지 않는다. 죄는 존재하지 않는다. 자연은 존재하지 않는다. 그리고 이것들은 사드의 작품들 내내, 각각의 대전제들로부터 출발하여, 각각의 국면들 및 결과들을 수반하면서, 무한하게 되풀이되는 네 가지 테마들입니다. 그런데, 이 네 가지 테마들은 우리가 정확히 사드에 나타나는 '규칙을 벗어난 실존'existence irrégulière[17]의 테마라고 부를 수 있을 무엇인가를 규정합니다. 실제로, 사드적 의미에서, 규칙을 벗어난 개인individu irrégulier이란 무엇일까요? 그것은 이 네 가지 비존재의 네 가지 원리를, 단번에 그리고 영원히, 제시하는 인물입니다. 이 인물은 자신의 위에 존재하는 어떤 종류의 절대권souveraineté도 인정하지 않는 사람입니다. 그는 신, 영혼, 법, 자연의 어떤 절대권도 인정하지 않습니다. 그것은 어떤 시간, 어떤 영원성, 어떤 불멸성, 어떤 의무, 어떤 연속성과도 연결되어 있지 않은 개인, 자기 삶의 순간만이 아니라 자기 욕망의 순간마저도 넘어서는 그러한 개인입니다. 규칙을 벗어난 실존이란, 어떤 규범norme도 인정하지 않는 실존, 곧 신으로부터 오는 종교적 규범이든,

---

17 [옮긴이] 이 문장에서 '규칙을 벗어난'으로 번역한 irrégulier는 글자 그대로 '불규칙한, 규칙적이지 않은, 규칙·상궤에서 벗어난' 등의 의미를 갖고 있으며, 이로부터 파생된 '변칙적인, 불법적인', 나아가 '비도덕적인, 불성실한, 난잡한' 등의 포괄적 의미를 갖는 용어이다.

영혼에 의해 규정되는 인격적 규범이든, 범죄라는 이름 아래 규정되는 사회적 규범이든, 자연적 규범이든, 여하튼 어떤 규범도 인정하지 않는 실존입니다. 결국, 규칙을 벗어난 실존이란 어떤 불가능성도 인정하지 않는 실존입니다. 만약 어떤 신도, 어떤 인격적 정체성도, 어떤 자연도, 사회 혹은 법으로부터 오는 어떤 인간적 구속도 없다면, 이제 가능한 것과 불가능한 것 사이에는 어떤 차이도 없습니다. 근본적으로, 규칙에서 벗어난 실존, 곧 쥘리에트의 실존, 곧 사드적 주인공들의 실존은, 모든 규범의 바깥에서 그리고 모든 순간의 불연속적인 다시 시작함을 통해, 모든 것이 일어나고 또 겪을 수 있는 실존입니다. 자, 이렇게 해서, 담론, 곧 사드 소설의 등장인물들이 보여 주는 '규칙에서 벗어난 실존'을 규정해 주는 네 가지 부정적 주제들로 이루어진 담론에 관련된 첫 번째 사항을 살펴보았습니다.

우리는 이로부터 출발하여 이 담론의 기능에 대한 질문을 던져 볼 수 있을 것입니다. 이 담론은 무엇에 봉사하는가? 이 담론은 왜 네 가지 부정적 주제들을 가지고 있는가? 이 담론은 왜 개입하게 되는가? 이 담론은 어떤 놀이를 행하며, 이 담론의 용어 자체를 통한 등장인물들의 성적 흥분이 효과effet와 상징symbole으로 나타나는 하나의 메커니즘을 통해 어떻게 욕망과 연결되는가? 아래에서 나는, 하나의 작업가설로서, 이러한 사드적 담론의 다섯 가지 기능을 제시해 보고자 합니다.

첫 번째 기능은 매우 분명하고도 명백한 것으로, 말하자면, 의미로 가득 차 있습니다. 이 담론은 혼음混淫, orgie, 방탕, 범죄 장면 이전에 나타나 개입합니다. 왜 그럴까요? 그것은 이를테면 등장인물들이 자신의 어떤 욕망도, 욕망들 중 어떤 것도 포기하지 않게 하기 위해서, 욕망이 목표로 하는 대상들 중 어떤 것도 빠져나갈 수 없도록 만들기 위해서입니다. 따라서 담론은 이 첫 번째 기능에서 다음과 같은 역할을 수행합니다. 1) 모든 한계를 철폐함으로써, 곧 욕망이 맞닥뜨릴 수 있는 모든 한계를 소거함으로써, 말하자면, 우리가 우리의 어떤 욕망도 포기하지 않도록 해주는 것. 2) 말하자면, 우리가 자기 이익intérêt의 어떤 부분도 희생시키지 않도록 함으로써, 결국 타인의 이익을 위해 자신의 이익을 절대로 희생시키지 않도록 해주는 것. 달리 말해, 나의 욕망은 온전히 충족되어야 합니다. 두 번째로, 나의 이익이 어떤 경우에도 최우선적으로 고려되어야 합니다. 세 번째로, 나의 실존이 절대적으로 구제되어야 합니다. 이러한 것들이 사드의 등장인물들에 의해 혼음 장면이 시작되기 이전에 되풀이해서 말해지는 것들, 자기 자신에게 되풀이하여 스스로 다짐하는 것들, 타인들을 설득시켜 자신에게 복종하도록 만들기 위해 그들에게 말하는 것들입니다. "너는 어떤 욕망도 포기해서는 안 되며, 어떤 이익도 희생시켜서는 안 되고, 너의 삶을 마치 하나의 절대적인 것처럼 생각해야 한다." 이제 우리가, 매우 단순한 동시에 매우 명백한, 담론의 첫 번째 기능을 조금이라도 자세히 살펴본다면, 우리는 스스로를 네 가지 비존재의 증명이자, 철학적 담론으로서 제시하는 이 담론이, 그럼에도 불구하고, 그것이 하나하나 근본적으로는, '서양'Occident의 이데올로기적, 철학적 기능의 역전逆轉, renversement이라는 점에서 상당히 놀라운 것임을 알아차리게 됩니다.

'서양'에서, 담론 혹은 이데올로기적 담론의 기능은 거세를 불러일으키는castrateur[18] 역할을 수행해 왔습니다. 사실상, 플라톤 이후, 담론이란 자기 자신의 일부에 대한 포기를 통해 개인의 정체성을 규정하고, 기초 짓는 행위였습니다. 고대 그리스 이래의 철학적·종교적 담론은 크게 보아 늘 다음과 같은 것이었습니다. 너는 오직 너 자신의 일부를 포기하는 한에서만 완전한 네가 될 수 있다. 그렇지 않다면, 우선, 너는 신에 의해 인정받지도, 신에 의해 이름을 받지도, 신의 부름을 받지도 못할 것이고, 신에 의해 영원히 뽑혀져 선택받지도 못할 것이다. 영원은 오직 네가 너를 포기하는 한, 세계를 포기하고, 육체를 포기하고, 시간을 포기하고, 욕망을 포기하는 한, 너의 이름을 부를 것이다. 그렇지 않다면('서양'의 철학적·종교적 담론은 여전히 이렇게 말합니다), 사회에도, 다른 이들 사이에도, 너의 자리는 없을 것이며, 너는 이름, 너만의 고유한 이름을 부여받지 못할 것이며, 그리하여 너는 광인과 죄인이라는 집단적 평가를 벗어날 수 없을 것이다. 너는 오직 네가 개인적으로 존재하는 한에서만, 그리하여 오직 네가 너의 욕망, 살인을 원하는 너의 의지, 너의 환상, 너의 육체 그리고 네 육체의 법칙을 포기하는 한, 이 모든 것을 포기하

---

18 [옮긴이] '거세를 불러일으키는' 담론은 물론 정신분석의 용어로 바로 다음 부분에 나오는 바와 같이, 세계와 삶을 전체적으로 받아들이지 못하고 특정한 부분을 부정하는 기능을 수행하는 담론을 말한다. 아래에 나오는 '탈(脫)거세' 기능을 수행하는 담론은 이에 대하여 전체를 회복하는 담론, 이 세계와 육체, 욕망을 긍정하는 담론을 말한다.

는 한에서만, 너의 이름과 세상의 평가를 얻을 것이다. 우리는 이렇게 말해 볼 수 있을 것입니다. 철학적 담론, 종교적 담론, 신학적 담론은 거세 콤플렉스를 불러일으키는 담론이며, 이에 비하여, 사드의 담론은 탈脫거세décastration 기능을 수행하는 하나의 담론이라고 말입니다. 그 이유는 사드 담론의 관건이, 거세castration라는 계기를 넘어서는 것이 아닌, 거세 자체를 거부하고, 부정하고, 부인하는 데 있기 때문입니다. 그리고 매우 단순한 부정적 어긋남의 놀이jeu de décalage dans les négations에 의해 우리는 이렇게 말할 수 있게 됩니다. 사드의 담론은 이전까지의 종교적·철학적 담론이 긍정하고자 했던 모든 것을 부정합니다. '서양'의 철학적·종교적 담론은, 이런저런 방식으로, 늘 신, 영혼, 법,[19] 자연을 긍정해 왔습니다. 사드의 담론은 이 모든 것을 부정합니다. 반면, '서양'의 철학적 담론은 이 네 가지 근본적 긍정, 이 네 가지 철학적 확언으로부터 출발하여 부정적인 규정성prescription[20]의 질서를 도입했습니다. 만약 신이 존재한다면, 너는 이것을 하면 안 된다. 너의 영혼이 존재하기 때문에 너는 이것을 할 권리가 없다. 법이 존재하므로, 너는 이런 일을 포기해야 한다. 자연이 존재하므로,[21] 너는 자연을 위반해서는 안 된다. 달리 말하면, '서

---

19 [옮긴이] 이때의 loi는 실정법만이 아니라 종교적 의미의 율법, 이성의 자연법 및 도덕법칙 등을 모두 포괄하는 용어이다.

20 [옮긴이] 이때의 prescription은 규정성·의견·처방·가르침 등의 의미를 갖는 포괄적 용어이며, 현재의 맥락에서는 아래에 등장하는 존재론적 층위와 구분되는 개념으로 사용되었다.

21 [옮긴이] 이때의 nature는 자연·당연·본성을 모두 동시에 의미하는 말이므로, 자연, 자연스러운 것, 당연한 것, 본성 등으로도 옮길 수 있다.

양'의 철학적 담론은 이와 같은 네 가지 근본적인 긍정, 네 가지 근본적인 확언으로부터 도덕적, 법적 질서, 규정성의 질서에 부정성을 도입했습니다. 서양의 형이상학은 존재론의 층위에서는 긍정적 affirmative이지만, 규정성의 층위에서는 부정적négative입니다. 반면, 사드적 담론의 놀이는 부정성을 뒤집는 것이고, 이전까지 긍정되었던 모든 것을 부정하는 것입니다. 신은 존재하지 않는다. 따라서 자연은 존재하지 않으며, 법도 존재하지 않고, 영혼 또한 존재하지 않는다. 그 결과, 모든 것이 가능하며, 규정성의 질서에 의해 거부되는 것은 이제 아무것도 없습니다.

도식화하여 말해 본다면, 우리는 네 가지 종류의 담론이 존재한다고 말할 수 있을 것입니다. 우선, 만약 우리가 프로이트를 따른다면 전적으로 긍정적인 무의식inconscient의 담론이 존재합니다. 무의식의 담론은 욕망이 욕망한다는 것을 긍정하는 동시에 사물도 긍정합니다. 따라서, 욕망의 층위와 실존의 층위에 존재하는 두 가지 긍정이 있습니다. 반대편 극단에는 모든 것을 부정하는 조현調絃증적 schizophrène 담론이 있습니다. 어떤 것도 존재하지 않으며(세계도, 자연도, 나도, 타인들도 존재하지 않는다), 이러한 부정은 욕망의 부정 또한 포함합니다. 나는 아무것도 욕망하지 않는다. 따라서 여러분은 전적으로 긍정적인 무의식의 담론과 전적으로 부정적인 정신분열의 담론을 갖게 됩니다. 또 여러분은 진실의 질서를 긍정하며(신, 자연, 세계와 영혼은 존재한다), 욕망의 질서를 부정하는("따라서 너는 욕망해서는 안 된다, 따라서 너는 포기해야 한다.") 이데올로기적, 혹은 철학적, 혹은 종교적인 담론을 갖습니다. 그리고 이제 여러분은 네 번째로 리베르탱libertin의 담론을 갖습니다. 리베르탱의 담론은 이데올로기적 담론의 반대항이자, 아마도 우리가 도착적pervers 담론이라 부를 수 있는 담론입니다. 이것은 철학적 담론이 긍정하는 모든 것을 부정하는 담론, 따라서 확언의 질서를 부정하고 규정성을 긍정하는 담론, 그리하여 이렇게 말하는 담론입니다. 신도, 영혼도, 자연도 존재하지 않는다. 그러므로 나는 욕망한다. 자, 이 담론의 첫 번째 기능은, 이를테면, 리베르탱의 담론, 다시 말해 욕망과 관련하여 거세라는 거대한 작용을 수행하는 '서양' 형이상학적 담론의 내부에 존재하는 부정의 체계를 대체하는 담론으로서 스스로를 구성하는 것입니다.

사드 담론의 두 번째 기능은 다음과 같은 것입니다. 사드의 모든 텍스트에서, 리베르탱의 담론은 물론 사드의 긍정적 영웅, 다시 말해 리베르탱 자신에 의해 유지됩니다. 또한, 말하는 사람이 아니라, 말이 건네어지는 사람, 곧 말을 듣는 사람이란, 많은 경우, 미래의 희생자입니다. 사람들은 미래의 희생자에게 말을 합니다. 신은 존재하지 않으며, 네가 이런 진실에 설득되어 그것을 받아들인다면, 너는 고통을 면할 것이다. 그런데, 기묘한 것은 어떤 희생자도 이러한 논리에 설득되지 않으며, 자신 앞에 놓인 명백한 위협에도 불구하고, 이런 담론에 전혀 귀를 기울이지 않은 채로 남아 있습니다.[22] 그

---

22 [옮긴이] 이때의 희생자는 같은 문장에서 여성형 대명사로 표현되어 있으므로, 이때의 희생자들은 '여성 희생자들'만을 지칭한다.

런데, 이 담론은 그럼에도 불구하고 사드에 의해, 단순히 그 결과에 있어 절대적으로 진실한 담론임을 넘어, 그 전개 과정에서도 절대적으로 엄격히 관철되는 하나의 담론인 것처럼 소개됩니다. 사드는 우리가 조금만 관심을 갖고 살펴본다면 설득되지 않을 도리가 없다고 끊임없이 말하고 있습니다. 그런데, 사드의 소설에서 이러한 설득의 힘은 결코 나타나지 않는 것처럼 보입니다. 우리는 사드의 소설 전체에 걸쳐 이러한 논리에 설득되는 누군가를 발견하지 못합니다. 사실, 사드의 담론이 건네어지는 대화 상대자는 보통 희생자들이며, 담론이 그들에게 전해지는 것도 오직 그들이 먹잇감으로 취급되는 한에서이지, 결코 그들이 참다운 대화 상대자로서 인정되어서가 아닙니다. 참다운 대화의 상대자는 그 자리에 있거나, 혹은 부재하는, 그리고 물론 이미 이 근본적 대전제들을 받아들여 이 담론에 완전히 설득된 다른 리베르탱, 그리고, 그 누구보다도, 몇 쪽 전에서 이 동일한 담론을 주장했던 그 자신입니다. 따라서, 놀이는 이미 이루어졌습니다. 담론은 먹잇감의 이름으로 희생자에게, 대화 상대자의 이름으로 이미 설득된 다른 리베르탱에게 전해집니다. 사드의 담론이 수행하는 것은 물론 진정한 설득 기능이라기보다는, 전혀 다른 무엇입니다. 사실, 담론은 한 리베르탱이 다른 리베르탱에게 말하는 것일 뿐입니다.

무엇보다도, 결국, 만약 희생자가 설득이 된다면, 이야기는 매우 지루해질 것입니다. 그 이유는 만약 희생자가 설득이 된다면, 그녀는 더 이상 희생자가 아닐 것이기 때문입니다. 그렇게 되면 우리는 더 이상 그녀와 놀이를 할 수 없을 것이며, 따라서 희생자는 결코 설득되어서는 안 됩니다. 마찬가지의 이유로, 담론 역시 설득의 기능을 수행하는 것이어서는 안 됩니다. 담론은 따라서 다른 리베르탱에게 말해지는 것입니다. 그런데, 이 다른 리베르탱은 이미 설득되어 있습니다. 그렇다면 왜 이런 담론을 행하는 것일까요? 나는 이 담론이 본질적으로는 일종의 찬사, 기호, 인정認定에 봉사하는 것이라고 생각합니다. 그것은 근본적으로 희생자와 리베르탱 사이의 차이화라는 하나의 문턱seuil de différenciation을 확립하기 위한 것입니다. 실상, 두 가지 사실로부터 다음과 같은 하나의 사실이 나타납니다. 때로, 누군가가 네 가지 테마, 네 가지 근본적 논의를 받아들인다면, 그 순간, 그는 리베르탱이 됩니다. 또, 때로, 누군가가 네 가지 모두를 전체로서 받아들이지 않거나, 혹은 그 중 하나라도 거부한다면, 그 순간, 그는 돌연 진정한 리베르탱이 아닌 사람이 되며, 따라서 사람들은 그를 희생자들 곁에 던져 버릴 수 있습니다. 결국, 네 담론은, 말하자면, 누군가를 희생자의 곁에 내던져야 할지 혹은 리베르탱의 곁에 두어야 할지를 결정할 수 있게 해주는 차이화의 기호, 증거, 시금석으로서 작용합니다. 그리고 이렇게 해서 이제 여러분은 종종 확인을 위해 전개되곤 하는 이 유명한 담론들을 이해하게 됩니다. 거대한 식인종 맹스키Minsky가 착한 쥘리에트를 만났을 때, 맹스키는 쥘리에트에게 다음과 같은 질문을 던집니다. "너는 신을 믿지 않지?" 쥘리에트가 대답합니다. "당연히 안 믿죠." 쥘리에트는 시험을 통과했고, 맹스키는 쥘리에트가 리베르틴[23]임을, 리베르탱인 그와 마찬가지로 리베르틴임을 인정합니다. 그리하여, 맹스키는 쥘리에트를 강간하지 않을 것입니다. 물론 쥘리에트는 일련의 폭력을 겨게 되겠지만, 맹스키는 쥘리에트를 죽이지도 잡아먹지도 않을 것입니다. 따라서 쥘리에트는 리베르탱들의 곁에 머무르게 됩니다.

다음으로, 여전히 같은 층위에서, 그들 사이에 리베르탱임을 인정하게 해주는 일반적 기능을 갖는 두 번째 기능적 변양變樣이 있습니다. 그것은 리베르탱들이 상대가 여전히 동일한 리베르티나주의 수준에 있는지를 확인하기 위하여 서로를 함정에 빠뜨린다는 점입니다. 리베르탱들은 서로를 함정에 빠뜨리고, 서로를 일종의 시험에 들게 합니다. 리베르탱들은, 말하자면, 일종의 이론적 희극을 연기하는 것입니다. 우리는 이런 방식으로 『쥘리에트』에 등장하는 마지막 인물들 중 하나인 어린 퐁당주Fondange가 등장하는 장면을 다시 읽어 볼 수 있습니다. 쥘리에트는 누아르쇠유Noirceuil를 다시 만나고, 쥘리에트는 누아르쇠유가 여전히 같은 정신을 유지하고 있는지, 누아르쇠유가 여전히 리베르탱인지를 알지 못합니다. 그래서, 쥘리에트는 누아르쇠유에게 묻습니다. "나는 방금 아이 엄마가 내게 맡긴 어린 퐁당주를 다시 만났어. 상당한 양의 재산과 함께 말이야. 나는 내가 아이 엄마한테 약속했던 대로 아이에게 재산을 돌려주고 성대한 결혼식을 치러 줄 작정이야." 누아르쇠유는, 이때, 깜짝 놀라며, 쥘리에트가 변했다고 생각하면서 쥘리에트를 경멸하기 시작합니다. 이런 모습을 본 쥘리에트는 누아르쇠유가 여전히 이전과 같은 생각을 하고 있음을 알고(누아르쇠유는 이런 선한 감정을 보고 불

---

23 [옮긴이] 리베르틴(libertine)은 리베르탱(libertin)의 여성형이다.

안해하며, 심지어는 화를 내기까지 합니다), 안심을 합니다. 쥘리에트는 누아르쇠유가 여전히 같은 수준의 리베르티나주에 머물러 있음을 이해하게 되고, 두 사람은 서로를 인정하게 됩니다. 그들은 서로가 상대에게 행했던 시험을 무사히 통과한 것입니다.

상대를 시험해 보아야 할 필요성은 막중한데, 이는 이 네 가지 테마를 한 번 받아들이면 그 후에도 영원히 받아들여야만 하는 어떤 도그마의 네 가지 조항 같은 것으로 생각해서는 안 되기 때문입니다. 한편 이 네 가지 테마는 심지어 어떤 흠잡을 데 없는 논증의 필연적이고도 운명적인 결과도 아닙니다. 이 네 가지 테마는 근본적으로 도덕적 임무이고, 매 순간, 심지어 리베르탱, 충실한 리베르탱조차도 때로는 하나를 빼먹곤 하는 어떤 것입니다. 그 이유는 이들 중 하나도 빼먹지 않고 네 가지 모두를 매우 집중하여 생각하고, 또 이들 모두를 준수하는 일이 매우 어렵기 때문입니다. 그리고 실제로 쥘리에트 이야기 중에는 네 가지 테마들 중 한두 개씩을 빼먹곤 하던 상당수의 리베르탱들이 갑자기 더 이상 참다운 리베르탱이 아닌 것으로 판명되는 장면이 등장하기도 합니다. 한편, 그럼에도 불구하고 주목할 만한 코르들리Cordely라 불리는 인물은 상당히 강렬한 한 장면에서 자신의 딸을 강간한 후 죽여서 요리를 해 먹습니다. 따라서 상당히 강력한 리베르티나주의 기호를 보여 주었다 할 코르들리는, 이 장면 이후, 작은 방 안으로 은거해 버립니다. 이 모든 일을 지켜보던 쥘리에트는 코르들리가 자신이 방금 한 일에 대해 후회를 하고 있으며 혹시 있을지도 모르는 신에게 자신이 방금 한 일을 용서해 달라고 기도를 하고 있음을 알아차립니다. 따라서 코르들리는 신의 존재와 관련된 첫 번째 테마를 저버린 것입니다. 따라서 코르들리는 좋은 리베르탱이 아니며, 따라서 코르들리는 이제 전혀 리베르탱이 아니고, 따라서 이제 죽임을 당해야만 하는 것은 코르들리입니다. 이는 무엇보다도 이미 생퐁Saint-Fond에게 일어났던 일입니다. 생퐁은 오랫동안 네 가지 테마를 지켰던 인물이지만 어느 날 한 가지를 저버리게 되는데, 생퐁이 부정하는 것은 신의 존재가 아니라 영혼의 불멸성이라는 테마입니다. 생퐁이 한 일은 다음과 같은 것입니다. 생퐁은 자신의 희생자들 중 한 여성이 죽어 갈 때 그녀를 특별한 방으로 데려가 그녀로 하여금 신을 모독하는 끔찍한 말을 하게 하는데, 이는 영혼이 불멸할 경우 그녀의 영혼이 영원히 저주받도록 하기 위해서입니다. 그리고 생퐁은 이렇게 말합니다. "그런데 이거야말로 감탄스러운 최악의 고문이야. 만약 영혼이 불멸한다면, 난 내 희생자를, 살아 있는 동안만이 아니라, 남아 있는 불멸의 영원에 이르기까지 고통을 줄 수 있거든." 따라서 이는 최악의 고문입니다. 그리고 쥘리에트와 클레르빌Clairvil은 고문의 이와 같은 영원성이 영혼이 불멸할 경우에만 받아들일 수 있는 것임을 정확하게 집어냅니다. 이는 생퐁이 영혼이 불멸하지 않는다는 테마를 어겼음을 증명합니다. 따라서 생퐁은 벌을 받아야 합니다…. 그리고 바로 이것이 사실상 생퐁이 누아르쇠유에 의해 희생되는 이유입니다. 따라서 식별 기능, 인식 기능, 구별 기능, 시험 기능, 곧 지속적으로 갱신되는 시험의 기능이 존재합니다.

이런 차이화différencitation의 기능은 중요합니다. 나의 생각에, 차이화 기능은 두 가지 계열의 결과들을 함축합니다. 우선 차이화 기능은 이 테마들을 긍정합니다. 끊임없이 다시 시작되는 이 담론에 속하는가의 여부는 따라서 개인들을 두 가지 범주로 나누어 줍니다. 희생자들victimes이라 불리는 사람들, 곧 말하자면 담론의 바깥으로 떨어져 나가 담론의 외부에 머물며 이러한 담론에 의해 결코 설득되지 않으며 앞으로도 설득되지 않을 개인들이 있습니다. 이들은 담론의 바깥에 존재한다는 단 하나의 이유만으로 무한한 대상의 부류에 속하게 됩니다. 다시 말해 리베르탱의 욕망이 그들을 무한정하게 쫓아다닐 겁니다. 그들의 육체, 그들 육체의 매 조각, 신체의 각 부분, 하나하나의 장기를 쫓아다닐 겁니다. 강간은 물론 첫 번째 에피소드에 불과한데, 이는 사드적 인물의 행위가 가장 깊은 부분까지 실행되었을 때, 곧 개인이 강간당하고, 조각들로 잘려 나가 해체될 때, 내장이 뽑혀 나가고, 심장이 뜯어 먹혔을 때, 육체의 내부에 있는 모든 것들이 바깥으로 끄집어내지고 더 이상 어느 하나도 온전한 부분이 없어질 때에 가서야, 끝이 날 겁니다. 이는 담론의 바깥으로 떨어져 버린 이의 육체에 대해 행해지는, 다른 이의 욕망에 의한, 무한한 분할입니다. 달리 말하면, 당신이 담론의 바깥으로 떨어지면, 당신의 육체는 무한정한 방식으로 욕망의 대상, 곧 학대, 분리, 분할, 조각내기의 대상이 될 것입니다. 이는 담론의 바깥으로 떨어진 자의 육체에 대한 무한한 분할의 행위입니다. 우리가 담론의 바깥으로 떨어지자마자, 육체는 자신의 통일성을 잃으며, 더 이상 자신의 주권, 조직을 유지하지 못합니다. 육체는 더 이상 하나가 아니며, 바로 이 유일한 사실로부터 이제 타인의 폭력 앞에서 증식되고, 복수화되며, 사라지고야 마는 욕망의 모든 가능한 대상이 보여 주는 무한한 다수성fourmillement이 나타납니다. 자, 이것이, 말하자면, 희생자에 대한 부분입니다.

반면, 맞은편에는 리베르탱, 다시 말해 담론의 내부에 있는 사람들, 네 가지 테마를 받아들이고 스스로를 담론의 내부에 유지하는 사람들이 존재합니다. 이들에게는, 이들의 육체에는 무슨 일이 일어날까요? 우선, 그들은 죽지 않을 것입니다. 누군가가 리베르탱, 곧 네 가지 테마를 지키는 사람으로 인정된다면, 그는 리베르탱들 사이에서 받아들여질 것이고, 그는 죽임을 당하지 않을 것입니다. 한편, 이들 역시 자신의 육체를 제공할 수도 있습니다. 이들 역시 자신의 육체를 당신에게 빌려주어야만 할 수도 있습니다. 하지만 이들은, 전혀 다른 형식 아래, 그렇게 합니다. 그는 자신의 입술을 줄 것입니다. 그는 자신의 성기를 줄 것입니다. 그는 파트너의 마음에 드는 자기 육체의 이런저런 일부를 제공할 것입니다. 하지만 이때의 육체는 늘 하나의 유기적 통일체로서 파트너에게 주어지고 또 그런 상태로 되돌려져야 합니다. 어떤 리베르탱의 육체를 사용하는 자, 곧 다른 리베르탱은, 그럴 필요가 있을 경우, 이제, 자기 육체의 대칭적인, 유사한, 어떤 혹은 다른, 부분을 빌려주어야만 할 것입니다. 어떤 경우이든, 이는 결코 (희생자의 경우와 같은) 무한한 분할의 행위가 아닌, 하나의 유기적인 분할의 행위입니다.[24] 리베르탱은 다른 리베

---

24 [옮긴이] 이때의 분할 행위는 모두 parcellarisation이며, 이는 분할 행위라는 뜻 이외에도 분업이라는 의미를 갖는 용어이다.

르탱, 곧 네 가지 테마의 내부에 존재하는 자에게 하나의 대상, 그러나 희생자의 경우와 같은 무한한 대상object infini이 아닌, 내가 기본 대상object élémentaire이라 부르고자 하는 하나의 대상입니다. 이 담론은 따라서 욕망의 대상, 곧 무한정으로 학살당하고 조각으로 분해되는 무한한 대상으로부터 생명의 통합성, 육체의 통합성이 보존되는 방식, 해부학을 따라서만 분할되는 기본 대상을 구분해 줍니다. 희생자는 이런 무한한 분할의 결과로 늘 죽게 되지만, 리베르탱은 육체를 빌려주는 행위에 의해서는 죽지 않을 것입니다. 담론은 따라서 파트너-대상object-partenaire 혹은 기본 대상과 희생자-대상object-victime 혹은 무한한 대상이라는 에로스적 대상의 두 유형을 구분하는 두 번째 기능을 갖습니다.

보시다시피 이것은 상당히 풀기 어려운 두 가지 문제를 낳는 결과의 두 번째 그룹입니다. 실상, 우리는 담론의 첫 번째 기능 덕분으로 욕망을 제한할 수도 있는 모든 것으로부터 거리를 취할 수 있게 되었습니다. 그런데, 이제, 희생자와 파트너라는 두 가지 유형의 대상을 구분하는 담론의 두 번째 기능이 하나의 제한, 사실은 두 가지 제한을 도입합니다. 이는 한편으로 희생자-대상, 무한한 대상이 필연적으로 사라질 것이기 때문에, 희생자는 죽을 것이며 무한하게 해부될 것이고, 따라서 아무것도 남지 않을 것이며, 결국 내가 이 희생자에 대해 갖는 욕망은 대상이 사라져 버리는 한계를 만나게 될 것입니다. 이제, 다른 한편으로, 욕망을 충족시키기 위한 희생자가 더 이상 존재하지 않으므로, 나는 나의 파트너를 건드릴 권리, 파트너 신체의 일부를 빌릴 권리를 가지고 있지만, 그를 죽일 권리는 가지고 있지 않습니다. '범죄의 친구들 협회'Société des amis du crime의 제 2항은 다음과 같습니다. 협회의 내부에서 절도는 허용되지만, 살인은 오직 희생자들이 감금되어 있는 장소인 하렘sérail의 내부에서만 허용된다. 이곳에서, 살인은 가능하지만, 리베르탱들 사이에서는 불가능합니다. 쥘리에트가 자신이 감금되어 있던 동시에 군주로 군림했던 이탈리아의 맹스키 성을 떠날 때, 누군가가 쥘리에트에게 맹스키를 죽이는 것이 즐거운 일이라며 살인을 권유합니다. 이에 대해 쥘리에트는 맹스키를 죽이는 것은 실제로 무척 즐거운 일이겠지만, 맹스키는 리베르탱이고, 따라서 자신은 그렇게 할 수 없다, 자신은 그럴 권리가 없다고 대답합니다. 여기에서 우리는 욕망에 대한 또 다른 제한을 만납니다. 차례로 다음의 두 가지 제한이 존재합니다. 우선, 내 욕망의 대상을 보존하고 싶다면, 나는 나와 대등한 자, 곧 다른 리베르탱을 대상으로 삼아야 합니다. 반면, 내가 이 타인이 희생자이기를 바란다면, 그리고 따라서 내가 이 희생자를 죽이고 또 무한히 소유하고 싶다면, 나는 그를 죽일 것이고, 따라서 그는 사라지게 될 것입니다. 내가 용도用途, destination 기능이라 부르고자 하는 사드 담론의 세 번째 기능이 나타나는 것은 바로 이러한 문제로부터입니다.

실상, 모든 담론 안에는, 어떤 경우이든, 매우 역설적인 무엇인가가 존재합니다. 담론이란 것은, 이런저런 형식으로, (신, 영혼, 죄 그리고 자연이 존재하지 않는다는) 네 가지 비존재의 단언을 반복하는 것입니다. 그렇다면, 신이 존재하지 않는다고 가정해 봅시다. 이 경우 종교가 나에게 가르쳐 준 것 혹은 내게 금지한 것이 사실은 전혀 존재하지 않으며, 따라서 이 모든 것이 허깨비, 환상, 실수 등에 불과한 것임이 분명해집니다. 결과적으로, 만약 신이 존재하지 않는다면, 이러한 신의 부재를 확신하고 있는 리베르탱은 과연 어떤 욕망을 가질 수 있을까요? 가령, 교회에서 사랑을 나누거나 혹은 성체의 빵麵餅 위에 사정을 하는 것? 근친상간, 근친상간의 죄가 존재하지 않는 것이 정말 사실이라면, 자기 가족 중 누군가와의 섹스를 선호하는 것이 무슨 쾌락을 가져올 수 있을까요? 그런데, 우리는 매번 사드의 주인공들이 이런 종류의 행위에서 나오는 욕망과 쾌락을 극대화하고자 시도하는 경우를 보게 됩니다. 저는 아주 정확히 브레삭의 경우를 예로 들어 보겠는데요, 브레삭은 쥐스틴에게 가족들 사이의 자연적 관계란 근본적으로 존재하지 않는 것이라고 설명합니다. 어머니란 결국 무엇일까요? 아무것도 아닙니다! 어머니란, 누군가와 어느 날 혹은 어느 날 밤에 사랑을 나누었고, 쾌락을 취했으며, 이 순전히 개인적인 쾌락의 생리학적 결과로서 아이를 낳게 된 그저 한 명의 여성일 뿐입니다. 이 아이, 아마도 사람들은 어머니가 이 아이를 먹이지 않았는가라고 말할 것입니다. 그러나 아이를 먹였다는 것도 생리학적인, 순전히 동물적인, 욕구 혹은 본능을 충족시킨 것 이상의 어떤 다른 것이 아닙니다. 이에 대한 가장 좋은 증거는 동물 암컷들이 자기 새끼들을 먹인다는 사실입니다. 사람들은 또 아마도 어머니가 아이들을 보살피고 교육시킨다는 점 등을 들어 모성적 관계는 그 이상의 것이라고 말할지도 모릅니다. 이에 대해 브레삭은 이렇게 대답합니다. 이는 어머니들이 자기 아이들의 성공과 영특함 등을 바란다는 점에서 여전히 허영의 원리에 지나지 않는다. 따라서, 모든 상황과 과정을 종합해서 말해 보자면, 아이에 대해 어머니가 품는 애정의 관계에서 당신이 발견할 수 있는 것은 오직 (육체적 쾌락, 생리학적 욕구, 허영의 쾌락 등과 같은) 쾌락의 연속일 뿐이다. 또한 특별히 모성적 관계, 아이와 어머니의 관계를 성스럽고 신성불가침의 것으로 만드는 요소란 전혀, 전혀 존재하지 않는다. 이런 이야기를 한 후에, 브레삭은 다음과 같은 말을 할 수도 있었을 겁니다, 아니 해야만 했을 것입니다. 근본적으로, 만약 어머니와 아들 사이에 특별한 관계가 없다면, 자신의 어머니와 사랑을 나누는 것과 자신의 하녀, 사촌 누이 혹은 모르는 여자와 사랑을 나누는 것 사이에는 어떤 차이도 없다. 유일한 차이점은 단지 이 상대의 아름다움이나 젊음의 정도에 대해서만 존재할 것이다. 그런데, 브레삭은 철저한 동성애자인 것으로 밝혀집니다. 따라서, 브레삭은, 결국, 이렇게 말해야 했을 것입니다. "나의 어머니라고 해서 내가 다른 여자보다 더 욕망하는 것은 아니다." 그런데, 정확히 브레삭의 원칙적, 실천적인 동성애에 대한 단 하나의 예외, 브레삭의 인생에 있어서의 단 한 번의 예외는 자신의 어머니입니다. 상대가 자신의 어머니라는 사실이 브레삭에게 너무나도 큰 흥분을 자아내기 때문에 브레삭은 자신의 어머니와 난교sodomie 행위[25]를 합니다. 따라서 상대가 어머니라는

---

[25] [옮긴이] 프랑스어 sodomie는 보통 항문성교, 동물과의 성교 등을 지칭하지만, 문맥상 이 문장은 브레삭이 자신의 어머니와 '항문성교'를 했다는 의미로 보아야 한다. 이하의 부분에 등장하는 이른바 '교황의 담론'은 리베르탱들이 배타적으로 항문성교만을 행하는 이유를 제시한다. 한편 이 단어는 일반적으로 이른바 사랑하는 남녀 간의 '정상적인' 성관계 이외의 모든 성행위 양상을 지칭하기 위해 쓰이기도 한다.

사실은 브레삭의 욕망이라는 수준에서 특별한 역할을 수행한 것입니다. 브레삭은 상대가 자신의 어머니였기 때문에 욕망이 일어났고 또 일을 치른 것입니다.

우리는 교황과 신에 대해서도 마찬가지의 논리를 적용해 볼 수 있을 것입니다. 쥐스틴은 소설의 훨씬 뒷부분에서 교황을 만나고, 쥐스틴은 물론 이 교황과 끔찍한 일을 행하는데, 이 끔찍한 일은 다음과 같은 교황의 긴 담론에 뒤이어 일어납니다. "신, 네가 잘 알다시피, 그런 건 존재하지 않는다, 난 그걸 알기에 적합한 위치에 있거든!" 그리고 교황은 쥐스틴의 손을 잡고 '성 바오로' 대성당 안에 있는 성 바오로의 묘지 위에서 사랑을 나누기 위해 그녀를 데려갑니다. 그런데, 진실로 신이 존재하지 않는다면, 이런 일에 무슨 흥미로운 부분이 있을까요? 묘지는 다른 곳보다 그리 편안한 장소도 아닙니다! 합리적 담론이 신, 영혼, 자연, 법(인간 세계에서 존중받아야 하는 모든 것)을 철폐한다면, 이제, 근본적으로, 이 담론은 신에 대한 모독, 자연에 대한 조롱, 인간관계에 대한 모욕 등과 같은 리베르티나주의 선택받은 대상들 역시 모두 철폐하는 것이 아닐까요?

나는, 이 단계에서, 우리가 사드의 담론을 보다 면밀히 연구할 필요성이 있다고 믿습니다. 우선, 그 수는 매우 제한되어 있지만, 이를테면, 18세기적 유형의 담론, '발생론적'génétique 담론이 존재합니다. 이 담론에서 사드는 이렇게 말합니다. "신은 존재하지 않는다. 신은 오랜 옛날에 인간이 자연 현상 앞에서 품었던 두려움으로부터 생겨난 상상의 산물이다. 그리고 이런 인류 초기의 불안과 걱정으로부터 신의 이미지가 형성된 것이다. 따라서, 우리는 이런 과정을 거쳐 생겨난 신을 존중할 필요가 없다." 이는 전형적인 18세기 말의 공격적 합리주의 담론이지만, 사드의 글에서는 거의 찾아보기 어려운 담론입니다. 사드의 주요 담론은 전혀 다른 방식으로 구축됩니다. 사드의 담론은 앞서의 담론과는 역방향으로 구축됩니다. 사드의 담론은 가령 이렇게 말하지 않습니다. "신은 존재하지 않는다. 그러므로 신은 선하지도bon 악하지도méchant[26] 않다." 대신, 사드의 담론은 이렇게 말합니다. "신은 악하다. 따라서, 신은 악한 존재이다. 그런데, 전능하고 무한히 선한 신이 악하다는 것은 모순이므로, 신은 존재하지 않아야 한다." 혹은 달리 말하면, 사드는 다음처럼 말하지 않습니다. "모성적 관계는 존재하지 않는다. 어머니는 특별한 존재가 아니며, 따라서, 어머니가 선한지 악한지, 어머니와 사랑을 나누어도 되는지 안 되는지를 물을 필요가 없다." 사드는 이렇게 말합니다. "나의 어머니는 나의 아버지와 쾌락을 누렸다. 나의 어머니는 그 결과 태어나게 될 나에 대한 생각을 하지 않고 이 쾌락을 누린 것이다. 따라서, 나의 어머니는 악하다. 그리고 나의 어머니가 악하다면, 그녀는 선하지 않다. 그런데 어머니의 본질은 늘 선한 사람이다. 그러므로 어머니는 존재하지 않는다." 따라서 사드가 법과 금지에 대해 무관심한 이유는 그것의 비존재에 관한 확언 혹은 긍정으로부터가 아니라, 언제나 문제가 되고 있는 이 대상의 악함에 기인하는 것입

---

26 [옮긴이] 프랑스어 méchant에는 해로운, 못된, 심술궂은, 악독한, 악한 등등의 폭넓은 의미가 있다. 이 경우에는 '해로운'이라는 뉘앙스를 품은 광의의 '악한'으로 새기는 것이 적절할 듯하다.

니다. 사드는 대상의 악함으로부터 그것의 비존재를 이끌어 냅니다. 이는 앞서의 것과는 완전히 다른 방식의 논증이고, 무엇보다도 해결하기 어려운 몇 가지 논리적 문제를 불러일으킵니다.

　크게 보아, 논증은 다음과 같은 논리를 따릅니다. 신은 악하다. 그런데 이처럼 신이 악하다는 것은 전능함과 선성善性, bonté에 의해 규정되는 완벽한 신의 존재와 모순된다. 따라서 신은 존재할 수도 없고, 존재해서도 안 된다. 사드의 담론은 다음과 같은 말로 되돌아갑니다. 신이 악할수록 신은 존재하지 않을 것이다. 그리고 신이 선하다면 신은 존재할 것이다. 악한 신은 존재하지 않으며, 만약 신이 이보다 조금이라도 더 악하다면, 그는 그만큼 덜 존재할 것이다. 악함으로부터 연역되는 이러한 비존재는 악함의 정도에 따라 더욱더 분명해집니다. 사드는 동일한 논증을 자연에 대해서도 다시 취합니다. 사드는 가령 다음처럼 말하지 않습니다. "자연은 존재하지 않는다. 따라서 자연이 좋다 나쁘다bonne ou mauvaise²⁷라고 말하는 것은 의미가 없다." 사드는 이렇게 말합니다. "자연은 파괴한다. 자연은 자신의 시간을 존재들을 창조하는 데 보내지만, 창조하기가 무섭게 자연은 자신의 창조물들을 죽이거나 혹은 포기해 버린다. 혹은 창조물들은 늙어 죽거나, 살해당한다. 어느 경우이든, 자연은 이 존재들을 죽게 만드는데, 이는 모순되는 일이다." 따라서, 자연 안에는, 이

27　[옮긴이] 프랑스어 mauvais에는 '나쁜' 외에도 악한, 악독한, 해로운, 불량한, 짓궂은 등등의 폭넓은 의미가 있다.

죽어야만 하는 존재들이 자연에 반항하는 경우가 생겨나는데, 이는 두 가지 방식으로 그러합니다. 스스로를 죽이는 경우, 그러니까, 한 존재가 다른 존재를 죽이는 경우가 그것입니다. 이 경우 이 존재는 자연이 하는 일을 하고 있을 뿐이며, 따라서 이 존재는 자연의 법칙에 복종하는 것입니다. 이 존재는 자연을 대신해서 이 일을 할 뿐인데, 이는 자연을 죽이는 한 가지 방법이기도 합니다(내가 누군가를 죽일 때마다, 나는 자연을 대신하는 것이며, 따라서 나는 자연을 죽이는 것입니다). 그리고, 자기를 죽이도록 내버려 두지 않는 개인의 경우가 존재합니다. 이 순간, 이 개인은 자연이 한 것을 보존합니다. 그는 자연의 법칙을 따르지만, 자연의 법칙이란 살아 있는 개인들의 죽음으로 구성되기 때문에, 어떤 살아 있는 개인이 죽기를 거부할 경우, 그는 자연을 조롱하는 것이 되는데, 이는 그가 자연이 하는 일과는 반대되는 일을 하고 있기 때문입니다. 모두 자연의 악함에 따르는 논리적 결과인 이러한 모순의 연속으로부터 우리는 자연이 존재하지 않거나, 혹은 차라리 자연이 악한 바로 그만큼 자연은 덜 존재한다, 달리 말하면, 자연이 파괴적인 바로 그만큼 자연은 덜 존재하리라는 결론을 내릴 수 있습니다. 이런 종류의 담론은 다음과 같은 말로 구성됩니다. "신은 악하다. 그러므로 신은 존재하지 않으며, 신이 악할수록 신은 덜 존재할 것이다. 자연은 악하기 때문에 자연은 존재하지 않는다. 인간들이 악하기 때문에 인간관계는 존재하지 않는다." 따라서 우리는 이런 종류의 담론으로부터 상당히 큰 중요성을 지니는 몇 가지 결과를 추출할 수 있습니다.

첫 번째 결과는 다음과 같은 것입니다. 사드의 논리는 반反-러셀주의적인 것입니다. 혹은, 말하자면, 러셀의 논리[28]는 사드의 논리로부터 상상할 수 있는 가장 멀리 떨어진 논리입니다. 러셀주의적인 논리 형식들 중, 적어도 하나는 다음과 같은 것을 지칭합니다. "황금산이 캘리포니아에 있다"와 같은 유형의 명제는 다음과 같은 방식으로 분해되기 이전에는 옳거나 그를 수 없는 명제입니다. 우선, 황금산이 존재하고, 그리고, 그 황금산이 캘리포니아에 있다. 보시다시피, 사드의 논증은 러셀의 논리와는 정확히 반대되는 논증인데, 그 이유는 사드의 담론이 "자연이 존재하고, **그리고** 그 자연이 악하다"와 같은 말을 하는 것이 아니라, "자연은 악하다, 그러므로 자연은 존재하지 않는다"라고 말하는 담론이기 때문입니다. 사드의 담론은 속성屬性,attribution에 대한 일정한 판단으로부터 그 속성을 담지한 주체의 비존재를 추출해 내는 담론이며, 이는 논리적으로는 받아들일 수 없는 것, 실제로 사용할 수 없는 것임에도 불구하고 사드 논리의 중핵에 자리한 논증입니다. 따라서 사드의 논리는 러셀의 논리에 대하여 절대적으로 낯선 것입니다. 한편, 사드의 논리는 데카르트적cartésienne 논리와 관련해서도 낯선 것입니다. 만약 여러분이 사드의 논증을 데카르트René Descartes, 1596~1650의 존재론적ontologique

---

28 버트런드 러셀(Bertrand Russell, 1872~1970)은 영국의 논리학자, 인식론학자, 정치가이다. 수학자로 교육받은 러셀은 『수학원리』(*Principia Mathematica*, 1910~1913)를 출판하고, 논리의 기초와 공리계(公理界, axiomatique)에 대해 연구했다. 이로부터 산출된 철학은 이른바 '과학적'이라 불리는데, 이는 이러한 철학이 자신의 목적을 논리적 분석을 가령 정신의 본성 혹은 인식과 같은 고전적인 철학적 문제들에 적용하는 것으로서 설정하기 때문이다. 러셀은 분석 철학의 기초를 세운 인물로 간주된다.

논증과 실제로 비교해 본다면, 여러분은 두 논증이 서로 정확히 반대임을 이해하실 것입니다. 실제로, 데카르트의 논리는 다음과 같이 말합니다. 신은 완전하다. 그리고 완전성은 존재성을 포함한다. 따라서, 완전한 신은 존재한다.[29] 이는 속성에 대한 판단으로부터 출발하여, 그로부터 존재에 관한 판단에 도달하는 것입니다. 사드는, 반-러셀주의자인 것과 마찬가지로, 반反-데카르트주의자인데, 이는 사드가 속성에 관한 판단으로부터 출발하지만, 이로부터 존재를 연역해 내는 것이 아니라, 비존재를 연역해 내기 때문입니다. 이런 의미에서 우리는 사드의 논리를 전적으로 괴물 같은 것이라 말할 수 있는데, 이는, 필연적으로 관념과 관념의 존재, 따라서 가능한 것에 의존하는 데카르트의 '직관주의적'intuitioniste 논리와 러셀의 '형식주의적'formaliste 논리 사이에서, 사드가 논리학의 관점에서 볼 때, 이처럼 전적으로 유지 불가능한 하나의 논리를 구축하는 데 이르렀기 때문입니다. 사드는 하나의 속성 판단으로부터 그러한 속성을 부여받고 있는 사물 자체의 비존재에 관한 또 다른 판단을 이끌어 냅니다. 자, 이것이 모든 서양 철학의 내부에서 절대적으로 사악하고 파괴적인

---

29 [옮긴이] 원문은 다음이다. Dieu est parfait; or, la perfection implique l'existence; donc le Dieu qui est parfait existe. 데카르트의 논증은 『성찰』(*Meditationes*, 1641)의 제5권에 실려 있다. 이러한 논증은 12세기 캔터베리의 주교 안셀무스(Anselmus, Saint Anselm of Canterbury, 1033~1109)에 의해 『프로슬로기온』(*Proslogion*, 1077)의 2절 및 3절에서 처음으로 정식화된 것이다. 이후 18세기의 칸트(Immanuel Kant, 1724~1804)는 자신의 『순수이성비판』(*Kritik der reinen Vernunft*, 1781/1786) 2권 3장 4절 '신의 현존에 대한 존재론적 증명의 불가능성에 대하여'에서 이를 '신의 현존에 관한 존재론적 증명'(ontological argument of existence of God)으로 지칭하면서 비판하였다.

방식으로d'une manière absolument perverse et destructrices 기능하고 있는 사드 담론이 낳는 최초의 두 가지 결과입니다.

　세 번째 결과는 신, 타인들, 죄, 법, 자연 등과 같은 존재하지 않는 괴물성monstruosité inexistente이 18세기적 의미에서는 전혀 환상이 아니라는 사실입니다. 이러한 것들은 환상이 아닙니다. 환상이란 사람들이 어떤 것이 환상이었음을 깨달았을 경우 그로부터 자유로워지는 것, 이제는 환상적인 것으로 드러난 대상에 대해 전혀 신경을 쓰지 않는 어떤 것입니다. 18세기의 비판이 가령 신이 존재하지 않는다거나, 영혼이 환상에 불과하다는 것을 논증하면서 행했던 것은 바로 이런 일이었습니다. 일단 어떤 것이 환상이라는 점이 논증이 되면, 우리는 그것에 관심이 없어지고 전혀 신경을 쓰지 않게 됩니다. 사드는 신, 영혼, 자연과 법을 환상으로 간주하지 않습니다. 사드는 이런 것들을 '키메라'chimère[30]라고 부릅니다. 키메라는 존재하지 않는 것이 아니라, 어떤 것이 그러해야 하는 상태에 미치지 못하는 바로 그만큼 존재하지 않는 것입니다. 신은 하나의 키메라인데, 이는 신이 자신의 본질에 적합하지 못한 바로 그만큼, 신이 자신이 그러한 상태 혹은 마땅히 그러해야 하는 상태에 근접하지 못하는 바로 그만큼, 존재하지 않는다는 의미에서 그러합니다. 달리 말해, 신은 자신이 악한 바로 그만큼 덜 존재합니다. 신이 자신의 악함에 더

---

30 [옮긴이] 키메라 혹은 키마이라(Χίμαιρα, Chímaira)는 그리스 신화에서 사자의 머리, 양의 몸, 용의 꼬리를 가진 괴물을 지칭하는 말이며, 이로부터 실존하지 않는 공상·망상·몽상에 기인하는 것, 괴상하게 짜 맞춘 것이라는 의미를 갖게 되었다.

가까이 다가갈수록, 자연이 자신의 격렬함에 더 가까이 다가갈수록, 신과 자연 모두는 존재하지 않게 됩니다. 18세기적 환상이란 존재하지 않으며 따라서 우리가 떨쳐 버려야 하는 것이었던 반면, 사드의 키메라는 자신이 그러해야 하는 상태에 다가가지 못할수록 존재하지 않게 되는 어떤 것입니다.

마지막으로, 네 번째 결과는, 만약 신이 악한 바로 그만큼 신이 존재하지 않는다는 것이 사실이라면, 근본적으로, 신의 악함을 증대시키는 것은 무엇이며 신을 더욱더 악하게 만드는 것, 따라서 신을 더욱더 존재하지 않게 만드는 것은 무엇일까요? 이제 이 악함이란 무엇일까요? 인간들이 다른 인간들에 의해 죽임을 당하고, 선한 사람들이 다른 사람들의 악한 계략에 걸려 희생자가 되는 것은 신의 악함에 의한 것입니다. 신을 악한 존재로 만드는 것은 미덕이 박해받는 순간 나타나 악덕을 승리하게 만드는 리베르탱이 존재하기 때문입니다. 총체적으로 볼 때, 신을 더욱더 악하게 만드는 것, 신의 악함을 증대시키는 것은 결국 리베르탱의 존재가 아니라면 무엇일까요? 리베르탱이 많을수록, 리베르탱이 더욱더 리베르탱이 될수록, 신의 악함은, 단순한 증명을 넘어, 실제로 실현될 것입니다. 리베르탱은 신의 악함이 육화된 존재입니다. 만약 그리스도가 신의 선함이 육화된 존재라면, 리베르탱은 이제 신의 악함의 그리스도입니다. 이제 리베르탱이 많아질수록 신은 악한 존재가 되는 것입니다. 그러나 우리는 방금 신이 악할수록 신이 덜 존재하게 된다는 것을 보았습니다. 그러므로 리베르탱이 다수가 될수록, 또 리베르티나주가 다양화될수록, 신의 비존재는 더욱더 확실한 일이 될 것이고,

결과적으로, 신의 비존재는 이제, 마치 하나의 논증으로부터 연역되어 이 논증으로부터 우리가 다시금 모든 것을 연역할 수 있는 진실과도 같은, 한번 증명되면 영원히 그 참됨을 보증받는, 하나의 이론적 주장이 아닙니다. 신의 비존재는 매 순간 신의 악함, 리베르탱의 행위와 인격 안에 현실화된 신의 악함으로서 실현되는 무엇입니다. 따라서 욕망과 진실, 혹은 차라리 리베르탱의 욕망과 신이 존재하지 않는다는 진실은 하나의 관계 안에서 연결됩니다. 그런데 이 관계는 결과에 따르는 원리의 관계가 전혀 아니며, 그보다 훨씬 복잡한 어떤 관계입니다. 신이 악하기 때문에 리베르탱과 끔찍한 욕망이 존재하는 것입니다. 그러므로 리베르탱들이 많을수록 끔찍한 욕망들 또한 늘어나고 또 신이 존재하지 않는다는 말 역시 진실이 될 것입니다. 신이 존재하지 않는다는 진실과 기호의 복수화複數化, multiplication des signe[31]는 따라서 일종의 무한한 상호 작용에 의해 서로서로 연결되어 있습니다. 우리의 욕망을 증대시키고 우리의 악의를 증대시키며 우리 욕망의 끔찍한 성격을 증가시킬수록 신은 점점더 존재하지 않게 됩니다. 진실과 욕망의 관계는 키메라의 괴물성monstruosité을 실현시킵니다. 키메라의 괴물성은 키메라, 신, 혹은 자연, 혹은 법, 혹은 영혼이라는 이 키메라가 점점 더 괴물이 되도록, 다시 말하면 점점 더 키메라가 되도록, 다시 말하면 점점 덜 존재하도

---

31 [옮긴이] 이때의 multiplication은 복수화뿐 아니라 양적·질적인 다양화, 증가, 증대 등으로 옮길 수 있는 말이다.

록 만드는 것, 점점 덜 존재하면서 점점 더 악하고 점점 더 괴물이 되도록 만들어 주는 것입니다. 그리고 이렇게 해서, 신은 결코 전적인 침묵 속으로 빠져들지도, 결코 욕망의 지평으로부터 참으로 사라지지도 않게 됩니다. 신의 비존재는 담론과 욕망 속에서 매 순간 실현됩니다.

따라서 우리는 사드의 욕망이, 우리가 걱정하는 것처럼, 욕망의 대상을 철폐하지는 않으며, 다만 욕망과 담론이 동일한 하나의 대상 위에서 서로서로를 뒤쫓는다고 말할 수 있습니다. 근본적으로, 방금 내가 사드의 담론이 신에 대해서 말할 뿐 욕망에 대해 말하지 않는다는 것은 기묘한 일이라고 말했을 때, 내가 이러한 언급을 했을 때, 나는 근본적인 사실을 잊고 있었습니다. 담론은 물론 신에 대해서 말을 하고 있고, 담론과 욕망은, 사실상, 존재하지 않는 것, 매 순간 파괴되어야 하는 것으로서의 신이라는 하나의 동일한 대상에 대해 말하고 있습니다. 그리고 사드의 담론에서 근본적인 것은 바로 이것, 담론과 욕망의 이러한 연결입니다. 나는 이러한 사실로부터 사드에 있어서의 담론이 갖는 마지막 두 가지 기능을 연역해 내는 것은 상대적으로 쉬운 일이라고 생각합니다.

이 두 가지 기능은 사실 앞선 두 가지 기능에 맞서는 것들이고, 또 어느 정도까지는 앞선 두 기능을 제한하기도 하고, 반박하기도 하며, 의문에 붙이는 것이기도 합니다. 앞선 두 기능은 탈거세화 기능, 리베르탱을 희생자들과 구분해서 인식할 수 있게 해주는 차이화 기능이었습니다. 마지막 두 기능은 네 번째 기능은 두 번째 기능에, 다섯 번째 기능은 첫 번째 기능에 대립되는 것입니다. 그리고 이 네 가지 형상들 사이에는 내가 방금 설명한, 말하자면, 파괴의 기능이라 할 세 번째 기능이 존재합니다.

네 번째 기능은 경쟁 기능fonction de rivalité인데, 이는 다음과 같은 것입니다. 사드의 담론은 언제나 늘 같습니다. 사드에게서 앞서 말한 네 가지 테마가 끊임없이 무한한 방식으로 되풀이된다는 말은 사실 맞는 말입니다. 그러나 우리가 이를 좀 더 세밀하게 들여다본다면 우리는 이 담론들이 다양하게 변주되면서 다양한 요소들에 따라 변화하고 있다는 것을 알아차리게 됩니다. 이 담론들은 상황에 따라 변주됩니다. 가령, 어린 퐁당주 양의 유산을 탈취할 때의 담론은 인간들 사이의 관계, 사회계약, 의무의 다소간은 성스러운 성격 등에 대한 것이 될 테지만, 브레삭이 자신의 어머니를 욕망할 때의 담론은 가족관계에 대한 것이 될 것입니다. 담론은 따라서 대상에 따라 달라지며, 개인에 따라서도 달라집니다. 마찬가지로 개인의 담론 역시 각자의 고유한 성격, 사회적 상황, 교육 정도에 따라 달라집니다.

예를 들면, 라 뒤부아la Dubois의 담론이 있습니다. 라 뒤부아는, 이름이 말해 주는 것처럼,[32] 민중 계급의 여성입니다. 그녀의 담론은 다음과 같은 것입니다. "자연은 인간을 창조하면서 인간을 불평등하게 만들고자 하지 않았다. 자연은 인간들 모두를 같은 모델을 따

---

32 La Dubois는 『쥐스틴』에 등장하는 인물로 글자 그대로 번역하면 '숲에서 온 여인'이라는 의미이다.

라 만들었다. 불평등을 창조한 것은 사회이다. 따라서 사회를 희생시켜 평등을 되찾으려 하는 것은 자연스러운 일이다. 그런데, 사회는 스스로가 불평등 위에 기초해 있으므로 인간들이 평등해지는 것을 바라지 않는다. 따라서 우리는 폭력에 기초해서만 평등을 되찾을 수 있다." 그리고 라 뒤부아는 폭력의 이론, 곧 사회에 반하여 최초에 주어진 것으로 생각되는 자연적인 평등을 되찾기 위해 필수적인 폭력에 대한 온갖 이론을 만들어 냅니다. 우리가 이런 종류의 체계를 발견하는 것은 오직 라 뒤부아의 담론에서입니다. 우리는 사드에 의해 제시되는 귀족주의 담론에서는 이런 체계를 발견하지 못할 것입니다.

또한 교황의 체계 역시 존재합니다. 교황은 우선, 무엇보다도, 물론, 신이 존재하지 않는다는 말로서 대변되는 매우 특별한 체계를 갖고 있습니다. 교황에게, 자연 이외의 창조자란 없지만, 자연은 선하지 않습니다. 자연은 전적으로, 오직 파괴적 분노만이 전적으로 관철되고 있는 무엇입니다. 그 결과, 인간이 할 수 있는 단 한 가지 일은 자연에 대항하여 반항하는 일이고, 인간에게 자연적 경향이 나타나는 매 순간마다, 리베르탱의 의무는 이러한 자연적 경향을 거부하고 자연이 자신에게 지시하는 것과는 다른 일을 행하는 것이 됩니다. 이런 방식으로, 인간은, 자연이 악하기 때문에, 자연을 조롱하고, 자연에 반항하며, 가령, 체계적으로 항문성교만을 행함으로써 아이를 만들지 말아야 합니다. 그렇다면 이 순간 이후로는 무엇이 생산되는 것일까요? 교황은 이렇게 적습니다. 인간들이 오직 항문성교만을 하고, 인류가 마침내는 파괴되어 멸절된다면, 이는 정확히 자연이 바라는 바이다. 왜냐하면 자연은 오직 한 가지, 인류가 사라지는 것만을 바라기 때문이다. 그리고 이는 인류에 대한 자연의 전적인 악함에 관한 가장 좋은 증거가 된다. 우리는 이 체계가 교황에게, 정확히 교황에게 얼마나 꼭 들어맞는 체계인지 이해하게 됩니다. 실제로, 교황은 신이 아니라 자연에 대해서, 보편적 선함이 아니라 보편적 악함에 대해서, 개인의 구원과 전도에 대해서가 아니라 개인의 멸절에 대해, 인류의 영원함에 대해서가 아니라 인류의 결정적인 소멸에 대해 설교합니다. 그리고 이러한 교황의 담론 내부에서는 교황이 가졌던 전통적인 모든 기능이 뒤집혀 있습니다.

또한 생퐁의 기묘한 체계, 그리고 그 외에도 서로 다른 몇 가지 체계들이 존재합니다. 결국, 우리가 이 담론들을 자세히 살펴보고, 일반적으로 받아들여지는 네 가지 테마라는 수준으로부터 그것들이 구체적으로 실현되는 방식으로 넘어가게 되면, 우리는 각각의 리베르탱이 이 테마들을 연결시키는 자신만의 특별한 방식을 가지고 있음을 이해하게 됩니다. 각각의 리베르탱은 이 네 가지 테마들이 어떻게 구성되어야 하며, 어떤 기초 위에, 어떻게 정당화되어야 하는가, 또한 이로부터 얻어 낼 수 있는 결과, 그리고 성적·범죄적 실천이란 무엇인가에 관한 자신만의 특정한 방식을 갖고 있습니다. 따라서 사드의 일반 체계란 존재하지 않습니다. 사드를 포괄하는 하나의 철학, 하나의 유물론, 하나의 무신론은 존재하지 않습니다. 사드에게는 우리가 방금 말한 네 가지 테마들의 망에 의해서만 서로서로 중첩되고 소통하는 다양한 체계들이 만들어 내는 하나의 복합성이 존재할 뿐입니다.

이 망, 이 네 가지 요소들이 하나의 상황 혹은 한 개인에게 절대적으로 고유한 담론들을, 마치 다면적 결정체와도 같이, 구축해 줍니다. 그리고 정확히 사드는 이 네 가지 테마들에 의해 포착된 다양한 모습들을 '체계'système라고 부릅니다. 그리고 우리는 매우 자주 상대에게 이렇게 말하는 등장인물을 만나게 됩니다. "너의 체계에 대해 내게 말해 봐, 네 체계를 내게 설명해 봐, 넌 방금 이런 일을 했는데, 왜? 네 체계를 말로 해 봐, 등등." 그리고 이 체계가 방금 말했던 네 가지 테마와 관련된 각각의 개인과 상황에 고유한 결정화 작용이 됩니다. 이제 결과적으로, 그리고 바로 이러한 점이 어떻게 해서 담론의 네 번째 기능이 두 번째 기능에 대립되는가를 설명해 줍니다. 이 담론들은 (희생자와 리베르탱을 인식하고 구분해 주는 기능에 더하여,) 리베르탱들의 내부에서, 서로서로 환원 불가능한 개인들, 곧 개인에 따라 체계도 달라지기 때문에 자신만의 고유한 체계에 의해 특징지어지는 개인들을 식별해 주는 또 다른 기능을 갖습니다. 이렇게, 리베르티나주의 일반 체계란 존재하지 않지만, 각각의 리베르탱은 하나의 체계를 갖습니다. 그리고 이 체계가 특이성 singularité, 또는 사드가 개인들의 불규칙성irrégularité des individus이라 명명한 것을 정의해 줍니다. 어떤 개인도 일반 규칙을 따르지 않으며, 자신만의 고유한 불규칙성이 자신의 체계 안에서 실현되고 상징화됩니다. 그런데, 이 체계들이 다양하고, 두 번째 기능으로부터 솟아난 것으로 보였던 리베르티나주의 이 견고한 세계를 산산조각 내버리며, 리베르티나주의 상호 공모共謀적 연속이라 할 이 세계를 산산조각 내버리는 한, 이 체계들은 리베르탱들 각각을 서로서로에 대해 대치 불가능한 존재들, 대체 불가능한 존재들로 만들어, 서로를 구분시켜 줍니다.

결과적으로, 각각의 리베르탱은 다른 리베르탱들에 비해 더 강하거나 약한 체계를 가질 것이며, 자신의 체계가 더 강한가 약한가에 따라, 다른 리베르탱들에게 정복당하거나, 혹은, 반대로, 다른 리베르탱들에 대해 승리하게 될 것입니다. 결국 체계는 리베르탱들의 사이에 존재하는 도구처럼 보이게 됩니다. 그리고, 돌연, 우리가 방금 보았던 것처럼 그들이 서로서로를 죽일 권리가 없기 때문에 제한된 것으로 남아 있던 리베르탱들의 저 유명한 자유는 이제 이 의무보다 더 상위에 존재하는 담론의 이러한 기능 안에서 사라져 버립니다. 이제 리베르탱들은, 늑대와 달리, 서로서로를 잡아먹습니다. 한 리베르탱은 자신의 담론이 다른 리베르탱의 담론보다 더 강한 것일 경우 다른 리베르탱을 죽일 수 있으며, 또 죽일 것입니다. 아주 좋은 예는 클레르빌과 쥘리에트가 보르게즈Borghèse를 죽이기로 결심하는 장면입니다. 클레르빌과 쥘리에트는 모두 보르게즈 공주를 리베르티나주의 좋은 상대, 공모자로 가졌던 두 여성입니다. 그런데 보르게즈 공주가 쥘리에트와 클레르빌보다 약한 철학적 테마를 가지고 있다는 사실이 밝혀집니다. 철학적으로 더 약한 테마를 갖고 있는 보르게즈 공주는 이들 세 리베르탱들을 묶고 있는 관계가 성스러운 것이라고 믿을 것이며, 따라서 이들을 배신하지 않을 것입니다. 보르게즈 공주는 결국 죄란 존재하지 않으며 모든 것이 가능하다는 테마를 마지막까지 유지하지 못할 것입니다. 따라서 보르게즈 공주는 적어도 하나의 죄가 가능한데, 그것은 다름 아닌 자신의 동료 리베르탱을 죽이는 것이라는 생각을 받아들이게 됩니다. 따라서 보르게즈 공주는 이 죄를 넘어선다는 사실 앞에서 후퇴하게 될 것입니다. 그 결과, 보르게즈의 체계는 클레르빌이나 쥘리에트의 체계보다 한 요소가 더 약한 것이 될 것이고, 클레르빌과 쥘리에트는 정확히 체계의 가장 약한 이 고리를 공격함으로써 그녀를 함정에 빠뜨립니다. 자신들의 관계가 단절될 수 있다는 것을 상상하지 못하는 보르게즈 공주는 이 함정을 보지 못하고 걸려들 것이고, 다른 리베르탱들이 보르게즈 공주를 죽일 수 있게 되는 것은 바로 그녀가 가진 체계의 이러한 약함입니다. 따라서 리베르탱들은 서로서로를 공격하고 죽일 수 없다는 법은 사물의 근원으로 내려갈 경우 기능하지 않게 됩니다. 만약 네 가지 테마가 리베르탱들로 하여금 서로를 알아보게 해주고, 또 그들을 각자의 욕망과 관련하여 희생자라는 매우 다른 지위로 데려가기도 하는 것이 진실이라면, 이 네 가지 테마들에 의해 구성되는 체계들 사이의 차이는 리베르탱들 사이의 끊임없는 투쟁, 영원한 투쟁을 낳을 것이고, 이는 결국 그들 중 단한 명만이 남게 될 때까지 계속될 것입니다. 그리고 마지막 남게 되는 그 단 한 명은 쥘리에트입니다. 이제 쥘리에트는 이렇게 해서 리베르티나주의 동료들을 모두 희생시킬 것입니다. 클레르빌, 생퐁, 그리고 보르게즈 공주는 물론, 모두가 사라질 것입니다. 이제 쥘리에트만이 남게 되는데, 이는 물론 무엇보다도 그녀의 순수한 리베르티나주 덕분이고, 그녀의 곁에는 한편에는 누아르쇠유가, 다른 한편에는 하녀로 일하는 라 뒤랑la Durand만이 남아 있습니다. 자, 이것이 사드 담론의 네 번째 역할입니다. 다섯 번째 역할은 아주 간단히 정리될 수 있습니다.

　담론의 다섯 번째 기능은 다음과 같은 것입니다. 우선 우리가 리베르탱과 희생자를 구분해 주는 것이라 믿었던 담론이 진실이라면, 이 담론이 리베르탱들을 구분해 주는 것이 진실이라면, 이 담론이 단순히 모든 희생자들 앞에선 리베르탱들의 표식에 그치지 않고 이를 넘어 리베르탱들 사이의 전투에 사용되는 하나의 도구라는 것이 진실이라면, 담론은 리베르탱을 죽음 앞에 노출시키는 것이 됩니다. 다시 말해, 리베르탱은 자신의 담론을 다른 리베르탱의 담론과 맞부딪히게 하면서 죽음을 감수하게 됩니다. 이는, 무엇보다도, 리베르탱이 단순히 죽음을 감수해야만 한다는 데 그치지 않고, 리베르탱이 자신의 담론을 끝까지 밀고 나갈 경우, 단순히 자신에게 죽음이 닥칠 수도 있음을 받아들이는 데서 그치는 것이 아니라, 죽음이 자신에게 닥칠 수 있는 가장 좋은 것이라는 생각까지도 받아들여야만 함을 의미합니다. 실상, 자연이 존재하지 않고, 영혼도 존재하지 않으며, 신도 존재하지 않고, 참다운 죄도 존재하지 않는다는 것이 진실이라면, 누군가에게, 심지어는 리베르탱에게도, 죽음이란 과연 무엇일까요? 그것, 정확히 말해 죽음에 몸을 내맡기고 받아들인다는 것은 자연에 대해 행해지는 공격의 극치가 아닐까요? 사실, 자연은 우리를 창조했지만, 자연은 우리를 창조하자마자, 우리 안에, 살고자 하는 욕구, 말하자면 자연이 우리를 창조하기 위해 행했던 몸짓의 유일한 흔적만을 남겨 둠으로써 우리를 버렸습니다. 우리가 이 살고자 하는 욕구를 포기할 때, 우리가 이 살고자 하는 욕구를 죽고자 하는 욕구로 되돌릴 때, 우리는 자연에 등을 돌리는 것이며, 자연을 조롱하는 것이고, 우리 자신과 관련하여 극한의 죄악을 저지르는 것입니다. 그리고, 물론, 이 극한의 죄악을 저지르는 순간이야말로 극한의 쾌락이 얻어지는 순간입니다. 결과적으로 우리가 최대한의 성적 흥분을 획득하는 순간은 우리가 죽음을 받아들이는 순간이 됩니다. 그리고 바로 이런 이유로 사드의 모든 위대한 리베르탱들은 죽지 않기 위해 자신의 최선을 다하지만, 그럼에도 불구하고 죽을 수밖에 없는 경우에는, 기꺼이 자신의 죽음을 받아들이는 것입니다. 브레삭은 […][33]를 위해 순교를 각오하고 증언할 준비가 되어 있다고 말합니다. 브레삭은 자신보다 강한 자를 만난다면 그가 자신보다 강하다는 것을 인정하고 그가 자신을 죽이더라도 그에게 자신을 내어놓을 것이라고 말합니다. 보르게즈 공주는 단두대 위에서도 자신은 기쁠 것이라고, 행복하리라고 말합니다. 따라서 보르게즈 공주가 클레르빌과 쥘리에트에 의해 화산 속으로 던져질 때조차 우리는 그녀가 바위틈을 따라 자신의 육체가 찢겨지는 고통 속에서도 궁극적인 관능의 쾌락을 맛보았으리라고 생각해야 합니다. 쥘리에트는 말합니다. "세상에서 내가 제일 무섭지 않은 게 목 매달리는 거야." 쥘리에트가 격렬한 말투로 말하길, "목이 매달려 죽을 때 사람들이 사정을 한다는 거 알지? 혹시 내가 교수형을 받게 되면, 넌 내가 교수대로 뻔뻔스럽게도 흥에 겨워 날아가는 걸 보게 될 거야." 그

---

33 푸코의 수고와 컨퍼런스 타이프 원고 모두에서 해독 불가능한 부분.

리고 라 뒤랑은 이렇게 말합니다. "자연적 욕구로서의 죽음이 관능적 쾌락이 된다는 걸 의심하는 건 불가능해요. 우리는 삶의 모든 욕구가 쾌락일 수밖에 없다는 부정하기 어려운 증거가 있잖아요." 또한 놀라운 등장인물이 하나 더 있는데, 이 사람은 스웨덴 여성으로, 자신의 연인에게 자신을 죽여 달라고 요구합니다. 이런 요구를 받은 연인은 물론 전혀 주저하지 않는데, 이는 우선 그녀가 그에게 죽여 달라고 요구했기 때문이고, 혹은 차라리, 만약 그가 주저한다면, 이는, 그녀에게 고통을 주려는 그가, 그녀가 죽으면서 엄청난 쾌락을 느끼지 못할까 봐 두려워하기 때문입니다. 그러나 그는 자신의 양심의 가책을 잠재운 후, 그녀를 죽여 줍니다. 그리고 보시다시피, 이 순간 이후, 우리는 이 다섯 번째 기능 안에서 첫 번째 기능 안에서 우리가 발견했던 것의 역전된 형식을 다시금 발견하게 됩니다. 첫 번째 기능은 개인에게 욕망의 제한이란 존재하지 않으며, 개인이 말하자면 온전히 탈脫거세되어야 하며, 우주 전체가 자신의 나르시시즘이라는 회로 안으로 들어가야 하고, 결코 그 자신의 어떤 부분도 희생되어서는 안 된다는 것을 보증해 주는 것이었습니다. 담론의 첫 번째 기능은 결국 사람들이 개인에게 더 이상 "이런저런 것을 포기한다면, 너는 너 자신이 되리라"는 말을 하지 않으리라는 것을 보증해 주는 것이었습니다. 그리고, 자, 이제 다섯 번째 테마는 이렇게 말합니다. "네가 삶에서 만나게 될 가장 커다란 쾌락은 너의 개체성 자체가 사라지는 바로 그날이다." 바로 이렇게 해서 다섯 번째 테마는 첫 번째 테마에 대립되게 됩니다.

그리고 이렇게 해서 여러분은 전투·경쟁·투쟁 기능에 대립되는 차이화 혹은 인식 기능, 개인의 자기 억제 기능에 대립되는 탈거세 기능과 함께 구축되는, 나 자신이 파괴 기능이라 불렀던, 세 번째 기능으로 집중되는 사드 담론 기능의 전체 구조를 조망하게 됩니다. 동시에 여러분은 이 네 가지 기능에 대한 분석이 어떻게 나 자신이 사드에 있어서 근본적인 것으로 보고 있는 개념들에 대한 적절한 윤곽을 그릴 수 있게 해주는가를 이해할 것입니다. 하나의 리베르탱이 무엇인가를 정확히 규정해 주는 탈거세화의 기능, 희생자가 무엇인가를 규정해 주는 차이화의 기능, 사드가 키메라라고 부르는 것을 규정해 주는 파괴의 기능, 사드가 체계라 부르는 것을 규정해 주는 투쟁과 경쟁의 기능, 마지막으로, 개인을 규정해 주는, 혹은 차라리, 어떻게 해서 개인 자신이 전혀 아무것도 아닌가를 규정해 주는 기능이 존재합니다. 그리하여 우리가 출발했던 네 가지 근본적인 테마들에 더하여 우리는 다음과 같은 마지막 테마를 덧붙여 볼 수 있을 것입니다. 개인 자체란 존재하지 않는다 l'individu lui-même n'existe pas.

마지막으로, 나는, 아주 섬세한 주의를 기울여, 사드에게 다음과 같은 두 가지 독해 방식을 부과하는 일만은 피해야 한다는 말을 덧붙이고자 합니다. 우선 프로이트적 모델입니다. 사실, 나는 사드의 담론이 욕망에 대한 진실을 말한다는 역할을 전혀 갖지 않는다는 사실을 이해하는 것은 중요한 일이라고 생각합니다. 사드는 성적 욕망이란 무엇인가, 성性현상 sexualité이란 무엇인가에 대한 어떤 분석 혹은 설명도 추구하지 않습니다. 사드의 욕망은 합리적 담론의 대상이 아닙니다. 실상, 욕망과 진실된 담론은 동일한 평면 위에 존재하면서 심층적 차원에서 서로서로에 의해 구축됩니다. 욕망이 담론을 점점 더 참된 것으로 만들어 주는 것과 마찬가지로, 진실된 담론 역시 욕망을 증대·심화시키면서 무한한 것으로 만들어 줍니다. 따라서 담론 수준이 그 위에 포개어지는 일정한 욕망 수준이 존재하거나, 일정한 자연의 수준이 존재하고 그다음에 이 자연을 파괴하는 진실이 존재하는 것이 아닙니다. 실상, 담론과 욕망은 서로서로 연결되고 맞물려 있습니다. 욕망과 담론은 하나가 다른 하나에 종속되지 않습니다. 양자는 실은, 사실상 무질서désordre 자체인, 하나의 질서 안에 자리를 잡고 있습니다. 그리고, 이런 의미에서, 나는 우리가 사드의 담론과 프로이트의 담론을 비교할 수 있다고 생각하지 않습니다. 적어도 프로이트 담론의 기능과 역할이 욕망에 대한 진실을 말하는 것이고, 프로이트가 욕망에 대한 자연적, 심리학적 혹은 철학적, 여하튼, 하나의 진실을 말하고자 했다는 것이 진실이라면, 프로이트의 담론과 사드의 담론은 분명히 서로에 대해 양립 불가능한 것입니다. 우리가 반대할 수 있는 유일한 사실은 다음입니다. 그것은 정신분석이 욕망에 대한 진실을 말하는 역할을 가진 적이 없다고 말하는 것, 혹은 프로이트가 욕망에 대한 진실을 말하고자 하지 않았다고 말하는 것, 프로이트가 아마도 욕망을 진실에 맞추어 정돈하려는 의도가 없었을 것이라고 말하는 것입니다. 아마도 정신분석적 치료의 역할, 정신분석적 장 안에서의 담론의 역할은, 욕망을 진실의 세계에 맞추어 정돈하는 것이 아니라, 욕망과 진실을 양자의 근본적 관계 속에서 유기적으로 재구성하는 일일 것입니다. 정신분석적 치료의 관건은 아마도 진실의 욕망하는 기능fonction désirante de la vérité[34]을 복원하고, 욕망에 대한 진실의 기능fonction de vérité au désir을 회복하는 것일 것입니다. 이 경우, 우리는 사드에 대한 독해를 가능케 하는 것이 프로이트가 아니라, 프로이트에 대한 독해를 가능케 해주는 것이 사드임을 기억해야 합니다. 그 이유는 바로 이러한 작업이 사드가 자신의 텍스트에서 행했던 일이기 때문입니다. 사드는 서양이 거짓, 환상, 무지 안에 내버려 두었던 욕망을 진실의 빛 아래까지 촉진하려 했던 적이 없습니다. 이런 일은 사드가 하려고 했던 일이 전혀 아닙니다. 사드는 진실의 욕망하는 기능을 복원하고자 했습니다. 사드는 욕망의 진실 기능fonction de la vérité du désir을 보여 주고자 했습니다. 사드는 진실과 욕망이 자신의 위를 향해 무한히 돌아가는 한 동일한 리본의 두 면과도 같다는 것을 보여 주고자 했습니다. 따라서, 나는 사드를 프로이트적 전통에 속하는 개념의 불빛 아래 읽어서는 안 된다고 믿습니다. 서양에서는 아무도 욕망이 무엇인지 이해하지 못했다, 그런데 사드가 나타나서 이미 욕망에 관한 상당수의 진실을 말했고, 이제 사드 이후에 도래한 프로이트가 또 다른 진실들을 말했다는 식으로 말해서는 안 됩니다. 다시 한 번 말하지만, 사드는 욕망에 대한 진실을 말하지 않습니다. 사드

---

34 [옮긴이] 이 문장의 '진실의 욕망하는 기능'은 소유격인 동시에 동격으로 해석되어 '진실이라는 욕망하는 기능'으로 해석될 수 있다. 이는 욕망·권력과 무관한 플라톤적 진리[진실]관을 벗어나 욕망·권력과 분리 불가능한 니체적 진리[진실]관을 세우려는 푸코의 시도로 읽을 수 있다.

는 욕망과 진실을 서로서로에 기반하여 유기적으로 재구성합니다.

사드를 이해하기 위해 피해야만 하는 두 번째 모델은 마르쿠제 Herbert Marcuse, 1898~1979의 모델입니다.[35] 사실, 매우 도식적으로 말해 본다면, 우리는 이렇게 말할 수 있을 것입니다. 마르쿠제의 관건은, 진실 담론을 통해, 모든 종류의 구속으로부터 욕망을 해방시킬 수 있는가의 여부입니다. 마르쿠제의 인간은 이렇게 말하는 인간입니다. 지금 나는 이제까지 내가 죄책감을 갖고 행했던 것이 죄가 없는 것이었음을 안다. 따라서 모든 환상을 걷어 낸 나는 이제까지 내가 죄책감을 갖고 행해 왔던 것을 순수하게, 다시 말해 행복하게 할 수 있다. 혹은 나는 (근본적으로 마르쿠제에게 더 좋은 것으로서) 그런 일을 전혀 하지 않을 수 있다, 왜냐하면 죄책감으로 내가 나 자신을 처벌하는 그런 쾌락이 더 이상 존재하지 않기 때문이다. 그리고 이렇게 해서 나는 온전히 순수한 마음으로 행하거나, 혹은 그런 일을 더 이상 하지 않는다. 이제 내게는 내가 죄의식을 느끼는 즐거움을 더 이상 느끼지 않기 때문에 전혀 하지 않는 어떤 일들과 순수하게, 어떤 죄책감도 없이, 즉 행복하게 행하는 다른 일들만이 있을 뿐이다. 반면, 사드의 인간은 이런 이야기를 전혀 하지 않습니다. 사드의 인간은 욕망을 제한하고 소외시키는 모든 구속으로부터 우리를 해

---

35 헤르베르트 마르쿠제는 독일 출신의 미국 철학자로 프랑크푸르트학파의 일원이다. 헤겔, 마르크스, 프로이트 및 후설로부터 강력한 영향을 받은 마르쿠제는 인간에 대한 해방적 전망(vision émancipée de l'homme)을 옹호하기 위해 현실원칙(principe de réalité)의 옹호라는 형식을 취하여 억압적 담론(discours répressifs)을 공격한다.

방시키자고 말하는 존재가 아닙니다. 사드의 인간은 이렇게 말합니다. 나는 나 자신이 이런 가책을 느낄 이유가 전혀 없다는 것을 알지만, 거기에는 내게 커다란 위험이 있다. 그것은 이런 것이다. 만약 내가 가책을 전혀 느끼지 않게 된다면, 내가 범죄를 저지르면서 여전히 쾌락을 느낄까? 내게 가책이 전혀 없다면, 내가 그것을 저지르며 극한의 향락jouissance을 맛볼 수 있을 만큼 충분한 범죄가 여전히 존재할 수 있을까? 이제, 따라서, 사드에게 있어서는, 마르쿠제의 경우와 달리, 결코 진실과 욕망의 관계는 가령 되찾은 순수함, 소멸된 죄책감에 의해, 혹은 최종적으로 획득된 질서에 의해, 행해지는 것이 아닙니다. 사드에 있어서의 욕망과 진실의 관계는 연이어 일어나는 범죄 그리고 영원한 무질서 안에서만 실현됩니다.

　나는 바로 이런 의미에서, 프로이트의 모델과 마르쿠제의 모델을 사드의 텍스트에 부과하기보다는, 우리가, 사드의 사유를 통해 사드의 사유를 따라, 프로이트와 마르쿠제를 포괄하고 재정위해야만 한다고 믿습니다. 사드는 우리의 [유럽] 문명에서 욕망이 늘 사로잡혀 있던 진실에의 종속으로부터 욕망을 실제로 해방시킨 인물입니다. 실로 사드는 욕망을 진실의 절대권 아래 정돈시켰던 플라톤적 구축물을 욕망과 진실이 동일한 나선의 내부에 함께 속해 있어 서로 맞부딪히고 서로에게 맞서는 하나의 놀이로 대체한 인물입니다. 사드는 욕망을 진실로부터 실제로 해방시켰던 인물입니다. 그렇다고 이것이 사드가 가령 다음처럼 말했다는 의미가 전혀 아닙니다. "결국, 욕망과 진실이 무슨 상관인가?" 사드는 이렇게 말한 사람입니다. "욕망과 진실은 서로 상대에게 종속되어 있지도 않지만, 그렇다고 하나로부터 하나를 분리할 수 있는 것도 아니다." 사드는 이렇게 말한 사람입니다. "욕망은 진실 안에서만 무한하고, 진실은 욕망 안에서만 작동한다." 그렇다고 해서 이것이 결국 이제는 회복된 평온함 혹은 행복의 형식 아래 욕망과 진실이 어떤 결정적인 모습을 갖게 되리라는 말은 전혀 아닙니다. 이것이 말하고자 하는 바는 다음과 같은 것입니다. 욕망과 진실은 욕망의 무한한 연속, 흔들림, 흰 물결 안에서 끊임없이 서로를 증식시키고 또 증식될 것이다.

프랑스어판 편집자 해설

"예전에, 나는 사람들이 '문학'littérature이라 부르는 책들을 많이 읽었습니다. 하지만 결국에는 나의 무능력 때문에 ── 그 이유는 분명 내가 독서를 위한 적절한 코드를 가지고 있지 못했기 때문일 텐데 ── 상당한 양의 책을 던져 버렸습니다. 오늘[1975년] 『화산 아래에서』, 『시르트의 바닷가』 같은 수많은 책들이 나타났습니다.[1] 내가 아주 좋아하는 작가는 장 드멜리에Jean Demélier, 1940~ 인데, 『욥의 꿈』Le Rêve de Job, 1971을 읽고 큰 충격을 받았지요. 토니 뒤베르Tony Duvert, 1945~의 책들도 좋아합니다. 근본적으로, 내 세대의 사람들에게, 위대한 문학이란 미국 문학이었습니다. 포크너William Faulkner, 1897~1962였지요. 스스로가 결코 그 기원을 정확히 거슬러 올라갈 수 없는 외국 문학을 통해서만 동시대 문학에 접근한다는 것은 문학과 관련된 일종

---

1 [옮긴이] Malcolm Lawry, *Under the Volcano*, New York, Plume, 1947; 맬컴 라우리, 『화산 아래에서』, 권수미 옮김, 문학과지성사, 2011. Julien Gracq, *Le Rivage des Syrtes*, Éditions José Corti, Paris, 1951; 쥘리앙 그라크, 『시르트의 바닷가』, 송진석 옮김, 민음사, 2006.

의 거리를 불러일으킵니다. 당시, 문학은 '위대한 외국 문학'la grande
étangère[거대한 낯섦]이었습니다."²

　자크 알미라Jacques Almira³의 책『나우크라티스로 가는 여행』*Le
Voyage à Naucratis*, 1975과 관련해 이루어진 이 대담에서(푸코는 우편으
로 수고手稿를 미리 받아 읽어 보았다), 이는 매우 드문 일로서, 푸코
는 자신의 문학적 편력을 풀어놓는다. 우리는 이 짧은 리스트가 얼
마나 '특이한'hétéroclite 것인가를 알아차린다. 이 독서 리스트의 폭은
장 드믈리에,⁴ 자크 알미라에서 쥘리앙 그라크Julien Gracq, 1910~2007와
같은 젊은 작가들에 이른다. 게다가 푸코는 토마스 만Thomas Mann,
1875~1955, 맬컴 라우리Malcolm Lowry, 1909~1957, 그리고 윌리엄 포크너
를 찬미한다.⁵ 포크너에 대한 푸코의 찬미는 1970년 그를 미시시피
계곡으로부터 나체즈Natchez로 거슬러 올라가는 '포크너의 대지' 여
행으로 이끈다. 독자로서의 푸코에 대한 이야기는 여전히 잘 알려
져 있지 않다. 푸코의 남동생에 따르면, 푸아투Poitou에 있는 유년기

2　"la Fête de l'écriture. Entretien avec J. Almira et J. Le Marchand", *Le Quotidien de Paris*, n. 328, 25
　　avril 1975, p. 13. Publié dans *Dits et écrits*[이하 DE], eds. Daniel Defert, François Ewald et Jean
　　Lagrange, Paris, Gallimard, 1995, vol. 2, texte n. 154.
3　철학과 고전 문학 학사학위를 받은 작가 자크 알미라는 여러 편의 소설과 단편을 썼다.
　　1975년 그는『나우크라티스로 가는 여행』(갈리마르 출판사)으로 메디치상을 수상했다.
4　사뮈엘 베케트, 피에르 클로소프스키의 친구로서, 화가이자 작가인 장 드믈리에는 1940년
　　푸아티에에서 태어났다. 드믈리에의 첫 두 소설『욥의 꿈』(파리, 갈리마르 출판사, 1971)과
　　『요나의 웃음』(파리, 갈리마르 출판사, 1975)은 비평계의 찬사를 받았다.
5　다음을 보라. 'Vérité, pouvoir et soi'[진실, 권력 그리고 자기], DE, vol. 2, texte n. 362, p. 1598.

시절의 집에는 확연히 다른 두 개의 서재가 마주보고 있었다. 지식인의 서재, 곧 의학책으로 가득 찬, 금지된, 아버지의 서재는 외과 의사였던 아버지의 사무실에 있으며, 그 맞은편에는 자유롭게 뽑아 읽을 수 있는, 문학책으로 가득 찬 어머니의 서재가 있다. 푸코는 어머니의 서재에서 발자크, 플로베르 그리고 고전 문학을 발견하게 되고, 학교에 다니기 시작한 이후 아버지의 서재에서 그리스와 라틴 텍스트들을 읽는다.[6] 물론 푸코가 진정으로 자유로운 독서의 경험을 한 것은 윌름가rue d'Ulm 고등사범학교의 환상적인 도서관에 드나들기 시작한 이후임이 틀림없다. 당시 고등사범학교 도서관은 시, 철학적 논고, 비판적 에세이와 역사적 텍스트를 모아 놓은 프랑스 최초의 자유열람식 도서관들 중 하나였다. 모리스 불레즈Maurice Boulez가 맡고 있던 이 도서관에서 푸코는 기존 담론의 질서를 해체하고, 문학에 눈을 뜨게 된다.[7]

『말과 글』의 「연대기」에서 다니엘 드페르Daniel Defert, 1937~2023는 다음과 같은 몇 개의 시기적 지표를 제공한다.[8] 푸코는 1950년 생-존 페르스Saint-John Perse, 1887~1975를 탐독한다. 1951년에는 프란츠 카프카Franz Kafka, 1883~1924를, 1953년 이후에는 조르주 바타유

---

6 남동생 드니 푸코(Denys Foucault)의 말을 다음에서 재인용. Philippe Artière, Jean-François Bert, Frédéric Gros et Judith Revel (eds.), *Cahier Foucault*, Paris, L'Herne, 2011.

7 윌름가 고등사범학교의 사서이자 작곡가 피에르 불레즈(Pierre Boulez, 1925~)의 형제.

8 [옮긴이] 『말과 글』은 푸코의 저서에 포함되지 않은 각종 서문·논문·대담 등을 모은 책이다. 그 자신 사회학 교수이자 푸코의 마지막을 함께한 연인이었던 다니엘 드페르는 이 책의 편집 및 푸코의 생애를 약술한 「연대기」의 작성에 참여했다.

Georges Bataille, 1897~1962와 모리스 블랑쇼Maurice Blanchot, 1907~2003를 읽고, 알랭 로브그리예Alain Robbe-Grillet, 1922~2008의 책들을 포함한 '누보로망'Nouveau Roman의 모험을 쫓으며, 1957년 여름 레몽 루셀Raymond Roussel, 1877~1933을 발견한다. 1963년에는 필리프 솔레르스Philippe Sollers, 1936~2023, 클로드 올리에Claude Ollier, 1922~2014 같은 『텔켈』 Tel Quel지의 작가들을 읽고, 1968년에는 사뮈엘 베케트Samuel Beckett, 1906~1989를 다시 읽는다….

우리는 또한 1956년 이후 푸코가 외국으로 떠난 일의 중요성을 잊어서는 안 된다. 스웨덴 웁살라의 '프랑스의 집' 도서관 및 폴란드 바르샤바의 '프랑스문화원'에서 보낸 일상은 분명 푸코가 문학적 언어작용과 맺고 있던 밀접한 관계에 큰 영향을 준다. 스웨덴, 그리고 이어지는 폴란드의 긴 겨울 동안, 푸코는 엄청난 양의 독서를 하고(르네 샤르René Char, 1907~1988가 침대 머리맡의 애독서이다), 문학을 강의한다. 우리가 잘 알고 있는 것처럼, 푸코가 처음으로 글을 쓰기 시작한 것은 바로 이 시기, 자신이 알지 못하던 두 외국어 사이에 놓여 있던 이 시기이며, 일주일에 몇 시간씩 프랑스어를 가르친 것도 이 시기의 일이다. 무엇보다도, 이 시기는 푸코가 사드 후작Marquis de Sade, 1740~1814에서 장 주네Jean Genet, 1910~1986에 이르는 프랑스 문학에 있어서의 사랑에 대한 탁월한 강의를 포함한 프랑스 문학 강의를 행한 시기이다. 스웨덴에서, 푸코는 학생들과 함께 상당수의 동시대 연극 공연을 기획했던 연극 클럽을 스스로 이끈다.[9] 1959년 푸코는 폴란드의 크라코비와 그단스크에서 아폴리네르Guillaume Apollinaire, 1880~1918에 관한 컨퍼런스를 열기도 한다. 또, 독자로서의 푸코에 관련된 이야기들 중에서, 푸코가 [읍살라 주재 프랑스문화원의 원장 자격으로] 읍살라에 머물면서 클로드 시몽Claude Simon, 1913~2005, 롤랑 바르트Roland Barthes, 1915~1980, 그리고 노벨상을 수상하기 위해 왔던 알베르 카뮈Albert Camus, 1913~1960를 만난 일은 단순한 에피소드 이상의 것이다. 한편, 생의 말년에 푸코는 마티외 랭동 Mathieu Lindon, 1955~ , 에르베 기베르Hervé Guibert, 1955~1991 같은 많은 젊은 작가들과 ── 결코 문학에 대해 '말하지는' 않으면서 ── 어울리곤 한다.[10] 푸코가 ── '실제로 알고 지내기에는 너무나 찬미했던' 모리스 블랑쇼와 결코 만나지 않았던 것처럼 ── 이들 작가의 책을 읽었지만 그들과 [문학에 관한] 대화를 나누지는 않았다는 것은 충분히 있을 법한 일이다.[11] 푸코는 1960년대 초에 문학과 친밀한 관계를 맺는데, 우리는 오늘『광기의 역사』를 위해 푸코가 적어 놓았던 독서 노트들 안에서 그 증거를 찾을 수 있다. 봉인장封人狀, lettre de cachet 등과 같은 비세트르Bicêtre 정신병원의 기록, '대감금'에 관련된 자료에 대한 면밀한 검토는 무엇보다도 푸코가 추후 설명하게 되는 문학적 독해의 경험으로 이해되어야 한다. 이 자료들 중 몇몇은 이후 역사학자 아를레트 파르주와의 공동 작업을 통해『가족의 무질서』라는 제명하에 출판된다.[12] 푸코는 이 자료들이 보여 주는 시적 아름

---

9 읍살라 대학 도서관의 알리앙스 프랑세즈 관련 자료에 따른 것이다.
10 두 작가는 모두 동성애자이며, 푸코는 이들과의 교제 이후 동성애자라는 자신의 성적 정체성을 완전히 인정한다.
11 Daniel Defert, 'Chronologie', DE, vol. 1, p. 43.

다움, 푸코 자신이 '17세기 이래 문학적 경향의 노선'과도 같다고 묘사했던 그것, 곧 도식화되어 버린 순수한 실존에 매혹당한다.[13]

그럼에도 불구하고, 푸코는 이 친밀함으로부터 끊임없이 자신을 보호하려고 노력한다. 푸코는 1963년 자신이 온전한 한 권의 책을 쓰게 될 작가 레몽 루셀과 자신의 만남을 다음처럼 설명한다. 코르티Corti 서점에서 "나의 시선은 좀 낡아 버린 노란색 표지의 책들로 끌렸습니다. 이런 노란색은 지난 세기[19세기]의 옛 출판사들이 사용하던 전통적인 표지 색깔이었습니다. […] 나는 레몽 루셀이라는 전에는 들어 본 적이 없는 작가의 책을 집어들게 되었습니다. 책 제목은 『시선』La Vue이었고요. 첫 번째 문장부터 나는 이 책이 지극히 아름다운 산문으로 이루어져 있음을 알아차렸습니다."[14]

'위대한 외국 문학'은 사실 하나의 통과 지점일 것이었다. 왜냐하면 푸코는 단지 고급한 취향을 가진 독자였을 뿐만 아니라, 저작들이 출간될 때마다 찬탄과 인정을 받았던 작가이기도 했기 때문이다. 그의 개별 저작, 또는 『말과 글』이나 '콜레주 드 프랑스'의 강의록을 막론하고, 푸코를 잘 읽기 위해서는 이 철학자가 문학과 복합적이고 비판적인 동시에 전략적인 관계를 맺고 있음을 이해해야만 한다 ─ 이 책에 실린 글들이 이를 멋지게 증명하고 있다.

---

12 Arlette Farge et Michel Foucault, *Le désordre des famille. Lettres de cachet des archives de la Bastille*, Paris, Gallimard (coll. "Archives"), 1982.

13 'La vie des hommes infâmes' (1977), DE, vol. 2, texte n. 198, p. 252.

14 'Archéologie d'une passion' (1983), DE, vol. 2, texte n. 343, p. 1418.

1960년대 내내 문학에 관련하여 푸코가 썼던 이 다양한 서문, 대담, 컨퍼런스들(이 글들은 구체적으로 블랑쇼, 바타유 같은 이름에 관련되면서 작가비평 또는 언어공간의 일반적 기술이라는 전통적 문학비평의 틀을 넘어선다[15])을 읽고, 더하여 이 텍스트들이 단순히 고고학적으로 위대한 책들에 대한 언급일 뿐만 아니라 오레스테스와 『라모의 조카』(『광기의 역사』), 사드(『임상의학의 탄생』), 세르반테스(『말과 사물』)에 이르는 '정점'을 이루는 책들임을 기억한다면, 우리는 문학에 대한 푸코의 관심이 갖는 특별함을 더 잘 이해할 수 있다. 문학에 대한 푸코의 관심이 한 세대 전체가 가졌던 태도의 일부를 이루는 것이자 또 그것이 소설과 시를 철학 행위의 시금석으로 삼았던 프랑스적 사유(바슐라르, 사르트르, 메를로퐁티 모두가 그 탁월한 예가 된다)가 갖는 특유한 태도의 연장이라면, 푸코의 이런 관심은 스스로의 담론에 대한 중복重複, redoublement의 참다운 예가 될 것이다. 이는 주어진 한 시점에서 세계의 질서와 그것에 대한 재현再現, représentations이며(이는 푸코의 연구에서는 '사유 체계'에 대한 고고학적 기술記述이라 불린다), 또한 역설적으로 이 모든 것에도 불구하고 결국 과잉의 차원, 넘침, **바깥**dehors을 재현하고야 마는 무엇인가를 동시에 말하는 중복, 또는 차라리 영원한, 곧 극단에까지 이끌린 유혹하는 분신分身, doublure이다. 바로 이런 점에서 푸코의 초기작들은 그것이 다루는 대상의 다양성에도 불구하고(광기, 임상의학, 인간과

---

15 이에 대해서는 이 책 말미에 수록된 문학에 관련된 푸코의 서지를 참조하라.

학의 탄생) 모두 우리가 세계에 대한 담론을 구성하는 방식이 역사적으로 결정된 일련의 분할에 의거해 있음을 밝히는 분석 작업이라는 공통점을 갖는 반면, 이와 같은 시기에 작성된 문학에 관한 푸코의 텍스트들은 문학으로부터 명시적인 거부, 혹은 적어도 저명한 예외를 이끌어 내고자 하는 목적 아래 —— 다루기 어려운 작가들, 얼어붙은 말들, 글쓰기의 미궁과 같은 —— 기묘한 형상들을 펼치고 있는 것으로 보인다. 오직 『레몽 루셀』의 경우에만, 푸코 문학 텍스트의 선線과 '책의 선'이 겹쳐진다.[16] 이 책은 정확히 담론의 질서에 곤경을 가져다주었던 것, 다시 말해 글쓰기라는 몸짓geste뿐 아니라, 전략으로서의 문학을 직접적으로 탈취하기 위한 하나의 방법을 함축하고 있는 무엇인가를 은연중에 드러내기 위해 완전히 사라진 것처럼 보이는 유일한 책이다. 푸코는 『레몽 루셀』을 제외한 이 시기의 다른 책들에서는 문학을 특별히 취급하지 않으면서도 동시에 문학을 전략적 중심으로 간주하는 이중적 태도를 취하고 있다. 첫 번째 경우, 곧 고고학적 탐구의 경우, 문학은 (행정 작용actes administratifs, 논설, 고문서 단편, 백과사전, 현자의 책들, 개인적 편지, 일기 등과 같은) 여타의 담론적 생산 작용과 비교해 볼 때 어떤 특수성도 지니지 않은 것으로 간주된다. 두 번째 경우, 곧 '문학적' 텍스트의 경우, 초점은 문학의 한가운데에서 단절의 구체적 실현, 또는 질서로부터의 벗어남dés-ordre이라는 경험과 같은 어떤 것을 낳는 —— 그리고 이들은 매번

---

16 Foucault, *Raymond Roussel*, Paris, Gallimard (Coll. "Le Chemin"), 1963.

구체적이고도 특정한 양상 아래에서만 실현되기 때문에 —— 글쓰기의 절차와 입장 사이의 특정한 관계, 곧 변화의 모체, 변형의 작용소opérateur를 식별해 내는 것이다.

요약하면, 말과 사물의 강렬한 상관관계는 말해질 수 있는 것이 때로는 사유 불가능하다는 하나의 기묘한 확언이다. 이는 또한 하나의 기묘한 분리로서, 담론으로 하여금 자신이 지시하는 것의 일의성—意性, univocité 또는 코드를 벗어날 수도 있을 실험의 장을 향해 열리게 만든다. "루셀의 수수께끼는 그가 사용하는 언어작용 요소들 각각이 사건적 배치들이 만들어 내는 —— 불가산不可算 집합은 아닌 —— 특정 계열 안에 포착된다는 것이다. 브르통이 암시한 비밀에 비하면 훨씬 더 명시적이지만, 동시에 훨씬 더 풀기 어려운 비밀이다. 그것은 더 이상 어떤 의미상의 속임수, 드러냄의 놀이가 아니다. 그것은 **형태론의 조정된 불확실성**une incertitude concertée de la morphologie에, 혹은 차라리 **다수의 구성이** —— 양립 불가능하지만 동시에 전적으로 가능한 읽기의 체계들, 곧 **형식들의 엄격하면서도 통제 불가능한 다면성**polyvalence rigoureuse et incontrôlable을 허용하는 —— **하나의 동일한 텍스트를 만들어 낼 수 있다는 확실성**에 있다."[17]

이에 대해서는 다음의 두 가지를 지적할 수 있다. 우선, 푸코에게 문학을 의미하는 이 '바깥'은 자발적 몸짓geste과는 분리 불가능한

---

17 'Dire et voir chez Raymond Roussel', *Lettre ouverte*, n. 4, été 1962 ; DE, vol. 1, texte n. 10, p. 211. 인용자 강조.

것이다. 여기서 **형식들의 현기증** 나는 **다면성**, 곧 세계를 바라보는 우리의 질서가 스스로의 혼란의 구렁텅이 속으로 미끄러지는 이 현상을 통해 탐구되는 것은 문학 그 자체가 아니라, 문학을 담지하고 있는 하나의 몸짓이다. 이 몸짓은 전략으로서의 문학, 다시 말해 **문학적인 것의** 특정한 **사용**usage du littéraire, **절차들의** 구체적 현실화mise-en-œuvre de procédés, 의미의 헤게모니에 반하는 전장戰場의 구성을 경유하는 이야기récit의 경제에 내재하는 모든 파괴 작업이다. 다음으로, 이 '바깥'은 블랑쇼가 제출했으며 1960년대 중반의 푸코가 채용했던 '바깥'의 정의, 곧 '나는 생각한다'와 '나는 말한다' 사이의 관계가 해체되었다는 확언, 자기 자신을 넘어서는 언어작용의 무한한 배어남이라는 정의를 넘어선다. 이 '바깥'은 또한, 직접적으로, 재현의 왕국을 벗어나는 것이자, (각각의 사례에 따라, 차마 듣기 어렵고, 스캔들을 불러일으키며, 구분 불가능하고, 번역 불가능하며, 규정 불가능하고, 파편적인, 예측 불가능한, 불안정한, 현기증이 나는 등의) 구조적으로 엄격한 말들의 구성이라는 물질적 절차를 끌어들이는 담론의 또 다른 양상의 확정이다.

1960년대 말, 문학에 대한 이 기묘한 관계는 사라진 것처럼 보인다. 이유는 물론 다양하지만, 아래에서는 세 가지만 이야기해 보도록 하자.

첫 번째 이유는, 무엇보다도, 다른 실천 형식들에 대해 담론적인 것이 보유하고 있던 우위의 포기이다. 담론의 질서는 세계에 대한 (역사적으로 결정된) 하나의 질서이다. 담론의 질서는 그것을 통해 우리가 사물, 우리 자신, 타인들과 맺는 우리의 관계를 구성하는 하나의 양상일 뿐, 그것의 배타적 모델을 표상하지는 않는다. 때로는, 담론적 질서의 구체적 현실화가 (예를 들면, 어떤 제도의 탄생, 육체에 대한 특정 유형의 개입, 사회적 격리 등과 같은) 여타의 분할에 앞서기도 하지만, 때로는 담론의 질서가 그러한 분할의 결과로 보이기도 한다. 마찬가지로, 문학에 대한 특정한 사용이 보여 주는 '무질서'는 세계의 질서를 파열시키려는 다양한 시도들 중 하나이다. 또 다른 전략들도 존재한다. 글쓰기를 매개로 하지 않는 말하기, 세계의 질서를 파괴하거나 의문에 붙이는 전략 또는 단절의 전략 등과 같이 '자신의 품행을 실천하는' 다양한 방식 또한 존재한다. 이런 관점에서 보면, 자기 연구의 '분신'으로서의 문학적 장에 대한 푸코의 점진적인 포기는 분명 자신의 문제제기를 ── 이번에는 권력이나 저항 등과 같은 ── 보다 큰 주제에로 확장하려는 의지와 연결되어 있다. 이제, 전쟁 기계처럼 사용되는 문학적 글쓰기는 다시금 자신의 자리를 되찾게 되지만, 이전에 누렸던 핵심적 모델의 지위는 상실하게 된다.

두 번째 이유는, 푸코의 결정을 설명하는 어려움에 연결된다. 우리는 문학적인 것의 사용과 글쓰기 절차에 대해 이야기했다. 이제 우리가 여기서 이야기해야 하는 것, 다루어야 하는 것은 의지, 곧 하나의 기획이다. 그런데, 현상학적 상기라는 의심의 여지 없이 거대하고도 오랜 이념(이에 따르면 언어작용을 '분리시킬' 수 있는 말은 문학과 광기의 교차점에서 자기 자신과 연결된다)은 기획의 문제를 식별하기 어렵게 만든다. 루이스 울프슨Louis Wolfson, 1912~2007,[18]

또는 장피에르 브리세Jean-Pierre Brisset, 1837~1919[19]의 의지는 어떤 것일
까? 또, 이 의지가 설령 명시적으로 드러나는 것이라 해도, 1970년
대 초 이래 —— 특히, 감옥에 관한 정보 그룹Groupe d'information sur les
prisons, GIP의 발언이라는 또 다른 경험 이래로 —— 푸코가 점점 더 관
심을 가졌던 것으로 보이는 집단적 차원으로의 이행은 어떻게 이루
어진 것일까? 언어학적 코드의 탈구축, 하나의 제도에 대한 이의제
기, 자기 고유의 정체성에 대한 대상화의 거부를 목표로 하는 '탈-질
서화'dés-ordre를 어떻게 고유한 주체성 및 횡단적 주체성을 아우르며
분할과 구축의 기능을 동시적으로 수행하는 제반 실천에 연결시킬
것인가? 우리는 이제 이러한 작업이 저항의 정치적 양태에 관한 보
다 광범위한 탐구에서 몇몇 '문학적 사례'를 제거하는 작업에로 돌
아감을 이해할 수 있다. 이런 관점에서 보면, 전투의 말없는 굉음은
문학적 은유를 제외한 모든 것이다.

　　세 번째 이유는 푸코에 의해 명시적으로 인정되었던 '바깥'이

---

18 미국인인 루이스 울프슨은 1931년생으로 아주 어린 시절에 이미 조현병 진단을 받았다. 프
랑스어로 작성된 울프슨의 『조현병 환자와 언어들』(Le schizo et les langues)은 1970년 질 들
뢰즈의 서문과 함께 갈리마르 출판사에서 출간되었고, 비평가들로부터 주목할 만한 호의
적 찬사를 받았다. 그 예로, 푸코는 이 책과 관련된 「일곱 번째 천사에 대한 일곱 개의 말」
(Sept propos sur le septième ange)이라는 논문을 썼다(DE, vol. 2, texte n. 73, pp. 13~25).

19 장피에르 브리세는 제과기술자, 문법학자, 작가, 발명가, 앙제(Angers) 역의 행정지도(指導)
담당관 등의 직업을 가졌으며, '사상가들의 왕자'(prince des penseurs)라는 칭호와 함께 파타
피지크(pataphysique) 달력의 성인으로 추앙되었다. 앙드레 브르통(André Breton), 쥘 로맹
(Jules Romains), 레몽 크노(Raymond Queneau)와 미셸 푸코 등이 그의 세심한 독자였다. 푸
코는 브리세의 『논리문법』(La grammaire logique, Paris, Tchou, 1970)을 재편집하여 출간했으
며, 앞선 각주의 「일곱 번째 천사에 대한 일곱 개의 말」이 그 서문이다.

라는 형상에 대한 포기로 귀결된다(바깥이란 하나의 신화이다). 이는 역사 안에서의 ── 권력 관계 안에서의, 발화되는 동시에 감수된 말들 안에서의, 부서진 이미지와 그럼에도 불구하고 우리가 계속해서 재생산해 내는 이미지 안에서의 ── 가능한 차이라는 주제에 대한 탐구로 다시금 귀착한다. 이제 질문은 다음과 같은 것이 된다. 특정한 역사적 에피스테메의 배치 자체 내부에서, 주어진 어떤 순간의 실천과 담론의 경제에 의해 펼쳐진 '현실적인 것의 그물' 자체 내부에서, 요약하면, 역사적으로 결정된 세계의 문법 내부에서, 어떻게 그것을 파고들고 그것의 분절들로 회귀하며 선들을 이동시키고 지점들을 움직이고 의미를 드러내고 균형을 재발견할 수 있을까? 문제는 분명 이론적이지만, 또한 직접적인 방식으로 정치적이다. 우리를 오늘의 우리로 만든 (그리고 또한, 우리를 오늘의 우리가 생각하는 방식으로 생각하게 만든, 오늘의 우리가 말하는 방식으로 말하게 만든, 오늘의 우리가 행동하는 방식으로 행동하게 만든) 이 역사의 내부 자체에서 우리는 이러한 결정들로부터 이탈하여, 역설적으로, 그로부터 다른 삶의 양식과 말을 위한 (그럼에도 여전히 내부의) 공간을 창출해 낼 수 있을까? 그리고 정확히 문학에 대한 작업을 벗어난 푸코가 이후로 점차로 사로잡히게 되는 것은 바로 이러한 문제이다. 오늘의 우리가 그러한 이 상태라는 역사적 결정 작용과 가능한 넘어섬은, 더 이상 모순의 양식이 아닌, 공가능성共可能性, compossibilité의 양식 위에 기반하여 사유되어야 한다. 이제 우리는 바타유의 위반과 블랑쇼의 **바깥**으로부터 멀리 떨어져 있는 것이다.

이 책을 구성하는 문학에 관한 푸코의 입론은 이러한 관점 아래 조명되어야 한다. 이 책에 실린 푸코의 글들은 하나의 공통분모를 가지고 있으며, 이 글들이 '오디오그라피' 총서라는 이름 아래 함께 묶인 것도 우연한 일이 아니다. 이 책에 실린 글들은 모두, 물론 자신만의 방식으로 문학 및 글쓰기와 관계를 맺고 있지만, 1963년에서 1971년에 이르는 십 년도 되지 않는 기간 동안 푸코에 의해 구두로 발표된 것들이다. 맨 앞에 실린 두 편의 자료는 1963년 1월 프랑스의 한 라디오 방송에서 푸코가 행한 강의의 녹음을 그대로 전사轉寫한 것이다. 푸코는 이 글에서 셰익스피어, 세르반테스, 디드로, 사드, 아르토, 레리스에 이르는 다양한 작품들을 인용한다.

두 번째 글은 1964년 12월 브뤼셀에서 열린 컨퍼런스 '문학과 언어작용'에서 발표된 두 개의 연속 강연의 녹음을 전사한 것이다. 세 번째 글은 1971년 미국 버팔로 대학에서 발표된 논문이다. 이 논문은 각기 상당한 분량을 갖는 2부로 구성된 미공개 타이프 원고를 원본으로 삼은 것이다. 사드 후작에 관한 푸코의 이 발표는 다행스럽게도 발표를 위한 푸코 자신의 수고手稿가 보존되어 있다. 푸코는 논문의 형식으로 이 글을 발표하기 전에 적어도 세 번 이상 유사한 내용을 구두로 발표한 것으로 알려져 있다. 이 책에 실린 글들은 어떠한 난관에도 불구하고 스스로 말할 줄 아는 주체가 존재하지 않는 언어작용의 아이러니, 또는 우리가 즐겨 읽고 싶어 할 말을 하도록 강제된 순백純白의 글쓰기가 보여 주는 아이러니가 아니다. 이 글들은 반대로 이미 쓰인 페이지, 외재성의 다양한 형태에 대한 염려가 보여 주는 몇몇 요소들, 담론의 책략과 물질성, 스스로를 저자라

칭하기 망설였던 푸코가 한때 그것을 대변했던 염려로 되돌려진 글
들이다.

필립 아르티에르, 장프랑수아 베르,

마티외 포트-본빌, 쥐디트 르벨

문학에 관한 푸코 작업 일람

『광기의 역사』(1961)에 등장하는 [디드로의] 『라모의 조카』 혹은 라신의 비극, 푸코의 단행본 『레몽 루셀』(1963), 『말과 사물』(1966)에 등장하는 [세르반테스의] 『돈키호테』에 대한 분석, 혹은 『앎의 의지』(1976)에 등장하는 ['월터'Walter의] 『나의 비밀스런 삶』My Secret Life(1888) 그리고 『성의 역사』(1984)에 등장하는 『아르테미도루스의 해몽』에 이르는 문학 작품에 대한 미셸 푸코의 긴 주석을 따라, 우리는 서문·보고서·대담 및 푸코가 문학, 저자의 지위, 혹은 저자와 글쓰기의 관계에 대해 언급한 논문의 일람을 작성해 볼 수 있다.

DE: *Dits et écrits*, eds. Daniel Defert, François Ewald et Jean Lagrange, Paris, Gallimard, 1995, 4 vol.[1]

---

1 [옮긴이] 저작 이외의 형식으로 발간된 푸코의 서문·논문·소개·대담 등을 모은 책으로 1994년[위 본문의 1995년은 착오] 4권으로 나왔고, 같은 내용이 이후 2001년 2권의 보급판으로 다시 나왔다.

보고서·서문·소개의 글

장클로드 브리세(Jean Claude Brisset)에 대하여: 「개구리의 모임」(Le cercle des
Grenouilles, DE 1, 1962)

크레비용(Crébillon)에 대하여: 「그토록 잔인한 앎」(Un si cruel savoir, DE 1, 1962)
[「그토록 잔인한 지식」, 『문학비평』][2]

로제 라포르트(Roger Laporte)에 대하여: 「도래할 날을 기다리다」(Guetter le jour qui
vient, DE I, 1963), 「거리, 양상, 기원」(Distance, aspect, origine, DE 1, 1963)[「거
리·양상·기원」, 『문학비평』], 「공포의 누보 로망」(Un nouveau roman de terreur,
DE 1, 1963)

귀스타브 플로베르(Gustave Flaubert)에 대하여: 「도서관 환상」(Un fantastique de
bibliothèque, DE 1, 1964)[「도서관 환상」, 『문학비평』]

피에르 클로소프스키(Pierre Klosowski)에 대하여: 「악테온의 산문」(La Prose
d'Actéon, DE 1, 1964)[「악테옹의 산문」, 『문학비평』], 「공간의 언어작용」(Le
langage de l'espace, DE 1, 1964), 「우리는 왜 레몽 루셀의 작품을 다시 편집하
는가? 우리 근대문학의 한 선구자」(Pourquoi réédite-t-on l'œuvre de Raymond
Roussel? Un précurseur de notre littérature moderne, DE 1, 1964), 「피 흘리는 말
들」(Les mots qui saignent, DE 1, 1964)

스테판 말라르메(Stéphane Mallarmé)에 대하여: 「J.-P. 리샤르의 『말라르메』」(Le
Mallarmé de J.-P. Richard, DE 1, 1964)[「J.-P. 리샤르의 말라르메론」, 『문학비평』]

제라르 드 네르발(Gérard de Nerval)에 대하여: 「글을 써야 할 의무」(l'obligation
d'écrire, DE 1, 1964), 「잃어버린 시간을 찾아서」(À la recherche du temps perdu,
DE 1, 1966)

쥘 베른(Jules Verne)에 대하여: 「뒷-이야기」(L'arrière-fable, DE 1, 1966)[「뒷-이야
기」, 『문학비평』]

모리스 블랑쇼(Maurice Blanchot)에 대하여: 「바깥의 생각」(La pensée du dehors, DE 1,

---

2 [옮긴이] 이하 1960년대 푸코가 쓴 문학 관련 글의 상당수는 다음 책에 수록되어 있다. 김
현 편역, 『미셸 푸코의 문학비평』, 문학과지성사, 1989[이하 『문학비평』으로 표기]. 자세한
것은 옮긴이의 글을 참조하라.

1966)[「바깥의 사유」,『문학비평』]

피에르 귀요타(Pierre Guyotat)에 대하여: 「스캔들이 있겠지만, 그러나」(Il y aura scandale, mais, DE 2, 1970), 「『나의 비밀스런 삶』의 '서문'」('Préface' à My Secret Life, DE 3, 1977)

문학 분석

조르주 바타유(Georges Bataille)에 대하여: 「위반에의 서언」(Préface à la transgression, DE 1, 1963)[「위반에 대한 서언」,『문학비평』]

모리스 블랑쇼에 대하여: 「무한에 가닿는 언어작용」(Le langage à l'infini, DE 1, 1963) [「한이 없는 언어」,『문학비평』], 「『포르루아얄 문법』의 서문」(Introduction à La *Grammaire général de Port-Royal*, DE 1, 1969), 「저자란 무엇인가?」(Qu'est-ce qu'un auteur?, DE 1, 1969)[「저자란 무엇인가?」,『문학비평』; 「저자란 무엇인가?」, 이정우 편역,『구조주의를 넘어서』, 인간사, 1990; 「저자란 무엇인가?」, 권택영, 『후기 구조주의 문학이론』, 민음사, 1990], 「언어학과 사회과학」(Linguistique et sciences sociales, DE 1, 1969), 「자기의 글쓰기」(L'écriture de soi, DE 4, 1983)

문학 관련 대담

「소설에 관한 논쟁」(Débat sur le roman, DE 1, 1964)

「시에 관한 논쟁」(Débat sur la poésie, DE 1, 1964)

「두 말의 사이에서 헤엄치던 사람」(C'était un nageur entre deux mots, DE 1, 1966)

「이야기[역사]를 쓰는 방법에 대하여」(Sur les façons d'écrire l'histoire, DE 1, 1967)

「광기, 문학, 사회」(Folie, littérature, société, DE 2, 1970)

「나는 '참을 수 없는 것'을 느낀다」(Je perçois l'Intolérable, DE 2, 1971)

사드 관련 대담

「문화의 문제들. 푸코-프레티 논쟁」(Les Problèmes de la culture. Un débat Foucault-Preti, DE 2, 1972)

「고고학에서 왕조사로」(De l'archéologie à la dynastique, DE 2, 1973)

「글쓰기의 축제」(La fête de l'écriture, DE 2, 1975)

「마르그리트 뒤라스에 대하여」(À propos de Marguerite Duras, DE 2, 1975)

「범죄로서의 앎」(Le savoir comme crime, DE 3, 1976)

「철학의 장면」(La scène de la philosophie, DE 3, 1978)

「미셸 푸코와의 대담」(Entretien avec Micherl Foucault avec Duccio trombadori, DE 4, 1980)[『푸코의 맑스. 둣치오 뜨롬바도리와의 대담』, 이승철 옮김, 갈무리, 2004]

「어느 열정의 고고학」(Archéologie d'une passion, DE 4, 1984)

「도덕의 회귀」(Le retour de la morale, DE 4, 1984)

미셸 푸코의 간략한 생애 (1926~1984)

1946년   고등사범학교에 입학. 철학 및 심리학 과정을 이수.

1957년   이 해부터 외무부 관련 업무로 스웨덴, 폴란드, 당시의 서독에서 근무.

1961년   『고전주의 시대의 광기의 역사』 출간.

1963년   『임상의학의 탄생』 출간.

1966년   『말과 사물』 출간.

1969년   『앎의 고고학』 출간.

1970년   콜레주 드 프랑스의 교수로 선출.

1971~1972년   피에르 비달나케Pierre Vidal-Naquet, 장마리 도므나크Jean-Marie
Domenaque 등과 '감옥에 관한 정보 그룹'Groupe d'information sur les prisons, G.I.P.을 창설,
핵심 멤버로 참여.

1975년   『감시와 처벌』 출간.

1976~1984년   『성의 역사』(총 3권) 출간.

1984년   파리에서 사망.

1995년   저서 이외의 글·대담 등을 모은 『말과 글』(총 4권) 출간.

1997년   푸코의 콜레주 드 프랑스 강의록이 출간되기 시작.

인명 색인

내용 색인

철학의 정원 63

거대한 낯섦 —문학에 대하여

초판1쇄 펴냄 2023년 10월 18일

지은이 미셸 푸코
옮긴이 허경
펴낸이 유재건
펴낸곳 (주)그린비출판사
주소 서울시 마포구 와우산로 180, 4층
대표전화 02-702-2717 | **팩스** 02-703-0272
홈페이지 www.greenbee.co.kr
원고투고 및 문의 editor@greenbee.co.kr

편집 이진희, 구세주, 송예진, 김아영 | **디자인** 권희원, 이은솔
마케팅 육소연 | **물류유통** 유재영, 류경희 | **경영관리** 유수진

독자의 학문사변행學問思辨行을 돕는 든든한 가이드 _(주)그린비출판사